AI 시대, 양육의 재발견

REINVENTING PARENTING

Copyright ⓒ 2019 by Eyal Doron
All rights reserved.

Korean translation copyright ⓒ 2025 by RH Korea, Co., Ltd.
Published by arrangement with Assia Literary Agency,
lsrael(www.assialiteraryagency.com)
through EYA Co.,Ltd

이 책의 한국어판 저작권은 EYA Co,Ltd를 통해 Assia Literary Agency,
lsrael(www.assialiteraryagency.com)과 독점 계약한 ㈜알에이치코리아가 소유합니다.
저작권법에 의하여 한국 내에서 보호를 받는 저작물이므로 무단 전재 및 복제를 금합니다.

미디어를 중독이 아닌 몰입의 경험으로 만드는

AI 시대, 양육의 재발견

REINVENTING PARENTING

에얄 도론 지음
이은경 옮김

한국어판 서문

호모 사피엔스는 언제나 자기 환경에서 가장 지적인 존재였습니다. 그러나 이제 인공지능은 이미 인간의 인지 능력 대부분을 앞지르고 있으며, 되돌릴 수 없는 지점에 이르렀습니다. 그렇다면 우리에게 남은 질문은 무엇일까요? 무엇이 인간만의 고유한 특성으로 남을까요? '인간다움'을 정의하는 것은 무엇이며, 어떻게 하면 우리 아이들이 단순히 미래에 대비하는 것을 넘어 자신만의 흥미롭고 안전한 미래를 스스로 만들어갈 수 있도록 도울 수 있을까요?

AI는 이미 전 세계 의사들을 모두 합친 것보다 더 정확하게 질병을 진단합니다. 머지않아 의사가 환자를 진단할 때 아무리 오랜 시간 의학을 공부했더라도 AI 시스템의 자문을 구했음을 서류로 증명해야 하는 날이 올지도 모릅니다. 결국 우리는 슈퍼컴퓨터의 단순한 서기가 되고 마는 것일까요?

부모로서 우리는 아이들이 경험하는 것을 주의 깊게 살피고 열린 태도로 대할 책임이 있습니다. 변화가 항상 좋은 것은 아니지만, 그렇다고 언제나 나쁜 것도 아닙니다. 챗봇이 단 몇 초 만에 답을 내놓는 세상에서, 우리 아이들은 반드시—그리고 충분히—창의성, 독창성, 그리고 그 누구도 던져보지 않은 질문을 하는 능력을 길러야 합니다. 가장 지능적인 기계조차 이미 알려진 것에는 응답할 수 있지만, 아직 발명되지 않은 것에는 답하지 못하기 때문입니다.

그렇다면 어떻게 해야 창의적으로 사고하고 문제를 해결하며, 기업가 정신을 발휘하고, 호기심과 기지를 잃지 않는 아이를 키울 수 있을까요? 독립적인 비판적 사고력을 지닌 소녀, 도덕적 나침반과 사회적 기술을 갖춘 아이, 발전을 자신에게 유익하게 활용할 줄 아는 아이를 키우려면 어떻게 해야 할까요? 답은 부모인 우리 자신에게 있습니다. 부모인 우리가 더 창의적인 존재가 되어야 합니다. 아이들과 함께 새로운 현실을 즐겁게 발견하는 부모가 되어야 합니다.

인공지능이 이야기를 쓰고, 이미지를 만들며, 결국 수많은 직업을 뒤흔드는 시대에 인간 창의성의 고유한 특질은 무엇일까요? 그 답은 거창한 논의가 아니라 일상에서, 바로 가정에서 시작됩니다. 학교와 숙제, 미디어와 기술에 대한 태도, 그리고 삶의 일부가 된 호기심을 어떻게 기르는가에 달려 있습니다.

이 책은 세계 여러 나라의 연구자, 부모, 교육자, 혁신가들과 나눈 대화, 수천 명의 아이들과 함께한 현장 경험, 핀란드에서도 인정받은 수상 경력의 교육법, 그리고 제가 박사 후 연구로 수행한 아동·청소년 인지 유연성 개발 연구에서 얻은 실질적 도구와 통찰을 담고 있습니다.

우리는 확실성을 사랑하고 변화를 두려워하는 데 익숙합니다. 과거는 언제나 아름답게 보이고, 미래는 위협적이고 알 수 없는 것처럼 느껴집니다. 그러나 실제는 훨씬 더 복합적입니다. 발전은 평균 수명을 늘렸고, 삶의 질을 높였으며, 전 세계 사람들과 연결될 수 있는 능력을 주었습니다. 우리가 두려워하는 미디어는 동시에 언어, 문화, 지식으로 들어가는 훌륭한 관문이기도 합니다. 옥스퍼드와 하버드의 연구에 따르면 비디오 게임은 의사 결정력, 인지적 유연성, 심지어 아이들의 용기와 유능감까지 키울 수 있다고 합니다. 놀라운 사실이지요. 많은 부모가 아마 이렇게 말할 겁니다. "정말? 몰랐는데!"

흥미롭게도, 어느 세대든 다음 세대를 얕보고 게으르고 피상적이며 소통 능력이 부족하다고 평가해왔습니다. 이 패턴은 계속 반복됩니다. 그러나 오늘날 젊은 세대는 여러 면에서 앞선 세대보다 뛰어납니다. 자원봉사 참여율, 기후와 지구에 대한 인식, 비윤리적인 조직에서 일하기를 거부하는 태도에서 그렇습니다.

물론 우리는 여전히 비판적이어야 합니다. 그러나 동시에 혁신이 우리 아이들에게 줄 수 있는 장점을 탐구해야 하며, 학교라는 제도(늘 변화를 꾀하지만 항상 성공적이진 못한)와 함께 그 가치를 가르칠 방법을 찾아야 합니다. 무엇보다 이 여정은 부모인 우리 자신에게도 매혹적입니다. 인간으로서 우리가 계속 배우고, 스스로를 다시 만들어가는 여정이기 때문입니다.

이 책은 부모로서 우리가 마주하는 중요한 갈림길을 안내합니다. 그리고 지금 우리가 함께 경험하는 혁신을 기꺼이 축하하며, 창의적 길을 스스로 열어갈 수 있도록 도울 것입니다. 호기심, 동기, 창의성, 사회적 기술, 그리고 기술 자체에 대해 질문을 던지고 탐구할 것입니다. 지금 우리 주변에서 무슨 일이 일어나고 있는지, 무엇을 경계해야 하는지, 그리고 어디에서 과감히 다르게 생각해야 하는지를 이해하는 것이 중요합니다. 저는 부모님들을 이 여정에 초대합니다. 각자가 자신만의 창의적 양육 비전을 함께 세워가시길 바랍니다.

이 책이 한국어판으로 출간되어 매우 기쁩니다. 이 안에 담긴 통찰과 아이디어가 독자 여러분께 힘이 되고, 자녀들의 삶에 기쁨과 영감을 더해주기를 바랍니다.

서문

나는 학교에서 이렇다 할 트라우마를 겪지 않았다. 괴롭힘이나 부당한 대우도 받지 않았다. 언젠가 체육 교사가 내게 슬리퍼를 집어 던진 적은 있었지만 별일 아니었다. 그저 그가 평소에 잘 하던 행동이었을 뿐이다. 나는 이른바 명문 학교에 다녔는데, 실제로는 딱히 특별한 게 없는 곳이었다. 선생님들은 지루하고 전형적인 유형과 흥미롭고 비범한 유형의 두 부류로 나눌 수 있었다. 나는 심리적인 상처를 줬거나, 영감을 줬거나, 인생을 바꿔준 선생님이 단 한 명도 기억나지 않는다. 말하자면 나는 늦게 피는 꽃이었고, 자아를 찾고 진심으로 좋아하는 것을 알아내는 데 수년이 걸렸다. 나는 12년간 학교를 다녔으면서도 제대로 된 영어, 지식, 삶의 기술을 습득하지 못했다. 자신감이나 자부심을 느낀 적은 더더욱 없었다. 나는 당신과 똑같은, 그리고 당신의 자녀들과 다를 바 없는, 평범한 학생이었다.

세월이 흘러 나는 내가 다니던 때와 달라진 게 없어 보이는 학교로 아이들을 데려다주는 아버지가 됐다. 콘크리트 벽부터 칠판을 향해 줄지어 놓인 책상, 숨 막히는 교실, 지루한 교과서까지, 마치 시간이 멈춘 것 같았다. 다른 많은 부모들처럼 나 역시 그동안 억눌러 왔던 불안한 질문들이 떠올랐다. 나는 부모가 되고 나서 많은 부모들의 마음을 무겁게 짓누르고 있는, '왜 우리는 아이들을 학교에 보내는가?'라는 문제를 실감할 수 있게 됐다. 학교 시스템이 시대와 잘 맞지 않고, 학교가 학생에게 필요한 삶의 도구를 제공하지 못한다는 것은 자명한 사실이다. 점점 더 많은 부모가 학교를 불신하고 미심쩍어하는 동시에, 아이들에게 더 많은 죄책감을 느낀다. 우리를 괴롭히는 문제는 '아이들이 새로운 세상에서 살아가도록 하는 데 부모인 우리의 대비가 너무 미흡한 것은 아닌가'다. 내가 강조하고 싶은 점은 교사나 교육자의 질이 아니라 전반적인 학교 시스템이 오랫동안 변하지 않고 그대로 머물러 있다는 것이다. 이는 이스라엘뿐만 아니라 사실상 세계 거의 모든 나라가 그렇다.

나는 젊은 세대의 창의적 사고력 개발이라는 주제로 경험적 연구에 몰두해 박사 과정 후 논문을 썼다. 그러면서 두 아이의 아버지로서 육아를 하며 과거와 크게 달라진, 끊임없이 변화하는 세상에서 성장하는 아이들을 위해 최신 교육 모델을 탐색했다.

나는 6년에 걸쳐 이스라엘 전역의 여러 도시와 마을을 방문했다. 그 과정에서 세속적·종교적·전통적 가정에서 자란 아이들과 부유한 가정의 아이들, 위험한 환경에 노출된 학생들, 특정 분야에 재능이 있고 뛰어난 학생들, 마지막 기회를 가진 학생들과 기회를 놓쳐버린 학생들을 만났다. 나는 방문 예정인 학교에 적합한 차림새를 위해 다양한 복장과 엄선한 야물커(유대인 남자들이 정수리 부분에 쓰는 작고 동글납작한 모자-옮긴이)를 가방에 넣고 다녔다. 현지인들과 접촉하며 새로운 교수법의 가능성을 탐색했고 다양한 집단, 사고방식, 세계관을 이해하려 노력했다. 나는 어린아이, 청소년, 부모, 교사, 교장과 협업했다. 처음에는 혼자였지만 시간이 지나면서 많은 이들이 이 여정에 동참했다. 나는 실패와 성공을 모두 맛봤고, 기회를 놓쳐봤으며, 좌절감, 즐거움, 지극한 행복감을 경험했다. 아마도 많은 시행착오를 겪지 않았다면 진정한 교훈을 얻는 일은 불가능했을 터다.

나는 세계 여러 나라를 여행하며 학교나 교육 기관을 찾아갔다. 선도적인 연구자들과 비범한 기업가들을 만났고, 혁신적인 교육 방법을 일부일지언정 체험해보기도 했다. 여행을 하면서 자국보다 더 나은 교사나 교육자들을 만난 것은 아니지만, 교육 및 양육에 대한 색다른 인식을 접할 수 있었다는 사실만은 꼭 언급하고 싶다. 물론 어떤 모델이든 주의해서 받아들여야겠지만 아이 양육을 위한 새로운 대안들을 접하지 않는다면 잃는 게 많을 것이다. 무엇보다 교육 시스템의 현황을 논의하는 것만으로는 아무런 변화도 일어나지 않는다. 교육 시스템에 변화를 기대한다면 똑같은 기준을 양육에도 적용해야 한다. 즉, 부모 역시 끊임없이 자신을 점검하고, 변화하는 현실에 맞게 스스로를 업데이트해야 한다.

요즘 부모들은 양육을 즐기지 못한다. 하루 종일 바쁘게 움직이고, 스트레스에 시달리며, 해야 할 일을 쳐내느라 정신이 없다. 게다가 늘 자신을 의심하고, 죄책감에 시달리면서 대부분의 시간을 보낸다. 양육 과정에서 만족감을 느끼기는커녕 하루하루 지나친 걱정에 사로잡혀 살아간다.

부모에게 무슨 일이 생긴 걸까?

요즘 양육이 부모들이 학교에 대해 불평하는 방식과 닮아가는 이유를 관찰하는 일은 흥미롭다. 여기서 말하는 불평이란, 규칙을 강요하고 권위를 내세우며 과제를 할당하는 태도를 의미한다. 많은 부모들은 직장에서는 문제를 해결하는 데 능하고 활력이 넘치며 유머 감각까지 갖췄지만, 집에 돌아오면 시간을 재고 숙제나 시키는 딱딱한 모습으로 변한다. 밖에서는 솔선수범하고 창의적인 아이디어를 내고 장난스럽고 즐거움을 주는 데 능숙하지만, 막상 집에 들어오면 이런 모습들은 어디론가 사라진다.

왜 이런 일이 반복될까? 마치 누군가 퇴근 후 집에 오면 인격을 문앞에 내려놓고, 아이 앞에서 엄격하고 융통성 없는 모습만 보여야 한다고 설득하는 것 같다. 우리는 흔히 매력적이고 창의적인 아이를 망쳐버린 데 대해 학교와 교사를 탓한다. 하지만 이런 비난은 사실과 다를 뿐 아니라 전혀 도움이 되지 않는다.

당신의 자녀는 가족만의 독특한 경험을 하고 있는가? 아니면, 남들 하는 것을 그대로 따라 하는가? 집안일을 분담하는 데 창의적인 방법을 고안해본 적이 있는가? 아이와 시간을 보내는 특별한 방식은 무엇인가? 시험이나 사회 문제에 맞서기 위한 자신만의 전략을 고민한 적이 있는가?

아이의 눈을 반짝이게 만드는 문제 해결법을 찾아낸다면 아이뿐 아니라 부모 자신도 놀라게 된다. 부모 역시 스스로를 끊임없이 발전시켜야 한다. 부모는 단순히 아이를 키우는 사람이 아니라, 계속해서 삶을 살아가고 성장하는 한 개인이다. 부모가 됐다고 해서 인생의 전성기가 끝난 것이 아니며, 여전히 자아실현의 정점으로 나

부모	자녀
• 삶의 대부분을 지나왔다. • 불평이 많다. • 앞으로 살날이 많지 않다. • 밤 9시 5분에 지쳐 나가떨어진다. • 오전 6시에 생계 현장으로 나간다. • 개를 원하지 않아도 개를 돌보는 유일한 사람이다. • 소이 라테 • "먹지 마. 안 그럼 의사가 잡아간다."	• 앞날에 온전한 삶이 놓여 있다. • 장난기 많고 시끄럽다. • 자유 시간이 너무 많아 지루해한다. • 밤 9시에 잠자리에 든다. • 체육 수업을 빼먹는다. • 개를 키우고 싶어 하며 잘 돌보겠다고 약속한다. • 초코 우유 + 생크림 + 스프링클 • "먹어. 안 그럼 도깨비가 잡아간다."

아가는 중이다. 게다가 평균 수명이 늘어난 지금 대부분의 성인들은 인생의 중반에 이르기 훨씬 전에 부모가 된다.

이 모든 변화에도 불구하고, 부모와 아이들은 여전히 구시대적 구분에 갇혀 있다. 부모는 조바심치는 존재, 아이는 근심 걱정 없는 존재로만 남는다. 이제 우리는 낡은 역할에서 벗어나야 한다.

나는 국내뿐 아니라 전 세계 여러 학교를 방문한다. 초등학교를 둘러볼 때면 화려하게 꾸며진 벽, 순수한 그림, 천장에 매달린 표현예술과 공예품들 사이를 여행하는 듯한 기분이 든다. 모든 것이 다채롭고 생기가 넘친다. 하지만 중학교에 가면 장식이 사라지고 텅 빈 회색빛 시멘트 벽만 남는다. 먼지 쌓이고 색 바랜 커튼 옆에는 반쯤 떨어진 포스터 하나가 나부낀다. 고등학교 교실은 더욱 차갑고 빛과 색이 전혀 없다. 모든 것이 황량하고 기능 위주에 감성이 전무하다. 이런 모습이 전 세계적으로 공통이라는 대목에서 궁금증이 솟는다. 대체 왜 그런 걸까? 이 현상은 중학교에서 시작해 고등학교 내내 지속되다 직장으로까지 이어진다.

우리는 세상에 훨씬 더 많은 색과 다양성이 있다는 사실을 갑자기 잊어버리는 걸까? 어른이 된다는 건 다채로운 색과 자유로운 창조성에 작별을 고하는 일이어야 하는 걸까? 우리가 창의력과 자유로움을 유지하려면 자신에 대한 태도를 근본적으로 바꿔야 한다. 이는 자녀 양육에 성공하기 위해 반드시 이해해야 할 지점이기도 하다. 우리는 관계, 양육, 일, 환경 같은 삶의 여러 영역이 하나의 열린 공간으로 융합되는 세상을 살아가는 법을 배워야 한다. 그래야 불확실성이 지배하는 현실과 친구가 될 수 있고, 다양하면서도 지극히 개인적인 세상에 제대로 적응해 성장할 수 있다. 새로운 삶의 전략을 세우고, 변화하는 세상에서 배우자와 행복하고 안정적인 관계를 유지하며, 아이들이 알 수 없는 미래에 대비하도록 힘쓰려면 창의적이고 개성적인 사고를 해야 한다. 새로운 세상에는 새로운 양육 방식이 필요하다.

우리는 수많은 팩트에 휩싸여 본능적인 감각을 의심한다. 흔히 아이에게는 경계가 필요하다고 한다. 누구나 5살 아이가 도로로 뛰어나가지 못하게 막아야 한다는 사실을 안다. 7살 아이에게 불필요한 폭력 장면으로 가득한 영화를 보여주지 말아야 한다는 사실도 안다. 그렇다면 이러한 수많은 경고, 규칙, 제한이 새로운 세상에 알맞은 양육 방식일까? 언제부터 양육이 부담스러운 임무가 된 걸까? 자녀교육에 많은 돈과 시간을 투자하는 부모들이 정작 가족과는 충분한 시간을 보내지 않는 현실이 아이러니하다. 행복에 관한 연구들은 관계와 가족이 우리의 행복과 삶의 의미를 높여준다고 하지만 현실은 다르다. 양육은 부모를 지치게 하고 부모의 몸과 마음을 소진시키며 갈등, 좌절, 죄책감으로 채운다. 우리는 '이것이 부모가 반드시 따라야 할 양육 방식이다'라는 경직된 신념 체계, 즉 '양육 종교'에 대해 재고할 필요가 있다. 이 신념은 우리에게 힘과 영감을 주는 양육 방식을 실천할 기회를 막는다. 창의력을 중시하는 새로운 양육 방식은 부모와 아이 모두에게 절실히 필요하다.

여기서 무시할 수 없는 결론이 하나 있다. 머지않아 학교는 우리 아이들에게 필요한 것들을 제공하지 못할 수도 있다. 학교가 말도 많고 탈도 많은 실정인 만큼 그 어느 때보다 가정 교육이 중요해졌다. 사실, 가정이 양육의 출발점이자 종착점이고, 학교는 그중 한 구간에 불과하다. 아이들은 지혜롭고 즉흥적으로 대처할 줄 아는 부모 모델이 필요하다. 행복하고, 유연하고, 직관적이고, 개성 있는 부모 말이다. 하지만 안타깝게도 부모들은 합리적이고 책임감 있는 양육이라는 틀에 갇혀 있다.

매일 아침 수많은 가정에서 같은 일상이 반복된다. "일어나. 벌써 7시야!" "아직도 자니?" "이 닦았어?" "가방 다 쌌어?"에서 시작해 "문 앞에서 기다리고 있어"로 끝난다. 누군가 우리를 프로그래밍해둔 것처럼 정해진 시간에 같은 말을 반복하고, 저녁 식탁에서도 같은 대화를 나눈다. 우리는 이상하리만치 개성을 제쳐두고, 획일적이고 집단적인 양육 방식에 순응하고 있다. 이것이 바로 학교에서 배운 방식이다. 우리는 그렇게 자랐고, 아이들을 그렇게 키우고 있다. 부모는 대부분 기계적이고 재미없으며, 지치고 힘든 역할을 계속해나가고 있다.

가장 큰 피해자는 아이들이다. 왜냐하면 21세기 세상과 경쟁할 수 있도록 준비되지 못하고, 지치고 스트레스에 짓눌린 부모들과 마주해야 하기 때문이다. 지난 20년간 부모와 자녀로 이뤄진 가족 구조는 모두가 패자가 되는 게 공식처럼 굳어져버린 것 같다. 우리에게 익숙한 책임감 있는 양육은 사실상 아이들이 변화하는 세상에 잘 적응하고 스스로 배우며 성장하는 데는 무용지물인 방식이다.

아이들은 즉흥적으로 배우고 변화에 대응할 수 있어야 하는데, 우리가 아이들을 키우는 방식은 그와 정반대다.

오직 자신만의 방식으로 부모가 되는 것, 그리고 우리 가족만의 개성과 습관, 루틴을 만들어가는 것이 오늘날 부모에게 주어진 진짜 도전이다. 가족만이 공유할 수 있는 직관과 내면의 언어, 특별한 취향을 나누며 하나의 팀처럼 함께 몰입하는 가족이 되는 것이야말로 진정한 행복의 원천이며, 지금 시대가 요구하는 새로운 삶의 유형이다. 무엇보다 부모는 자녀와 마찬가지로 끊임없이 변화하고, 스스로를 재창조해야만 이 시대를 살아갈 수 있다. 이 점이 바로 이 책에서 구체적으로 다루고자 하는 핵심 주제다.

호기심은 나를 9개국으로 이끌었고, 세계 최고 수준의 교육학자들, 세계적인 영향력을 가진 10대 유튜버들, 퇴학당한 학교에서 초청을 받아 강연을 나가는 젊은 창업가들과 만나게 했다. 나는 두 아이의 아버지이자, 창의적 사고를 연구하는 연구자이자, 21세기형 부모로서 흥미진진한 탐구의 여정에 빠져들었다.

우리는 인류 역사상 가장 흥미롭고, 신비롭고, 매혹적인 시대를 살고 있다. 이 시대는 우리로 하여금 '도대체 무슨 일이 벌어지고 있는가?'라는 근본적인 질문을 끊임없이 던지게 한다.

목 차

한국어판 서문   4
서문   8

1장

**새로운 세상,
달라진
부모의 역할**

고통받는 중간층	28
사라지는 직업	30
전통적인 양육 방식을 버려야 할 때	33
유튜버가 온다	39
집착의 힘	44
그때그때 상황에 맞게	53

2장

**무조건적인
부모의
죄책감**

죄책감은 부모의 숙명일까	61
육아와 가면 증후군	63
아이 없는 삶	65
완벽주의에 갇힌 엄마	68
끝나지 않는 부모의 불안	75
육아는 질인가, 양인가	77
'요즘 애들'을 향한 기성세대의 시선	82
부모는 동네북	86
죄책감 뒤에 감춰진 양육 신화	88

죄책감의 또 다른 얼굴		91
사고의 전환		95
양육은 일종의 자아실현이다		104

3장

아이의 성장을 가로막는 숙제

숙제의 배신	111
숙제의 문제점	117
내재적 동기의 중요성	124
환경이 아이의 미래를 결정한다	131
당근과 채찍	135
부모도 내재적 동기가 필요하다	137
일상과 연결된 숙제로	139
내재적 동기를 부여하는 힘	144

4장

텔레비전은 기회의 창

텔레비전과 ADHD	152
텔레비전에 관한 오해와 진실	155
텔레비전을 보면 내재적 동기가 유발된다	160
텔레비전과 아이의 폭력성	162
폭력적인 장면이 아이에게 미치는 영향	165
아이의 나이에 따른 텔레비전 시청 방법	168
12살, 진짜 시청자가 되는 나이	181
폭력적인 게 무조건 나쁠까	183

5장

양육의 '게임' 체인저

게임하는 아이가 공부를 더 잘한다	197
게임은 곧 배움	200
게임만 하는 아이를 말려야 할까	203
아이를 성장시키는 게임 경험	207
게임의 매력	212
실패가 두렵지 않은 게임 세상	216
게임이 선사하는 몰입의 경험	220
몰입을 방해하는 학교 교육	226
뉴욕의 게임 학교	232
게임에 양육의 답이 있다	238
부모도 게임 경험이 필요하다	245

6장

헬리콥터 대디와 타이거 맘

나는 어떤 유형의 부모인가	253
딜레마에서 시작해 딜레마로 끝나는 양육	258
주목받는 동양의 교육	266
오토바이를 원하는 아이	276
자기 통제력과 정서적 성숙	281
창의적인 부모	287
정말 모를 땐 어떻게 해야 할까	293
아이에게 하지 말아야 할 말	298
가치 중심의 양육	302

7장

창의적 양육을 위한 4가지 도구

도구 1 없어도 되는 것 찾기	313
도구 2 '1+1'의 창의적 공식	320
도구 3 창의적 의식 만들기	326
도구 4 맨 처음에 하거나, 맨 나중에 하거나	332

8장

창의적 루틴 만들기

주변 환경에 관심 갖기	346
최소의 자원으로 최대의 효과를	353
'창의적 루틴'의 예시	360
여행지에서의 우연한 발견	362

9장

호기심을 교육 과정으로

373

참고 문헌 384

1장

새로운 세상, 달라진 부모의 역할

우리는 부모로서 아이가 앞으로 살아갈 세상에 대해 제대로 인지하고 있는 걸까? 먼저, 요즘 아이들이 취업 면접에서 빈번하게 받는다는 질문으로 이야기를 시작해보려 한다.

"자율 주행 차량이 인간 운전기사를 대체할 날이 머지않았습니다. 이러한 기술로 인해 사라질지 모르는 직업을 모두 말씀해보세요."

적당히 대답한다면 최소 50가지 직업은 나올 테고, 충분히 생각한다면 120가지는 족히 댈 수 있을 것이다. 너무 많은 것 같은가? 그렇다면 '로봇은 운전 중에 졸거나 문자를 보내지 않으며 사고도 훨씬 적게 낸다'라는 관점에서 접근해보자. 이를 바탕으로 변화무쌍한 세상에서 활용하기 좋은 유연한 사고를 연습해보자. 자율 주행 차

도입으로 인해 사라질 가능성이 있는 직업들을 떠올려보는 것이다.

운전 강사가 필요할까? 더 이상 필요하지 않을 것이다. 택시 기사, 버스 기사, 트럭 기사, 전속 기사 같은 직업도 점차 사라지게 될 것이다. 교통사고가 급격히 줄어들면 정비공, 손해 사정사, 교통 전문 변호사, 판사가 일자리를 잃을 수 있다. 또 운전면허 시험 심사관, 자동차 보험 중개인, 주차 단속원, 견인 서비스, 주차장 안내원, 주유소 직원, 휴게소 직원 등도 로봇에 자리를 내주게 될 수 있다. 사이드 미러 수입 업자는 어떨까? 인체 공학적 차량 시트 커버 제조 업자는? 도로 표지판 제조 업자는? 방어 운전을 교육하는 업계는? 변화에 적응하지 못한 자동차 회사는?

이렇게 유연한 사고를 활용해 문제에 접근하면 세상이 얼마나 빠르게 변하는지 실감하는 데 도움이 된다. 비록 그 변화의 속도까지는 이해하기 어려울지라도 말이다.

한편, 심층 면접에서 같은 주제의 질문을 받은 경우에는 '로봇 기사가 등장하면서 미래에 새롭게 대두될 직업은 무엇일까? 자동차가 이동식 사무실이나 거실의 역할을 하는 세상에는 어떤 직업이 생길까?'와 같은 부분에 초점을 맞출 수 있다. 이 경우 자동차 인테리어 디자이너가 아늑한 소파나 테이블 같은 거실 가구를 추천해줄지도 모른다. 그럼 이러한 자동차에서 어떤 새로운 서비스가 실시간으로 제공될 수 있을까? 자동차, 즉 이동식 사무실에서 열리는 회의 지원, 자동차 요가나 마사지, 주행 중 심리 상담, 자동차에서 이뤄지는 퍼스널 쇼핑, 맞춤형 실내 향기 연출 시스템 등 끝이 없다.

자율 주행 차의 등장은 우리가 새롭고, 놀랍고, 예측 불가능한 세상에 살고 있음을 보여주는 증거다. 20세기 초 자동차가 처음 발명됐을 때 인류가 겪었던 변화를 떠올려본 다음 다시 상상해보자. 스스로 운전하고, 주차하고, 심부름을 하고, 아이를 학원에 데려다주고, 낮잠을 자는 동안 대신 운전하고, 경로를 선택하고, 음악을 틀고, 좋아하는 향기를 뿌리고, 기분이 좋지 않을 때 위로까지 하는 차라니 놀랍지 않은가.

이 분야의 전문가조차 기술 변화의 속도를 따라잡기 어려워한다. 불과 10년 전만 해도 MIT 및 하버드 대학교의 경제학 교수들은 기계가 인간 기사를 대체할 수 없다고 강력하게 주장했다.[1] 맞은편에서 오는 차를 보며 좌회전을 하는 일은 너무 많은 변수가 개입돼 있어 기계가 할 수 없다는 논리였다. 그런데 지금은 이런 논리가 무색할 만큼 자율 주행 차가 현실화됐다.

이와 같은 사고 과정을 거치면 수십 개의 직업이 사라지거나 희귀해질 가능성이 크다는 결론을 도출할 수 있다.

옥스퍼드 대학교의 칼 프레이Carl Frey와 마이클 오스본Michael Osborne은 미국의 노동 시장에 존재하는 702개의 직업 명세표를 만들고 전산화 가능성에 따라 순위를 매겼다. 가장 높고 안전한 순위를 차지한 것은 작업 치료사(신체적·정신적 장애가 있는 사람들이 스스로 일상생활을 영위할 수 있도록 돕는 전문가 – 옮긴이)고, 전산화의 위험성이 가장 커서 제일 낮은 순위에 속한 직업은 텔레마케터다. 이 연구는 오늘날 존재하는 모든 직업의 60%가량이 20년 이내에 기술에 의해 영향을 받거나 변화하거나 사라질 것이라고 추정한다.[2] 특히 고도의 창의력을 요구하지 않는 직업들의 위험성이 높다. 따라서 인간의 창의력은 로봇이 침범할 수 없는 영역이라고 볼 수 있다.

모든 변화가 이토록 불 보듯 뻔함에도 불구하고 우리는 왜 변화에 제대로 대응하지 못할까? 왜 변화의 실체를 못 본 척하고 외면하는 길을 선택하는 걸까? 학교나 학계만 해도 바뀌는 것 없이 예전 시스템 그대로 돌아간다. 우리는 세상이 변하고 있다는 논의가 실은 과장됐으며, 실제로 벌어지고 있다 해도 일부 사람들에게만 해당된다고 믿고 싶어 한다. 변화는 두려운 반면 부정否定은 편안하고 익숙한 심리적 방어 기제이기 때문이다.

우리는 정해진 규칙과 전통이 있는, 예측 가능한 문화 속에서 자라났다. 열심히 공부해서 시험에 합격하고, 또 열심히 일하면 미래가 보장된다는 획일화된 삶의 공식이 전통적으로 당연시됐고, 이러한 문화를 다음 세대에게 물려주기도 쉬웠다. 하지만 새로운 세상은 이 공식을 거부한다. 미래학자이자 작가인 마틴 포드Martin Ford는 불편한 진실을 제기했다. 그에 따르면, 사회적으로 안정적이고 괜찮은 직업으로 여겨졌던 중간 계층 직업의 소득 안정성이 양 극단에 있는 직업보다 더 위협받고 있다고 한다. 예를 들어 법학, 경제학, 역사학 같은 인기 전공 학위를 가진 사람들이 고도의 전문직 — 의사, 심리학자, 건축가 등 — 이나 손 기술이 기반이 되는 직업 — 미용사, 정원사 등 — 보다 실직 위험이 더 높아진다는 것이다. 그 이유는 변호사나 경제 분석가는 AI와 자동화로 대체하기 쉬운 패턴화된 업무를 주로 하기 때문이다. 반면, 누군가의 머리카락에 날카로운 가위를 드는 로봇을 신뢰하기까지는 아직 멀었기에 미용사나 네일 아티스트 같은 직업은 자동화에 대한 면역력이 더 높다.

한때 안정적인 삶의 선택으로 여겨졌던 많은 직업이 이제는 불확실한 미래에 직면해 있다. 우리가 아이들에게 낡은 시스템을 물려주는 사이에 세상은 조용히 확실하게 규칙을 바꾸고 있다.[3]

고통받는
중간층

여전히 좋은 직업으로 간주되는 변호사에 대해 살펴보자.

이전에는 변호사가 되고 처음 5년의 시간을 법적 선례와 판결을 찾는 데 바쳤다.[4] 하지만 지금은 간단한 알고리즘만으로 몇 분 안에 동일한 일을 해낼 수 있다. 이는 단순히 시간을 절약하는 차원을 넘어, 변호사의 역할 자체가 달라지고 있음을 보여준다.

일례로, 스탠퍼드 대학교는 법학과와 컴퓨터 공학과를 한 과목으로 묶어 운영한다. 해당 강의의 소개글은 다음과 같다.

고통받는 중간층

"이 수업은 '개인 맞춤형 법률 자문을 에스프레소 머신에서 카푸치노를 내리듯 손쉽게 온라인에서 구할 수 있게 되는 시대가 5년 후 도래한다면, 변호사는 과연 어떤 역할을 하게 될 것인가?'라는 질문을 다룬다."[5]

사라지는 직업

지금 이 순간에도 많은 아이들이 미래에 사라질지 모를 직업을 좇으며 헛된 희망을 품고 있을 수 있다. 각종 중재인, 심판, 스포츠 관계자(옥스퍼드 대학교의 프레이와 오스본이 펴낸 702개의 사라지는 직업 목록에서 684위를 차지한다)에 대해 생각해보자. 월드컵의 축구 심판만 해도 한계가 있는 인간의 눈으로는 인식할 수 없는 것을 판별하기 위해 모니터의 힘을 빌려야 한다. 야구 심판도 마찬가지로 경기의 가장 극적인 순간에 화면에 의지해야 한다. 테니스도 별반 다르지 않다. 선수들이 심판 판정에 이의를 제기하면 인간 심판보다 더 정확하게 공의 궤도를 재현할 수 있는 컴퓨터 프로그램에 의지한다. 사실상 테니스 심판은 진짜 심판이랄 수 있는 스마트 머신의 선임

조수로 일하는 셈이다. 과연 새로운 세상에서 이러한 직업이 이 일에 종사하는 사람들에게 예전과 똑같은 자기 가치감, 만족감, 의미를 줄 수 있을까? 아마도 그 가능성은 상당히 희박할 터다.

동일한 맥락에서 버스 기사 역시 스마트 자율 주행 버스 로봇의 인간 보조원, 즉 사실상의 승무원 역할을 하게 될지도 모른다. 항공기 조종사는 이미 이착륙 시에만 필요한 인간 보조원으로서 기능한다. 중요한 것은 어떤 직업이 사라지기 훨씬 이전부터 그 일을 하는 사람에게 가치나 의미를 줄 수 있는 기회가 크게 줄어들고 있다는 점이다.

많은 이들이 겪고 있는 거대한 변화의 가장 극적인 사례는 단연 은행원이다. 불과 수년 전만 해도 은행에서 일하는 것은 평생 직장의 대명사이자 안정적인 삶의 상징이었다. 하지만 지금의 금융 업계 사정은 크게 달라졌다. 대형 은행들이 젊은 인재를 끌어들이기 위해 안간힘을 쓰고 있음에도 그들은 불안정하고 불확실한 직장이라며 은행에 입사하기를 꺼린다. 수천 명의 은행원들이 실질적인 필요가 없어져버리면 어떤 사태가 벌어질까? 이러한 것이 바로 우리가 마주하고 있는 격변의 현실이다.

이스라엘 극작가 하노크 레빈Hanoch Levin의 연극에는 한 여행 가이드가 관광객들을 성냥갑 앞으로 데리고 가서 "이것이 우리나라의 국립 도서관입니다."[6] 하고 외치는 장면이 나온다. 현실은 상상과 부조리를 능가한다. 이제는 은행이 통째로 스마트폰에 들어가는 세상이 아닌가. 은행 지점은 휴대폰 두께만큼 얇아졌고 그 안에는 창구

직원도, 은행원도, 서비스 인력도 들어설 자리가 없다.

  이와 같은 변화는 부모들에게 큰 불안을 안겨준다. 사실, 부모라면 응당 불안해해야 한다. 우리는 아이들이 자아를 실현할 수 있도록, 또 끊임없이 변화하고 적응하고 성장할 수 있는 능력을 기를 수 있도록 도와줘야 한다. 가정과 학교를 불문하고 마땅히 아이들을 끊임없이 변화하는 세상에 대비할 수 있게 해줘야 한다. 그렇지만 지금의 교육 현장은 이러한 일을 제대로 하지 않고 있다.

전통적인 양육 방식을 버려야 할 때

주요 연구 기관들이 예측하는 미래는 앞서 언급한 현실 못지않은 놀라움을 준다. 미래에는 현재의 취학 아동 10명 중 7명 정도가 아직 존재하지도 않는 직업에 종사하며 살아갈 것으로 추정된다고 한다.[7] 「뉴욕 타임스」의 대표적인 저널리스트 토머스 프리드먼Thomas Friedman이 칼럼에서 정의한 대로 우리가 해야 할 일은 아이들이 스스로 미래 직업을 창조할 수 있도록 기르는 것이다.[8] 이는 우리가 받아온 교육이나 양육의 방식과 본질에 정면으로 위배되는 개념이다. 그런데 우리 아이들은 여전히 같은 방식대로 교육받고 있다.

학교는 다음과 같은 기본 전제 위에 세워져 있다. "인간은 글을 읽고 쓰는 법, 숫자로 사고하는 법을 배우고 그 과정에서 쌓은 지식을 지속적으로 체계화하며 한 걸음씩 진화해나가다가 어느 시점에 이르면 '진짜' 세상을 살아갈 준비가 된다." 학교는 이 과정이 제대로 이뤄질 수 있도록 진행 상황을 측정하고 검증하는 각종 시험과 평가 체계를 개발해서 학생들이 단계별로 계획된 경로에 따라 문제없이 성장하고 있는지 확인한다.

아래는 초등학교에서 고등학교까지 교육 시스템이 가정하는 이상적인 그래프다. 이 그래프는 모든 아이들에게 똑같은 시험과 평가, 교육 과정이 주어지고 표면적으로 동등한 기회를 받은 상황을 나타낸다. 그러나 현실에서 아이들이 받는 교육은 결코 평등하지 않다. 아이마다 잘 맞는 학습 방식이 다르기 때문이다. 어떤 아이들은 주의 깊게 듣는 데 어려움을 겪거나, 긴 수업을 따라가지 못하거나, 시험 시간에 집중하기 힘들어한다.

만약 전 세계 교육 시스템을 반영한 그래프를 그려야 한다면 모든

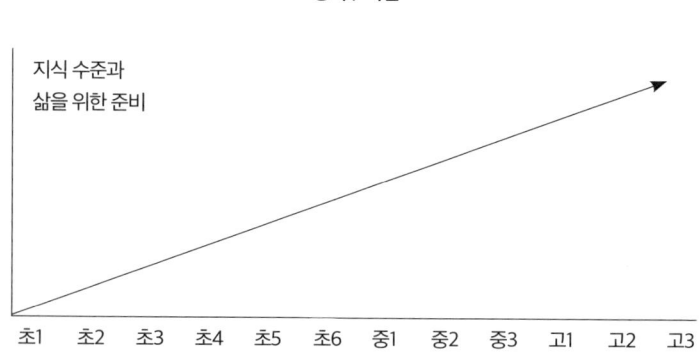

아이들이 같은 출발선에서 시작해 고정된 선형 경로를 따라 12년간의 학교 교육을 마친 후 삶을 위해 준비된 지점에 도달하는 형태가 될 것이다. 이 과정 속에서 아이들은 정답이 단 하나뿐인 시험이나 평가를 수없이 반복해서 치른다. 그 결과, 아이들의 무의식에 인생의 모든 문제는 하나의 정답만 존재한다는 사고방식이 학습된다.

물론 교육 시스템도 변화를 시도한다. 교실을 리모델링하거나, 새로운 기술을 도입하거나, 형형색색의 놀이형 가구를 배치하면서 말이다. 하지만 외형적인 변화가 진정으로 학습의 본질적 방식을 바꿀 수 있을까? 우리는 '이 그래프가 오늘날의 학습 과정을 정확히 반영하고 있는가, 혹시 현 교육의 근본 구조가 변하고 있는 건 아닌가?'와 같은 의문을 가질 필요가 있다. 대부분의 경우 그 대답은 '아니다'이다. 급변하는 시대에 교육의 현실은 인간의 내면적 가치와 괴리돼 있다. 획일적인 교육과 고정된 수치로는 평가할 수 없는 오늘날, 존중받는 삶과 가치 있는 일을 위해서는 창의적이고 주도적인 사고력이 반드시 필요하다. 이러한 변화는 부모 세대가 마주한 과제가 무엇인지 뚜렷하게 드러내준다. 그리고 '부모는 아이의 교육자로서 어떤 역할을 해야 하는가? 그 역할은 여전히 유효한가?'라는 질문을 마주하게 한다.

부모 세대가 어렸을 때는 신중함, 책임감, 성숙함을 강조했기 때문에 현명하고 사려 깊게 행동하면 칭찬을 받았다. 물론 이것들은 살아가는 데 중요하고 필요한 자질이다. 다만 책임감과 성숙함이 가치가 없는 것은 아니나 절대적이지는 않다. 특히 책임감을 강조한 양육 방식이 오히려 책임감이 없는 것으로 판명되기도 한다. 규칙을 기반으로 한 지나치게 엄격한 양육 방식은 역동적으로 변하는 세상과 조화를 이루기 힘들다. 그때그때 알맞게 반응하는 데 필요한 기술을 습득하지 못한 아이들은 설 자리가 없다는 사실을 절감하게 될 것이다.

오늘날 부모는 아이에게 자존감, 예의, 건전한 판단력을 길러주는 공감 중심의 양육을 하고, 아이를 북돋우고, 독창적이고 지혜롭고 대담한 사고를 키울 수 있도록 격려해야 한다. 때로는 독립적인 사고를 실천하며 아이들에게 통념이나 관습을 거스르는 용기도 보여줘야 한다.

우리는 '직장 대 가정, 미성숙 대 성숙, 진지함 대 무책임함'처럼 현실을 모 아니면 도로 나누는 데 익숙한 환경에서 자랐지만, 가끔은 그러한 세계관에 저항해야 할 필요가 있다. 그러려면 어린 시절부터 우리에게 심어진 사고의 패턴을 이해해야 한다. 다음은 우리가 자랐던 세상에서 중요하게 여기던 기본적 진실 중 일부다.

- 고등 교육은 노동 시장 진출을 보장하는 유일한 입장권이다.
- 학교는 아이들에게 평생 필요한 지식을 갖추게 해준다.
- 자제력은 소중한 가치이자 인생의 성공 여부를 가르는 예측 변수다.
- 책임감 있고 신중한 사람이 돼야 한다.
- 과정을 겪고 나서 성장을 기대해야 한다.
- 성숙해지는 데는 시간이 걸리므로 인내를 갖고 기다려야 한다.

- ○ 모든 결과에는 반드시 이유가 있으므로 그 이유만 찾아내면 된다.
- ○ 견고하고 논리적인 주장을 가치 있게 여겨야 한다.
- ○ 가능한 한 구체적인 분야에서 전문성을 쌓아야 한다.

위에 열거한 내용은 오래되고 수직적인 세계에 속하는 것들이다. 부모로서 세상이 변하고 있음을 실감하고 나면 아이를 삶을 위해 준비시키는, 인생에서 가장 중요한 과업을 제대로 수행할 수 있을지 걱정하는 것도 무리는 아니다. 새로운 세상은 더 이상 예정된 진로, 안전한 전공, 검증된 인생 설계 같은 것에 기대 사는 삶을 허락하지 않는다. 기술 혁명은 이전에는 소수만이 고민하던 질문―우리는 누구인가? 우리가 걸어서는 안 되는 길은 무엇인가? 우리는 무엇을 해낼 수 있고, 무엇을 진심으로 원하는가?―을 우리 모두가 속성 강의를 치르듯 맞닥뜨리게 한다.

하지만 반가운 소식도 있다. 차갑고 빈틈 없어 보이는 과학 기술이 오히려 각자가 지닌 고유한 본질을 발견하고 정의 내리도록 우리를 자극할 것이다. 인공 지능은 인간으로서 특히 부모로서의 우리 자신을 돌아보게 만들고 지속적으로 스스로를 업데이트하게 만들 것이다. 우리 모두에게 필요한 대응은 단 하나, 나만의 고유한 가치를 세상에 내놓는 것이다. 지금은 개인 창의력의 시대, 즉 성공을 위해서뿐 아니라 살아남기 위해서 스스로 뭔가를 만들어내야 하는 시대다.

21세기는 우리가 생각하는 것보다 훨씬 더 예측 불가능하고 기존의 상식을 뒤흔드는 시대다. 이제는 이성적인 사람들도 비합리적이고 낯선 방식으로 사고하기를 요구받는다. 우리는 변화의 한가운데에서 개인 창업가라는 새로운 인간상의 등장을 실시간으로 목격하고 있다. 이들은 특별한 존재가 아니라 스스로 사고하고 자신의 길을 개척할 줄 아는 평범한 사람들이다. 다른 게 있다면, 이들은 전통적인 방식을 거부하고 새로운 방식으로 자녀를 양육한다. 현 교육 시스템과 다른 언어로 아이에게 대화를 시도하며, 전문가의 조언을 절대적인 정답이 아닌 '아이에게 진정으로 옳은 것과 아이가 반드시 피해야 할 것은 무엇인가?'와 같은 질문을 던지기 위한 출발점으로 받아들인다. 과연 우리는 때에 따라 통념을 거슬러 독립적인 사고를 실천하고, 아이 앞에 용기와 창의력의 모범으로 설 수 있을까?

유튜버가
온다

 새로운 세상의 흥미로운 현상 중 하나는 의심의 여지없이 유튜버들의 등장이라고 할 수 있다. 이들은 장년층 이후에게는 큰 의미가 없을 수 있지만, 아이들에게는 매일같이 유튜버들과 몇 시간이고 보낼 만큼 큰 의미를 지닌다.

 아이가 이해할 수 없는 유튜브 영상에 몇 시간씩 빠져 있는가? 아이가 택배 언박싱을 하는 화면 속 유튜버에게서 눈을 떼지 못하는가? 우리의 부모들이 늘 하던(그리고 우리는 어이없다는 듯 눈동자를 굴리는 것으로 대응했던) 레퍼토리 — "말세다, 말세. 세상이 갈수록 이상해진다니까" — 를 똑같이 내뱉는 자신을 발견한 적이 있는가?

 유튜브 영상 속 젊은이들은 새로운 직업 계통에 속하는데 온라인

쇼핑몰 사장, 게이머, 디지털 금융 전문가, 비트코인 사업 종사자, 드론 조종사, 무인 자동차에 관한 윤리 규범을 만드는 일 관련 종사자들과 매우 비슷하다. 이들은 수십만 명에 달하는 헌신적인 팔로워가 있으며, 그 결과 매달 수천 달러의 수입을 올린다. 유튜버들이 직업의 판도를 어떻게 바꿔놨는지 지켜보는 일은 매우 흥미롭다. 이들의 특성은 여러 면에서 우리에게 꽤 익숙하다.

- 일에 온 힘을 쏟는다.
- 작업 일정이 상당히 까다롭다.
- 업계 경쟁이 심하다.
- 타깃층을 강박적으로 연구한다.
- 일관되고 끈질기다.

한편, 유튜버에게서 새로운 유형의 직업 특성도 찾아볼 수 있다.

- 자금을 모으지 않고 뚜렷한 사업 계획이 없다.
- 매 순간 재미와 진지함을 결합시킨다.
- 특정 전제 조건이나 학위가 필요 없다.
- 나이가 중요하지 않다.
- 주로 혼자 일하고, 이는 사업이 자리를 잡아도 마찬가지다.

이들이 주력하는 분야는 웃음을 주는 몰래 카메라부터 제과 제

빵, 메이크업, 각종 기기 리뷰까지 매우 다양하다. 이스라엘에서 가장 성공한 유튜버 샤하르 소이키스Shachar Soikis는 언박싱 영상을 통해 젊은 시청자들이 직접 택배를 받은 듯한 짜릿함을 경험하게 된다고 강조한다.⁹ 그녀의 말을 믿기 어렵다면, 요리 경연 프로그램을 보면서 실제로 맛을 볼 수는 없지만 심사 위원의 표정만으로 만족감을 느끼는 우리 자신의 모습을 떠올려보면 된다. 결국, 택배 상자든 음식이든 이런 것들은 모두 보는 사람의 감정과 경험을 자극하는 트리거가 된다.

그런데 세상이 아무리 변해도 관심을 모으는 원리는 바뀌지 않으며, 유튜버라고 해서 예외는 아니다. 새로운 시대가 열렸다고 해도 사람들의 흥미와 관심을 사로잡는 방식의 본질은 크게 달라지지 않는다. 직업의 판도를 바꾸고 있는, 겉으로는 가벼워 보이는 젊은 유튜버들에게도 이 원칙은 그대로 적용된다. 유튜버들이 단순하고 피상적인 방식으로 쉽게 돈을 버는 것처럼 보일지 모르지만, 실제로 이들은 하루 16시간 이상을 일에 쏟는다. 영상 기획, 연출, 출연, 편집, 제작까지 모든 과정을 직접 챙긴다. 이들의 달력에는 일정이 색깔별로 빼곡히 표시돼 있으며, 촬영, 녹음, 리서치, 행사 참석, 팔로워 답글 달기 등 세부 일정까지 꼼꼼히 관리한다.

유럽의 콘퍼런스에서 만난 한 유튜버가 말했다. "유튜버들은 에어컨 바람이 나오는 실내에만 있어요. 아는 유튜버가 혈액 검사를 했는데 비타민 D가 없다시피 하더래요. 우린 햇빛을 거의 못 봐요. 얼마 전엔 누가 비타민 D 수치가 가장 낮은지 내기까지 했어요. 그래도 재밌어요."

나는 세계 각국의 유명 유튜버들과 이야기를 나눴다. 그들의 현실은 하나같이 부럽기 그지없었다. 그들은 유튜브 덕분에 자신을 표현하고, 창작하고, 대중과 직접 소통할 수 있는 자유가 가능하다는 데 큰 흥분과 만족을 느끼고 있었다.[10]

특히 흥미로운 카테고리는 가족이 함께하는 소셜 미디어 방송이다. 모란 타라소프 Moran Tarasov는 남편을 크리에이터의 세계로 이끌었다. 그녀의 팔로워는 35만 명, 남편은 21만 명이고, 심지어 4살배기 딸의 채널도 구독자가 13만 명이다.[11] 가장 인기 있는 영상은 가족 여행을 담은 콘텐츠로 조회 수가 무려 180만 회에 달한다. 타라소프는 이 일이 얼마나 힘든지에 대해 말했다. "저는 올해 서른여덟인데요. 이전에 제작 및 홍보 일을 했어요. 그런데 유튜브만큼 힘든 일은 없어요. 제가 해본 일 중 제일 힘들어요. 우리는 모든 걸 독학으로 배웠어요. 견적서 작성부터 계약 마무리까지 전부 직접 해요. 그리고 늘 연결돼 있어야 돼요. 휴일에도, 애들 생일에도 일해야 하죠. 하지만 아무리 노력을 쏟아부어도 진심이 담긴 가치를 팔로워들에게 전달하지 않으면 아무 소용없어요. 그냥 반짝하다 끝나는 사람이 될 뿐이죠. 저는 제 몸에 대한 이미지나 있는 그대로의 나를 받아들이는 이야기를 많이 해요. 제 약점도 솔직하게 말해요. 키가 정말 작다든가, 출산 후 찐 살이 아직도 안 빠졌다든가, 하는 얘기부터 제가 잘 못하는 것들 수천 가지에 대해서요. 그런데 제가 제일 전하고 싶은 메시지는 가족의 소중함이에요. 소중한 사람들을 곁에 두면 인생에서 진짜 중요한 게 뭔지 알게 될 거예요."

한편, 부모들이 곱씹어볼 만한 또 하나의 지점이 있다. 인플루언서들은 멋있고 쿨함의 영역을 확장시켰다. 배꼽티에 피어싱한 어린이 프로그램 진행자만이 아이들의 롤 모델이던 시대는 끝났고, 지금은 외모와 상관없이 각자에게 맞는 소셜 미디어 셀럽이 롤 모델이 돼준다.

얼마 전에 딸과 안경을 고르러 갔다. 내가 어렸을 때는 안경을 쓰는 게 부끄러운 일이었는데 딸아이는 자신이 가장 좋아하는 유튜버가 쓰는 금테 안경을 당당히 골랐다. 인플루언서들이 열어낸 세상에는 그만큼 다양한 가능성과 선택지가 존재한다.

집착의 힘

우리 아이들은 급변하는 사회 속에서 자라고 있다. 이러한 변화는 부모에게도 더욱 유연한 사고를 요구한다. 따라서 부모는 무엇이 옳은지, 이로운지, 위험한지, 혹은 무의미한지에 대한 기존의 판단 기준에 대해 재고해봐야 한다. 내가 만난 유튜버들은 사실상 모두 창업가였다. 자신의 길을 스스로 개척하고, 열심히 일하고, 자기 의지로 배우고, 거대한 꿈을 품고 있었다. 학교에서는 눈에 띄는 학생이 아니었을지 모르지만, 열정과 내적 동기가 넘치는 사람들이었다. 더불어 창작자가 가져야 할 필수 조건인 끈기와 집요함이 함께 했다. 그들은 독창성과 개성이 부족한 대가가 얼마나 신속하고 혹독한지 잘 알고 있었다. 그들에게 차별화는 결코 우연히 생기지 않았다. 많은 사람들이 창의력과 막노동의 관계를 간과하지만, 내가 만난 유튜버들에게 그 둘은 뗄 수 없는 관계였다. 그들은 하루 종일 일에 몰두하며 집착에 가까운 열정을 쏟았다.

유튜버들을 보면 다음 세대의 교육이 과연 성공할 수 있을지 고민하게 된다. 각자가 자신의 잠재력을 실현하고, 한 분야의 리더가 돼 타인에게 영향과 영감을 주며, 새로운 것을 시작하고 이끌어가는 힘은 결국 창업가나 리더에게서 볼 수 있는 극단적인 몰입에서 비롯되는 게 아닐까. 나는 한 분야를 이끄는 사람들과 화상 미팅을 종종 하는데, 언젠가부터 그들이 설정한 최신 도전 과제에 대해 듣는 순간이 가장 기다려진다. 눈이 반짝거리고, 에너지와 삶의 환희가 화면 너머로까지 생생하게 전해지기 때문이다. 이들은 공식적으로 정해진 15분의 미팅 시간을 훌쩍 넘겨가며 활력과 열정을 전파한다.

안타깝게도 바람직한 양육에 대한 담론에서는 한쪽으로 치우친 몰입보다는 정신적 균형의 중요성이 강조된다. 우리는 '모든 건 적당히, 균형이 중요하다'는 말을 반복해서 들어왔고, '무엇이든 지나치게 몰두하면 좋지 않다, 극단적인 태도는 위험하다'는 조언이 늘 곁에 있었다. 이런 사고방식에 집착하는 이들은 오히려 정신적 균형에 내포된 진짜 가치를 놓치기 쉽다. 여기서 우리는 근본적인 질문을 마주하게 된다. 서로 다른 욕망 사이에서 균형을 맞추려는 절제된 태도만이 인생의 진정한 가치일까? 인생의 모든 영역에서 논리적으로 균등하게 조절하며 사는 것이 이상적인 삶일까? 이것이 우리가 다음 세대에게 전하고자 하는 궁극의 메시지일까? 그저 적당히 먹고, 적당히 바라고, 적당히 살다가 적당히 죽는 삶이 바람직한 삶일까?

나는 전 과목에서 뛰어난 성적을 보이는 고등학생들에 관한 흥미로운 연구를 우연히 발견했다. 카렌 아놀드Karen Arnold 팀은 성적이 좋은 고등학교 졸업생 대표 81명의 삶을 졸업 이후 14년간 추적 조사했다.[12] 우선, 예측 가능한 몇 가지 사항들로 이야기를 시작해본다. 모든 졸업생 대표는 대학에 진학하는 데 성공했고, 취업에도 성공했다. 그들은 신뢰할 수 있고 한결같았으며, 겉보기에는 모든 면에서 훌륭한 삶을 영위하는 듯했다. 그런데 대부분은 뛰어난 성적에도 불구하고 자신들의 분야에서 기대했던 만큼 이례적이거나 획기적인 성취를 이루지 못했다. 아놀드는 그들이 직업적으로나 개인적으로 좋은 성과를 거두긴 했지만, 더 탁월하게 해낼 수 있으리라 예상되는 분야에 매진하려는 특별한 열정은 잃어버렸다는 사실을 발견했다. 그들의 능력은 분명 출중했지만 새로운 길을 구축하는 사람들의 전형성이랄 수 있는 집요함이 부족했다. 이른바 '균형 잡힌' 졸업생들은 고등학교 시절을 "나는 가정 수업에서도 완벽한 케이크를 만들었고, 수학 수업에서도 A+를 받았어"[13]라고 회상했다.

갑자기 음악, 농구, 체스에 빠져버린 청소년이 있다고 가정해보자. 밤늦게까지 연습하고 몰두하면서 다른 과목은 뒷전이 된다. 일상의 의무는 밀려나고 삶은 더 이상 균형 잡힌 질서 속에 머무르지 않는다. 이렇게 해서 기타리스트, 기술 스타트업 창업자, 유명 인테리어 디자이너, 체스 챔피언이 탄생한다.

아이가 어느 순간부터 집착에 스스로를 내맡기고 거의 모든 것을 희생하면서 오직 하나에 집중하면, 아이의 몰입과 집중을 바라왔던 부모들은 '밤새 컴퓨터로 프로그래밍만 해요, 계속 악기 연습만 해요' 하면서 슬슬 걱정을 하기 시작한다. 부모가 원하던 바가 현실이 됐는데 그 모습이 어딘가 왜곡되고 비율이 맞지 않아 보이는 것이다.

전통적으로 부모가 그리는 이상적인 아이는 학교 공부, 방과 후 활동, 교우 관계, 봉사 활동, 동생 돌보기 등 모든 걸 조화롭게 해내는 아이다. 그러면 부모는 아이를 자랑할 수 있다. "우리 애는 얼마나 바쁜지 몰라요. 그 많은 일을 어떻게 다 잘해내는지 모르겠어요!" 그런데 그토록 모범적인 아이가 갑자기 한 가지에 깊이 빠지면 어떻게 될까? 한 개인이 삶의 목적이나 열정을 찾아 몰입하는 마법 같은 순간은 주위 사람들에게 불안한 모습으로 비친다. 왜냐하면 우리는 늘 '모든 건 적당히'를 강조해왔기 때문이다.

고등학교를 수석 졸업한 아이들은 당연히 대단한 능력자다. 하지만 역설적으로 그들이 학교에서 최고가 될 수 있었던 특성이 내일의 창의적인 창업자가 되는 데 걸림돌이 되기도 한다. 반면에 어떤 아이들은 좋아하는 것에만 몰입한다는 이유로 학교의 틀 안에서 어려움을 겪는다. 이 아이들은 집중하고 싶은 열정이 넘치지만 학교는 그것을 억누르고 제한한다.

학교와 달리 인생에는 정해진 규칙이 없다. 호기심이 많은 아이들은 정해진 길이 없을 때 오히려 더 잘 성장한다. 조직의 기준과 상관없이 내면의 열정을 따라가는 아이들은 명확하지 않은 길을 스스로 개척해나간다. 그러나 이른바 모범생들은 그 길에서 쉽게 길을 잃는다. 물론 우리 대부분은 세상의 판도를 바꾸는 길을 걷지 않는다. 그렇다 하더라도 아놀드의 연구가 시사하는 바는 분명하다. 학교는 아이들이 자신만의 목소리를 높이고 삶의 진정한 열정을 찾을 기회를 주지 않고 있다는 사실이다.

부모로서 우리의 목표는 학교의 관점을 그대로 복사하고 붙여 넣기해서 가정으로 옮기는 게 아니라 부족한 조각들을 채워주는 데 있다. 우선 '집착'이라는 단어에 따라붙는 부정적인 뉘앙스는 잠시 내려놓자. 양육의 궁극적인 목적은 아이를 다양한 학원에 보내고, 학업, 대외 활동, 여가 사이에 완벽한 균형을 맞추는 데 있지 않다. 창의적인 부모는 아이가 선택한 분야에 대해 '균형 잡히지 않은' 열정을 가질 수 있도록 다양한 가능성을 열어주고 몰입을 지지해준다.

이와 관련해 이탈리아 교육자 마리아 몬테소리Maria Montessori가 언급한 '민감기'라는 개념이 있다. 민감기는 아이가 어떤 것에 유독 관심과 호기심을 보이는 시기를 의미하며, 이때 부모의 역할은 그러한 호기심의 불꽃이 꺼지지 않도록 지켜보고 타오를 수 있게 돕는 것이다.

학교에는 민감기를 겪는 많은 아이들이 있다. 하지만 수업에 늦지 않으려고 서두르거나 워크북 과제에 쫓기며 중요한 시기를 무의미하게 흘려보낸다. 학교가 끝난 뒤에도 방과 후 수업이나 또 다른 이상적인 목표를 위한 시간만 주어질 뿐, 정작 아이들이 자신만의 몰입을 경험할 수 있는 진짜 여유는 허락되지 않는다.

민감기는 부모가 반드시 기억해야 할 중요한 시기다. 아이의 성장 과정에는 특정 개념을 다른 어떤 시기보다 더 자연스럽고 쉽게 익힐 수 있는 '기회의 창'이 존재한다. 몬테소리는 이를 자연계의 민감기에 비유했다. 예를 들어 애벌레는 특정 시기에 본능적으로 빛을 따라 어린잎이 무성한 곳으로 이동해 최적의 영양을 얻는다. 하지만 이 시기가 지나면 더 이상 빛을 쫓지 않고 어린잎도 필요 없어지듯, 아이 역시 민감기를 놓치면 그 기회가 사라진다.[14]

인간의 정신적·정서적 성장 역시 일시적으로 높아진 감수성이나 특정 능력을 익히도록 이끄는 잠정적 본능에 의해 안내된다. 몬테소리에 따르면 민감기는 아이가 외부 세계와 강렬하게 만나는 시기이며 이때의 몰입과 노력이 능력의 비약적인 성장을 이끈다. 민감기는 단 한 번 주어지는 생물학적 선물과 같아서 이 시기를 놓치면 그 기회는 다시 돌아오지 않는다.[15]

미국의 교육학자 에타 크랄로벡Etta Kralovec은 부모의 역할을 아이가 진심을 다해 좋아하는 것을 발견하게끔 도와주는 것이라고 주장한다.[16] 부모로서 우리는 아이에게 끊임없이 세상을 보여주고, 다양한 가능성과 자극을 접하게 해주며, 내면 깊숙한 본능이 빛을 비추듯 민감기의 길을 밝혀줄 순간을 주의 깊게 살펴야 한다는 것이다.

한 강연에서 내가 강박에 대해 한바탕 칭찬을 늘어놓자, 청중 중 한 여성이 환하게 웃으며 물었다. "그럼 고칠 필요가 없는 건가요? 제가 강박증이 좀 심한데요. 방금 선생님 말씀을 듣고 제 문제가 해결된 것 같아서요. 주변 사람들이 저더러 어른 되면 균형 잡힌 삶을 살 수 있을 거라고 했는데, 그게 아무 소용없는 말이었다는 걸 알았네요." 강연장 여기저기서 웃음과 웅성거림이 퍼졌다.

진실은 늘 복잡하다. 우리는 모순을 안고 살아갈 수밖에 없다. 한 분야에 거리낌 없이 몰두한다는 말인즉슨, 삶의 다른 영역에서는 자제력과 균형을 발휘하고 있다는 의미다. 한편이 균형을 이루면 다른 한편은 그렇지 않아서 서로의 부족함을 채워주는 셈이다. "저는 어떻게 해야 하죠? 존재 자체가 총체적 모순인데요!" 그 여성이 농담조로 항의했지만, 사실 세상사는 원래 그런 법이다. 적어도 깊고 극적인 모순 한 가지를 논하지 않고서는 우리가 진지하게 인간 존재를 고민하기 시작했다고 할 수 없다.

진짜 흥미로운 도전은 모순들 사이에서 올바른 조합을 찾아내는 데 있다. 즉, 한 영역에 강박적으로 헌신하면서 다른 영역에서는 삶의 균형을 지키는 것이다. 나는 균형과 불균형이 공존하는 긴장 상태로 살아갈 것을 제안한다. 이 과정은 복잡한 자기 정제의 연속이며, 유치함과 성숙함, 절제와 무절제, 균형과 집착이 뒤섞인 조합을 필요로 한다. 결국 진정한 도전은 한쪽에서는 어떤 일에 깊이 몰두하고 나머지 영역에서는 균형을 유지할 수 있는 능력을 기르는 데 있다. 더 나아가 균형 감각과 주의 깊음이 필요한 순간에는 잠시 자신을 내려놓고 타인을 위해 외부로 나아갈 줄 아는 태도 역시 필요하다.

많은 '집착하는' 아이들은 어릴 적 자신을 온전히 바쳤던 한 분야

덕분에 인내심, 절제, 성숙함, 균형이라는 중요한 삶의 교훈을 배운다. 나중에 그 분야를 직업으로 삼았는지 여부는 중요하지 않다. 이처럼 진정한 배움은 학교 울타리 밖에서 아이들이 창조한 자기만의 세계 속에서 이뤄지기도 한다.

  책 전반에 걸쳐 내가 제안하고자 하는 바는 명확하다. 우리는 아이에 대한 논의를 부모인 우리 자신의 삶과 분리해서 생각해서는 안 된다. 자녀의 성장을 제대로 지지하기 위해서는 어른인 우리 자신에 대한 깊고 정교한 성찰이 함께 이뤄져야 한다. 나는 경영 워크숍에서 참가자들에게 자신이 집착했던 것을 적고 왜 그것에 인생을 바쳐야 하는가에 대한 2분짜리 연설문을 준비해보라는 과제를 준다. 많은 사람들이 이 과제 앞에서 난관에 부딪힌다. 자신이 그토록 몰두했던 게 무엇인지 기억해내지 못하거나, 애초에 그런 열정을 느껴본 적이 없다는 사실에 당황하고 좌절한다.

  이 책을 읽고 있는 당신에게 묻고 싶다. 지금 당신이 집착하는 대상은 무엇인가? 그것을 모르는 사람에게 2분 동안 소개해서 그걸 모른 채 산다는 게 얼마나 안타까운 일인지 설득할 수 있겠는가? 이렇게 설명할 수 있다면 당신은 자녀가 무엇에 푹 빠져 있는지 자연스럽게 알아차릴 수 있을 것이다. 부모인 우리는, 그리고 우리 아이들은 지금 무엇과 사랑에 빠져 있는가? 당신이 오랜 집착을 통해 삶에서 만들어온 독특하고 멋진 관점은 무엇인가?

  내가 굳이 '사랑에 빠진 무엇'이라고 표현한 이유는, 이전에는 그것을 직업이나 경력으로 정의했지만 이제는 삶 전체에서 사랑하는 것 중 하나로 정의하는 게 더 옳다고 믿기 때문이다. 이와 관련해 진지함과 재미, 성숙함과 미성숙, 직업과 취미의 경계를 허물어버린 젊은 유튜버들은 훌륭한 모범 사례라 할 수 있다.

그때그때
상황에 맞게

새로운 세상은 부모인 우리에게도 사고의 전환을 요구한다. 나는 최근 몇 년 동안 유튜브에 푹 빠진 아들을 통제하고 싶은 충동과 싸워야 했다. 결국 그 충동을 억누르고 아이가 유튜브를 보든 말든 내버려두는 데 성공했다. 그런데 의외의 일들이 벌어졌다. 아이의 영어 실력이 눈에 띄게 향상됐고, 아이는 온라인에서 정보를 찾아 직접 숏폼 콘텐츠를 제작했다.

나는 아이의 말을 듣고 아이의 세상을 받아들이기로 결정했고, 그 결과 내가 몇 달 동안 해결하려고 고심했던 양육과 교육에 대한 수수께끼를 풀 수 있었다. 우리는 흔히 아이들은 아직 때 묻지 않았기 때문에 매우 창의적이라는 말을 자주 한다. 이처럼 순수한 아이들에게 지시와 규칙을 들이대는 것보다 아이들의 말을 주의 깊게 듣는 편이 때로는 훨씬 득이 될 수 있다.

어느 날 아침 일찍 아들과 카페에 앉아 있었을 때였다. 아이는 태블릿을, 나는 책과 형광펜을 앞에 두고 있었다. 나는 아이가 새로운 복잡한 게임에 빠져들었다는 사실을 발견했다. "너, 전에도 이런 게임했었어?" 내가 물었다. "아니." 화면에서 눈을 떼지 않은 채 아이가 대답했다. "그럼 어떻게 하고 있어?" 내가 짐짓 놀라며 다시 물었다. 나는 그전까지 아들은 인내심이 부족한 편이고 난관에 부닥치면 쉽게 포기한다고 생각했다. 그런 아이의 대답이 아직도 내 안에 울림을 준다. "괜찮아. 하면서 그때그때 알아내면 돼." 순간 나는 마치 수년간 이해할 수 없었던 뭔가를 발견한 과학자가 된 것 같았다. '유레카! 바로 그거야! 그때그때 상황에 맞게 알아내는 것!' 이것이 바로 21세기 교육 혁명이 의미하는 바다. 즉, 규칙에 대한 사전 인지 없이 게임에 몸을 던지고 자신을 믿으며 규칙을 알아내는 것이다. 오늘날 양육과 교육은 내가 아들과의 대화를 통해 알아낸 '그때그때 상황에 맞게 배우기'에 기초해야 한다. 아이들과 함께 앞으로 나아가기 위해서는 우리 역시 관습에 따라 자동으로 반응하는 태도를 내려놓고, 아이들과 더불어 생각하며 그때그때 답을 찾아가야 한다.

2장

무조건적인 부모의 죄책감

2008년 2월, 뉴욕 출신 저널리스트 리노어 스커네이지Lenore Skenazy는 9살 아들에게 혼자 뉴욕 지하철을 타고 집에 오는 것을 허락했다. 아들은 몇 주 동안 엄마 아빠에게 자신을 어딘가에 내려주고 혼자 집으로 오는 기회를 달라고 졸랐다. 그날 리노어는 아들에게 20달러와 혹시 모를 상황에 대비해 25센트짜리 동전 몇 개를 쥐여줬다. 그녀는 아들을 몰래 따라가지 않았다. 아들이 집까지 스스로 오는 방법을 찾으리라 믿었고, 필요하면 주위 사람들에게 도움을 청할 거라 생각했기 때문이다. 실험은 성공적이었다. 아이는 무사히 집에 도착했다. 2주 후 미국 일간지 「뉴욕 선」에 '내가 9살 아들 혼자 지하철을 타게 한 이유'라는 제목의 칼럼이 실렸다. 기사에는 수많은 반응이 쏟아졌다. 리노어는 단 며칠 만에 '최악의 엄마'라는 불명예스러운 별명을 얻었고 가는 곳마다 손가락질을 당했다.

심지어 그녀를 끔찍한 부모라고 여기는 사람들의 협박까지 받는 상황에 처했다. 그녀는 가능한 한 많은 텔레비전 쇼에 출연하고 여러 매체와 인터뷰를 하며 자신의 행동을 해명하려 애썼다. "여기는 뉴욕이에요. 바그다드가 아니라고요." 그녀가 이렇게 말해도 논란은 쉽게 사그라들지 않았다. "많은 사람들이 저를 비난했지만, 저를 지지하는 사람들도 많았어요. 그 일로 상처받지 않았다면 거짓말일 거예요. 아니, 가끔은 정말 미칠 것 같았죠. 그래도 저는 제가 옳은 일을 했다고 믿어요."[1]

리노어는 블로그를 개시하며 반격에 나섰고 '프리레인지 양육 Free-Range Parenting'이라는 사회 운동도 시작했다. 이 운동에 동참하는 이들은 10년간 매년 아이를 공원에 두고 오는 날을 기념해왔다. 이 날은 아이들이 지속적인 관리, 감독을 받지 않고 스스로 노는 법을 배우게 하자는 취지의 날이다. 이들의 비전은 다소 우스꽝스럽지만 명확하다. 아이들이 늘 위험에 처해 있다는 과도한 믿음 — 변태, 유괴, 세균, 성적, 성범죄자, 좌절, 실패, 벌레, 따돌림, 혹은 유기농이 아닌 과일의 위험성 — 에 맞서 싸우자는 것이다.

2012년, 리노어는 「세계 최악의 엄마」라는 리얼리티 쇼에 출연하며 불안이 극에 달한 부모들을 찾아갔다. 예를 들어, 10살 아들에게 밥을 떠먹여주는 엄마 같은 이들에게 부모 세대가 어렸을 때 하던 일들 — 혼자서 시내버스 타기 같은 — 을 아이들에게 시켜보라고 설득했다. 그로부터 10년이 훌쩍 지난 지금 '지하철 소년' 아들은 대학생이 됐고, 지극히 평범하고 멀쩡하게 잘 자랐다.

최근 리노어는 미국 전역에서 기금을 모으고 있다. 이 기금의 목적은 걱정으로 미칠 지경인 마음을 내려놓고 아이들에게 부모 세대가 누렸던 자유를 주는 것이다. 더불어 관련 법안 제정도 추진했다. 그 결과 2018년 3월, 유타주는 미국 최초로 프리레인지 양육법을 통과시켰다. 이 법에 따르면, 부모가 자녀를 공원에서 혼자 놀게 하거나 혼자 학교에서 집까지 걸어오게 하는 것은 범죄가 아니다. 사실, 이 운동의 지지자들은 관계 당국과 문제를 일으키는 경우가 많다. 한 의사는 10살, 6살 난 아들 둘이서만 외출을 하게 했는데 이를 본 사람들이 신고를 하는 바람에 경찰관에게서 심한 질책을 받기도 했다. 물론 이런 갈등들이 리노어를 단념시키지는 못한다. 그녀는 말한다. "미국 내 다른 주에서도 유사한 법률을 제정하도록 촉구할 겁니다."

무엇이 더 놀라운 일일까? 9살짜리 아이가 혼자 지하철을 탔다는 이유로 나라 전체가 발칵 뒤집힌 일일까, 아니면 아이의 엄마가 이 사건을 이용해 성공 신화를 이뤄낸 일일까? 어느 쪽이든 지하철 사건은 양육에 따른 극심한 긴장감, 기저에 흐르는 죄책감, 불안, 스트레스가 언제든 터져나올 듯 끓고 있다는 현실을 잘 보여준다. 문화마다 양육에 대한 압박감의 포인트는 다르지만 핵심은 비슷하다. 아이를 대중교통에 혼자 태우지 말고, 아이를 집에 혼자 두지 말고, 아이가 어른 없이 가전 제품을 쓰게 하지 말고, 아이가 고등학교를 우수한 성적으로 졸업할 때까지 끊임없이 밀어붙이라는 것이다.

　죄책감과 긴장감은 책임을 떠넘길 대상을 물색하는 것으로 이어진다. 감독을 게을리한 부모, 걱정을 덜한 부모, 주의를 기울이지 못한 부모, 경계를 명확히 하지 않은 부모, 압박을 너무 많이, 혹은 너무 적게 한 부모 모두가 비난의 대상이 된다. 물론 교사, 학교, 기술, 그리고 새로운 세상 자체도 비난의 대상에서 벗어날 수 없다. 신생아를 품에 안고 병원을 나서는 순간부터 부모의 삶에는 죄의식의 감정이 배경 음악처럼 깔리기 시작한다. 불안, 우려, 스트레스, 엄청난 죄책감이 뒤섞인 의심의 형태로 말이다.

죄책감은
부모의 숙명일까

육아가 감정적으로 어떤 영향을 미치는지 보여주는 데이터는 실로 놀랍다. 미국의 부모 중 96%가 육아 시 죄책감을 느낀다고 한다.[2] 영국에서 수천 명의 엄마들을 대상으로 한 조사에 따르면, 많은 엄마들이 완벽해 보여야 한다는 압박을 느끼며, 이 때문에 아이가 텔레비전을 얼마나 보는지, 집안일을 얼마나 돕는지 등에 대해 숨긴다고 답했다. 이렇게 '하얀 거짓말'을 하는 현상은 매우 광범위하게 퍼져 있다. 실제로 엄마들 사이에는 서로를 부족한 사람처럼 느끼게 만드는 분위기가 존재했다. 조사에 응한 엄마들 중 3분의 2가 가족 문제를 얼마나 잘 다루고 있는지 다른 엄마들에게 솔직하게 말하지 않는다고 답했고, 과반에 가까운 수가 경제적 어려움을 숨긴

적이 있다고 답했다. 또한 4분의 1은 아이와 보내는 시간을 과장해서 말한 적이 있다고 했으며, 10명 중 9명은 다른 엄마들과 자신을 비교한 적이 있다고 했다.[3] 이러한 현상은 미국 작가 주디스 워너Judith Warner가 언급한 '엄마 죄책감 모델'과도 연결된다(이에 대해서는 추후에 다시 다룰 예정이다).[4]

최근에는 '아빠로서의 역할이 충분하지 않다'는 목소리까지 더해졌다. 일에 전념하는 아빠들은 '이 시기는 다시 돌아오지 않는다, 아이들이 자라는 모습을 지켜보지 못한 걸 나중에 후회하게 될 것이다' 같은 경고를 듣는다. 그렇다면 엄마들은 어떤가? 경력을 쌓아야 했던 소중한 시간들을 되찾을 수 있을까? 아이들은 또 어떤가? 아이들 역시 놓치는 부분들이 분명히 있을 터다. 결국 모든 가족 구성원이 끊임없는 죄책감의 굴레 속에 살아가게 된다.

다행히 현실이 마냥 부정적이지만은 않다. 여성들은 어느 정도 이런 시스템을 극복한 것처럼 보인다. 오늘날의 엄마들은 1960년대보다 2배 넘게 일하면서도 아이들과 보내는 시간이 50% 더 늘었다.[5] 현대의 아빠들 역시 이전 세대의 아버지들보다 3배 더 많은 시간을 아이와 함께한다. 그럼에도 불구하고 죄책감에서 완전히 자유롭지 못하다.[6] 오늘날의 엄마와 아빠 모두 눈에 띄는 진전을 이뤘음에도 죄책감은 여전히 부모의 곁을 떠나지 않는다.

육아와
가면 증후군

육아는 스트레스와 당혹스러운 일로 가득하다. 마트 한복판에서 아이가 갑자기 울음을 터뜨리면 주변의 시선이 집중되고, 내 아이가 다른 아이를 불편하게 만들어 사태가 걷잡을 수 없이 커지기도 한다. 이럴 때 우리는 어떻게 해야 할지 몰라 당황하지만, 결국엔 뭔가를 결정해야 한다. 이런 상황에 대해 미리 공부한 적도 없고, 참고할 교과서나 지침서도 없다. 그래서 부모로서 뭘 해야 할지 전혀 모른다는 사실이 드러나 엉터리 부모처럼 보이고 자기 아이 하나 제대로 못 다루는 사람으로 비칠까 봐 불안과 공포가 엄습한다.

육아의 초기 단계는 일종의 가면 증후군(자신이 이룬 성취를 받아들이지 못하는 심리적 현상 – 옮긴이)과 비슷하다. 새 직장에 들어가거나 승진했을 때, 겉으로는 모든 걸 잘 아는 척하지만 실제로는 잘 모른다는 걸 들킬까 봐 걱정하는 마음과 같다. 통계에 따르면 인구의 약 70%가 살면서 한 번쯤 가면 증후군을 경험한다고 한다.[7] 이는 자신의 성공을 실력이나 전문성 때문이 아니라 그저 운이나 개인적 매력 덕분이라고 생각하는 경우에 주로 나타난다.

초보 부모도 마찬가지다. 부모로서 아직 아무것도 증명하지 못했고 그저 우연과 좋은 인연, 약간의 행운 덕분에 부모가 됐다고 느끼는 사람들이 많다. 이들은 아이를 데리고 다니며 모든 걸 잘 통제하는 듯한 모습을 보이려 애쓴다. 하지만 속으로는 겁에 질려 있다. 그래서 아이를 위해서 안전한 환경을 만들기 위해 노력하고 도움이 된다는 육아 용품을 닥치는 대로 사 모은다. 추천하는 육아 용품을 다 구비해야만 주변에서 부모로서 최선을 다하지 않는다는 말을 듣지 않을 것 같기 때문이다. 이렇게 불안에 휩싸인 부모와 그 부모에게 전적으로 의지하는 연약한 아이의 몇 달이 흘러간다.

아이 없는 삶

아이를 낳지 않기로 한 사람들의 삶을 본격적으로 들여다보기 전에, 작가 레슬리 라파예트Leslie Lafayett가 재치 있게 선정한 아이가 없는 어른들을 만날 가능성이 낮은 장소와 높은 장소를 짚고 넘어가자(레슬리 라파예트는 아이 없이 살아가는 사람들의 목소리를 대변한다).[8] 그녀가 소개하는 아이가 없는 어른들을 찾아보기 힘든 장소는 다음과 같다.

- 토요일 오후의 쇼핑몰
- 가족 캠핑장
- 쿠폰을 쓸 수 있는 마트

- 미니 골프장
- 7월의 디즈니랜드

반면에 아이가 없는 어른들을 만나기 쉬운 장소는 다음과 같다.

- 토요일 모닝 커피를 마시러 간 카페
- 마트 한쪽에 자리한 10개 이하 품목 계산대
- 여름을 제외하고 아무 때나 갈 수 있는 여행지
- 비행기를 타고 가는 도심에서 벗어난 여행지
- 운동하는 곳
- 밥을 먹기 위해 찾은 태국 현지 식당
- 자원봉사 혹은 변화를 가져오는 활동을 할 수 있는 곳

아이가 없는 여성들을 찾아 나서는 과정에서 오르나 도나트Orna Donath라는 인상적인 젊은 연구원을 만났다. 도나트에 따르면, 아이 없이 사는 삶은 세상과 자신을 더 자유롭게 탐구할 수 있는 삶이다. 그녀는 이렇게 말했다. "부모가 되고 싶지 않다는 건 길잡이나 롤 모델이 아니라 학생이 되겠다는 뜻이고, 자신의 성장 가능성을 실현하는 길을 선택한다는 의미입니다."[9] 이 말은 논란을 불러일으키기에 충분하다. 도나트의 논리대로라면 부모가 되고자 하거나, 이미 부모인 사람들은 자신의 성장 가능성을 포기한 건가? 아이를 기르면서 부모도 함께 성장할 수 있지 않나?

휴가나 여행을 포기한다고 해서 삶의 즐거움이 반감되지는 않는다. 육아는 장애물도, 짐짝도, 부모를 짓누르는 추도 아니다. 만약 부모에게 부모가 된 걸 후회하느냐, 혹은 아이 없는 삶을 부러워하느냐고 묻는다면 아마 대부분의 대답은 '아니다'일 것이다. 그렇다면 왜 우리는 육아에 관한 대화의 대부분을 위기, 피로, 말다툼, 걱정, 죄책감 같은 주제로만 채우게 될까? 부모가 되는 것이 죄를 짓는 것도 아닌데 말이다. 즐겁고 평온한 마음으로 육아를 할 수는 없을까?

실제로 천 명이 넘는 아이들에게 부모가 어떻게 달라지면 좋을지 질문했다. 그리고 부모들에게 아이가 뭐라고 답할 것 같은지 추측하게 했다. 부모의 56%는 아이가 부모와 더 많은 시간을 보내길 바란다고 대답할 것이라고 생각했다. 하지만 대부분의 아이들은 엄마, 아빠가 덜 피곤하고 스트레스에 덜 시달리길 바란다고 답했다.[10]

완벽주의에 갇힌 엄마

주디스 워너는 자신의 저서 『엄마는 미친 짓이다 Perfect Madness』에서 엄마들이 끊임없이 경험하는 죄책감에 대해 다뤘다. 물론 실제 엄마들의 현실은 일반적인 양육에 관해 이야기하는 이 책보다 훨씬 더 복잡하고 복합적이다. 워너는 페미니스트 혁명에도 불구하고 왜 모성에는 여전히 많은 죄책감이 따르는지 의문을 가졌다. 그녀는 오늘날 많은 엄마들이 늘 뭔가 잘못하고 있고, 뭔가 목에 걸린 듯한 감정을 안고 산다고 설명한다. 왜 엄마들은 압박과 죄책감에 무너지는 걸까? 이에 대해 워너는 흥미로운 답을 제시한다. 여성의 발전을 가로막는 가장 큰 장벽은 바로, 모든 일에 책임이 있다고 느끼고 스스로를 비난하는 여성 자신이라는 것이다.

워너는 말했다. "우리는 수십 년간 마치 통제 불능의 전염병이 도처에 숨어 있는 것처럼 살아왔어요. 특히 오늘날의 엄마들이 느끼는 불안은 독특하죠. 뭔가 잘못되거나 아이에게 문제가 생기면 엄마 역할을 제대로 못 해서라고 생각하는 경향이 있어요. 왜냐하면 나쁜 일을 막으려면 엄마가 삶 전체를 완벽히 통제해야 한다고 믿기 때문이에요. 텔레비전 시청은 안 되고 보더라도 딱 30분만, 그것도 교육 방송만 허락돼요. 설탕도 안 되고, 트랜스지방도 안 되고, 디즈니도 안 되고, 피자도 안 되고…. 엄마들은 충분한 의지력(그리고 좋은 계획)만 있다면 아이의 운명을 장악할 수 있다고 생각해요. 그래서 아이를 보호막으로 둘러싸서 지방, 집중력 부족, 미성숙, 허약 체질 등 모든 위험으로부터 아이를 지키려 하죠. 그런데도 이 모든 게 통하지 않으면 결국 자신을 탓하게 돼요."

워너는 역사상 가장 자유로운 세대가 오히려 스스로를 억압적인 모성의 이미지와 완벽주의라는 덫에 가두고 있다고 지적한다.[11] 그리고 이 문제의 주범으로 영국의 저명한 심리학자이자 정신 건강 의학과 의사인 존 볼비John Bowlby를 꼽는다. 볼비는 '모성 결핍' 개념을 주창하며, 아이의 첫 애착 관계, 즉 엄마나 지속적인 대체 양육자와 아이의 관계가 얼마나 중요한지 강조했다. 그에 따르면 생후 첫 1년 동안 아이는 감정적 반응의 패턴, 곧 내면의 모델을 형성하게 되며 이것이 이후 평생의 인간관계와 사회적 행동 전반에 영향을 미친다.

이런 관점에서 보면 엄마의 역할은 엄청나게 중요해 보이고 동시에 부담스럽기까지 하다. 엄마는 아기의 신호에 민감하고 세심하게 반응해야 하고, 아기의 모든 불편과 고통에 즉각적으로 대응해야 하며, 항상 따뜻하고 친밀하고 포근한 존재로서 아기가 안정감과 보호받는 느낌을 가질 수 있도록 해야 한다. 반대로 엄마가 분노, 무관심, 불안정, 비일관성, 주의력 결핍을 보일 경우, 아이는 신뢰 부족, 관계 지속의 어려움, 불안 장애, 우울감, 친밀감에 대한 두려움 등 문제적 행동 패턴과 조건 반응을 내면화할 위험이 있다.

존 볼비의 애착 이론은 전 세계적으로 널리 인정받으며 큰 영향력을 행사했다. 그러나 워너는 바로 이 이론의 지나치게 강력한 영향력이 죄책감에서 벗어나려는 여성들에게 치명적인 타격을 입혔다고 주장한다.[12] 정말로 그렇게 많은 것들이 아이의 생애 첫 한두 해에 엄마가 아이에게 제공하는 돌봄의 질에 달려 있는 걸까? 나는 이 질문을 존 볼비 애착 이론의 세계적 권위자인 마리오 미쿨린서 Mario Mikulincer 교수에게 직접 던져보기로 했다. "어떻게 그토록 많은 것들이 아기의 첫 1년에 달려 있을 수 있나요?"

미쿨린서 교수는 이렇게 설명했다. "생후 첫 1년은 아기의 뇌가 빠른 속도로 발달하는 시기입니다. 이때 웃음, 존재감, 냄새, 신체 감각의 편안함이나 불편함 같은 초기 학습 기억과 경험이 형성됩니다. 아직 언어가 형성되기 전이라서 아기는 오직 경험을 통해 배웁니다. 모든 자극이 입이나 공간 속 움직임을 통해 흡수되고, 그것이 곧 자신의 일부가 되는 거죠. 생후 첫 1년은 삶에서 처음으로 맞이하는 의미 있는 시기이며, 이때의 경험은 우리 안에 깊이 각인돼 향후 우리가 어떻게 행동하고 관계를 맺을지 크게 좌우합니다."

생애 첫 시기가 세상에 반응하고 기대하는 방식의 기초를 형성한다면, 인생에서 처음으로 깊은 관계를 맺는 대상인 엄마의 역할은 중요할 수밖에 없다. 물론 성인이 된 이후에도 인생을 바꿀 만한 수많은 만남과 사건이 우리를 기다리고 있다. 하지만 애초에 기반이 덜 단단하다면, 우리는 이후의 경험을 온전히 소화하고 성장하기 위해 훨씬 더 많은 노력을 기울여야 할지 모른다.[13]

미쿨린서 교수의 결론은 다음과 같았다. "그렇다고 부모가 평생을 자녀를 위해 헌신해야 한다는 식으로 받아들이면 안 됩니다. 그것은 볼비의 의도도, 결론도 아닙니다. 우리는 볼비의 이론을 왜곡시키지 않도록 주의해야 합니다. 결국 아이에게 필요한 것은 아이가 믿을 만한 사람, 아이를 수용해주는 사람, 아이에게 세상으로 나갈 용기와 자신감을 주는 사람을 찾는 일입니다."

이와 관련해 영국의 소아과 의사이자 정신 분석가인 도널드 위니컷Donald Winnicott을 언급하지 않을 수 없다. 위니컷은 이상적인 엄마를 실현 가능하면서도 인간적인 모델로 설명하기 위해 '충분히 좋은 엄마'라는 개념을 만들었다. 특이할 만한 점은 위니컷 또한 아기가 어떤 보살핌을 받느냐에 따라 아기의 심리에 끼치는 영향이 달라진다는 것을 다룬다는 사실이다. 그는 '아기는 불안이라는 벼랑 끝에 선 미성숙한 존재'[14]라고 주장한다. 그렇기 때문에 모성을 충분히 경험하지 못한 아기는 자아가 분열되기 쉽고, 끝없이 절망하고, 육체 관계를 맺는 데 어려움을 겪고, 삶의 지향점을 상실한다.

나는 위니컷이 설명하는 맥락을 더 잘 이해하기 위해 교육학자이자 임상 심리학자인 일라 베르트하임Yeela Wertheim과 인터뷰를 가졌다. 베르트하임은 다음과 같이 말했다. "위니컷의 진짜 메시지는 달라요. 누구나 노력하면 부모가 될 수 있어요. 피아니스트처럼 타고난 재능이 필요한 게 아니에요. 감정적으로 곁에 있어주는 것도 중요하지만, 그보다 중요한 건 아이의 섬세하고 연약한 신호에 집중하고 투자하는 거예요. 그 신호를 제대로 읽어주지 못하면 아이가 알아서 우리에게 맞춰야 하는 상황이 벌어지거든요."[15]

나는 베르트하임의 말을 듣고, '집-회사-집안일-끊임없는 압박' 속을 살아가는 부모가 아이의 미세한 신호 하나하나에 얼마나 민감하게 반응해야 하는지 물었다. 베르트하임이 덧붙였다. "아이들의 신호가 약한 게 아니에요. 단지 다른 언어를 쓰는 거예요. 말을 못 하는 대신 다른 수많은 신호를 보내는 거죠."

'아기 언어'라는 개념은 육아 당사자가 생후 첫 1년 동안 얼마나 깊은 집중력과 감수성을 가져야 하는지를 잘 보여준다. 하지만 우리가 잘 모르는 외국어를 알아듣기 힘들 듯이 아기의 신호를 알아채는 것도 어렵지 않을까? 다행히 베르트하임은 흥미로운 해결책이 하나 있다고 말했다. "아기를 이해할 준비를 하면서 엄마는 위니컷이 언급한 모성 정신병, 혹은 일시적인 광기 상태에 들어가게 돼요. 자기 욕구나 필요는 잠시 제쳐두고 오롯이 아기에게 집중하는 거예요. 몇 달간은 동물의 언어를 이해하는 닥터 두리틀인 양 아기의 세계에 들어가서 아기의 언어에 적응하고 반응하게 되죠."

베르트하임은 강조했다. "엄마에게는 대체 양육자(보호자)가 반드시 필요한데요. 이 대체 양육자는 아이가 진심으로 안심할 수 있는 사람이어야 합니다."

위니컷이 '일시적인 정신 이상'이라고 부르는 첫 3개월은 뇌 연구에서 증명이 됐다. 미쿨린서 교수는 설명했다. "엄마에게 3개월 된 아기 사진을 보여주면서 fMRI(기능적 자기 공명 영상 - 옮긴이)로 뇌 활동을 관찰하면 엄마 뇌의 특정 부분이 어떻게 자극받는지 볼 수 있습니다. 흥미로운 점은 이때 엄마의 뇌는 마약 중독자의 뇌와 같다는 것입니다. 쉽게 말해, 엄마는 아기에게 중독된 겁니다. 하지만 이러한 현상은 몇 개월 후면 점차 사라집니다. 더불어 아기의 얼굴 변화도 볼 수 있습니다. 아기들의 얼굴 모양이 어떻게 바뀌는지 한번 보세요. 태어난 지 한 달, 두 달, 석 달, 넉 달 지날 때마다 사진을 찍어두면 변화를 볼 수 있습니다. 아기의 얼굴이 점점 동그래지는데, 이는 관심을 끌기 위해 우리가 아는 일반적인 아기 얼굴이 되는 거라 볼 수 있습니다. 아기는 자신이 원하는 결과를 얻거나 항의 등을 하기 위해 사회적인 미소도 짓게 됩니다. 자신들에게서 다소 멀어진 부모와 대화를 해야 하기 때문입니다."

스웨덴, 덴마크, 핀란드 같은 선진 복지 국가들은 부모가 아이를 최선의 환경에서 양육할 수 있도록 과감한 정책을 시행하고 있다. 예를 들어 스웨덴은 총 480일의 육아 휴직을 보장하며, 이 중 390일 동안 급여의 80%가 지급된다. 부모는 이 기간을 나눠 사용할 수 있고, 양육에 부모가 모두 참여하도록 각자 최소 3개월은 사용해야 한다는 규정이 마련돼 있다.[16] 핀란드는 아동 수당을 아이 1인당 월 500유로로 인상했으며, 부모가 육아 시간을 나눠 사용할 경우 양성 평등 보너스 개념으로 200유로를 추가 지급한다.

2015년, 올란드 제도의 사회부 장관 카리나 알토넨Carina Aaltonen은 이러한 지원 확대의 배경을 다음과 같이 설명했다. "아이와 부모가 애착을 형성하는 시기는 매우 중요합니다. 그러므로 국가의 지원을 받아 삶을 잠시 멈추고 전일 근무를 하지 않으며 집에서 부모 자신과 아이를 돌보는 시간을 가져야 합니다. 건강한 아이가 있는 건강한 가정이 건강한 사회를 만듭니다."[17]

요컨대, 이들 국가는 아이뿐 아니라 부모의 웰빙까지도 중요한 국가적 과제로 인식하고 있는 것이다.[18]

끝나지 않는 부모의 불안

신생아와 함께 보내는 첫날 밤, 부모의 마음은 불안과 설렘으로 가득하다. 하지만 시간이 흐를수록 아이의 생후 1년 동안 부모의 양육 방식이 아이의 인생을 결정한다는 엄격한 시각이 자리 잡는다. 게다가 저명한 심리학자들의 글을 읽으면 스트레스가 쌓이지만 무시할 수 없을 만큼 일리가 있는 것도 같다. 부모는 자신도 모르게 불안해지기 시작한다. '내가 아이에게 주는 작은 긴장감이나, 우울감, 혹은 잠깐의 집중력 부족이 아이 인생에 큰 영향을 끼치는 건 아닐까?' 더욱 불안한 건 그 결과가 언제, 어떻게 드러날지 모른다는 점이다.

생후 며칠간 부모는 아기를 극진히 돌본다. 그러나 시간이 지나면 결국 아이와 떨어져야 할 순간이 오고, 그때부터 부모 자신의 성장 및 충족과 아이가 요구하는 헌신 사이에서 근본적인 갈등을 겪게 된다. 전문가들은 아이는 언젠가 부모에게서 분리돼야 하므로 논리적이면서도 감정 이입을 통해 조금씩 좌절을 배우게 하는 것이 중요하다고 말한다. 하지만 아이 방에서 한 발짝 물러난 순간 들려오는 단 한 번의 울음소리에도 부모는 쉽게 무너지고 혼란스러움과 죄책감에 휩싸인다. 이것이 부모의 운명이자 부모의 역할이다. 어쩌면 부모는 죄책감을 필요로 하는 존재일지도 모른다. 그것이 '혹시 우리가 아이 인생에 아무 영향도 주지 못하는 건 아닐까?'라는 끔찍한 가능성보다 차라리 나은 감정이기 때문이다. 과연 지금까지의 과학과 연구는 부모인 우리에게 득이 된 걸까, 아니면 오히려 해가 된 걸까?

육아는
질인가, 양인가

 육아의 질과 양에 관한 실제 연구 결과는 어떨까? 엄마의 부재가 아이에게 해를 끼친다고 경고하는 수많은 전문가들의 주장과 달리, 이와 같은 전제를 의심하거나 나아가 근거가 없다고 밝힌 연구들도 상당수 존재한다.

 부모는 아이를 키우는 과정에서 셀 수 없이 많은 중대한 결정을 내려야 한다. 하지만 그 결정을 도와줄 검증된 정보는 턱없이 부족하다. 이러한 상황에 변화를 꾀하고자 미국 보건 복지부 산하 연구 기관인 국립 아동 건강 및 인간 발달 연구소NICHD는 1,364명의 아이들을 출생부터 15세까지 15년에 걸쳐 추적 관찰하는 대규모 연구를 진행했다. 이 연구의 목적은 부모들이 보다 정확한 과학적 사실에 기반해 자녀 양육 결정을 내릴 수 있도록 돕는 것이었다. 연구진은 영아기 양육 방식이 청소년기의 정서적·사회적 발달에 어떤 영향을 미치는지 면밀히 살펴봤다. 연구 대상 부모 중 일부는 신생아와 함께 오랜 시간을 보냈지만, 대다수는 상대적으로 빠르게 아이를 보육 기관에 맡겼다. 연구에 참여한 아이들 대부분은 가정 내에서의 애착 양육을 충분히 경험하지 못했다. 여기서 중요한 것은, 해당 보육 기관들이 평균적인 수준의 품질을 갖춘 곳이었다는 점이다.

이 연구를 통해 얻은 결론은 참으로 극적이다. 부모가 집에 더 오래 머무른 아이들과 아이 돌봄 센터에 더 일찍 다니기 시작한 아이들 사이에서 주목할 만한 사회적·행동적·인지적 차이가 발견되지 않았다.[19] 그렇다면 무엇이 아이에게 영향을 미친 걸까? 그것은 바로 집에서 보인 부모의 행동이었다. 연구 결과 아이를 대하는 부모의 행동이 엄마가 집에서 보내는 시간의 양보다 아이의 성장 발달에 2배 이상의 영향을 끼친다는 것이 밝혀졌다. 그러므로 우리는 아이에 대해 느끼는 죄책감에 초점을 맞출 것인지, 아니면 아이와 보내는 시간의 경험을 더 중요하게 여길 것인지 스스로에게 물어봐야 한다.

결론적으로 말해, '양이 문제가 아니라 질이 중요하다'는 말은 사실이며 과학적으로 입증이 된 셈이다.[20] 이 연구의 핵심은 샤론 미즈Sharon Mees와 조애너 스트로버Joanna Strober가 공저한 『50/50을 향해 : 맞벌이 부모가 일과 육아, 두 마리 토끼를 잡는 법Getting to 50/50 : How Working Parents Can Have It All』에서 요약한 대로 놀랍기 그지없다.

- 전적으로 엄마와 함께 시간을 보낸 아이들은 그렇지 않은 아이들과 비교해 정서적 또는 인지적 능력 테스트에서 더 나은 결과를 보였는가? 전혀 그렇지 않다.
- 아이 돌봄 센터에 다닌 아이들에게서 장기적인 행동 문제가 나타났는가? 전혀 그렇지 않다.
- 1살 이전에 아이 돌봄 센터에 다닌 아이들이 정서적·사회적·인지적 점수를 더 낮게 받았는가? 전혀 그렇지 않다.[21]

심리학자 베티 하트Betty Hart와 토드 리슬리Todd Risley는 양보다 질이라는 상투적인 표현에 관해 대단히 흥미로운 증거를 제공했다. 이들은 미국 캔자스시티 출신의 42개 가정을 연구했다.[22] 3개의 다른 사회 계층 가정을 꼼꼼하고 포괄적으로 비교하는 한편, 부모가 자녀에게 어떤 행동을 보이는지 조사했다. 두 연구자는 다른 사회 계층의 부모들이 모두 자녀와 함께 놀고 자녀에게 관심을 쏟는 등 유사함을 보였는데도 생후 첫해 말에 발달 면에서 눈에 띄는 격차가 나타나기 시작한다는 점에 주목했다.

이유를 알고 나면 당신도 놀랄 것이다. 그 이유는 아이들을 대화에 참여하도록 격려하는 것과 더불어, 아이들에게 말하는 단어의 수와 빈도의 차이 때문이었다. 3살이 될 때까지 경제적으로 유리한 가정의 아이들은 경제적으로 덜 유리한 환경의 아이들보다 2배 많은 어휘를 들으며 자란 것으로 밝혀졌다. 보통 3살이 될 때까지 상위 계층 가정의 아이들은 3천만 개 이상의 단어를 듣고, 중간 계층

	하위 계층 부모	중간 계층 부모	상위 계층 부모
아이들에게 말하는 시간당 단어 수	178	301	487
깨어 있는 14시간 동안 말하는 단어의 누적량	2492	4214	6818

가정의 아이들은 2천만 개의 단어를 들으며, 하위 계층 가정의 아이들은 1천만 개의 단어를 듣는다. 아이들에게 말하는 시간당 단어의 수를 세보면 위 표와 같이 나타난다.

뿐만 아니라 단어 누적량의 차이를 통해 사회 계층에 따라 아이들이 듣는 질문 수에도 차이가 나는 것이 증명됐다. 문화 연구에 의하면 질문 받는 것에 익숙한 아이들이 시험이나 검사 상황이나 선생님의 질문에 더 성공적인 답변을 할 수 있었다. 상류층 부모 중에는 직장과 지역 사회 혹은 교회를 바삐 오가며 업무와 봉사 활동을 하는 사람들이 많다는 사실을 고려할 때 이러한 차이에 주목하는 것은 흥미롭다. 그들은 집에 도착한 순간부터 자녀나 다른 사람들과 면대면 또는 유선상으로 이야기하는 것을 멈추지 않았다. 하위 계층 부모들은 자녀들에게 헌신적이고, 마을 반대편에 있는 의사를 만나기 위해 아이를 품에 안고 버스에서 1시간을 보낼 수 있을지언정 아이와 대화를 거의 하지 않았다. 말을 많이 하든 조금 하든 간에 대화는 부모가 자녀에게 전달하는 문화의 양과 다름없다는 측면에서 중요한 요소다. 이 경우 양이 질에 비례했다. 즉, 말이 많은 부모는 자녀의 감정에 더 민감하고, 더 많은 이야기를 읽어주며, 현실 세계의 사건들을 간접적으로 경험하게 해줬다.

참고로 위에 언급한 내용은 부모가 아이 곁을 지키는 것이 중요하다는 일반적인 생각과 달리, 아이와 나누는 대화의 양과 질이 더 중요한 변수임을 보여주는 연구 사례 중 일부에 불과하다.

'요즘 애들'을 향한 기성세대의 시선

우리는 끊임없이 쏟아지는 소문에 노출되는데, 그중 많은 것들이 우리의 불안을 부추기고 양육 방식에 영향을 미친다. 그 대표적인 예로, 요즘 세대가 버릇없고 게으르고 자기중심적이고 교양이 부족하다는 주장이다. 이 말이 사실이라면 그런 세대를 키운 우리는 부모로서 실패했고 이 안타까운 상황에 대한 책임으로부터 자유로울 수 없을 것이다. 다음 중에서 진실이라고 생각하는 것을 찾아보자.

- ○ 오늘날의 청소년 사이에는 전례 없는 음주 문화가 만연해 있다.
- ○ 오늘날의 청소년은 과거보다 더 많은 약물을 소비한다.
- ○ 오늘날의 청소년은 더욱 폭력적이다.

○   오늘날의 청소년은 자원봉사를 덜 한다.

위에 열거된 내용이 모두 사실과 거리가 멀고, 오히려 사실과 반대되는 진술이라면 믿을 수 있겠는가.

미국 청소년들의 음주량은 과거에 비해 현저히 줄어들었다. 1970년대에는 93%의 청소년이 음주를 경험했는데 2014년에는 67%에 불과했다.[23] 약물 사용 비율도 눈에 띄게 감소했다. 2017년 미국 청소년의 약물 사용은 20년 만에 감소세로 돌아섰다.[24] 청소년 자살률 역시 1990년대 이래로 감소하고 있다.[25] 그리고 청소년의 살인 범죄 비율이 수십 년 만에 최저를 기록했다. 여기서 흥미로운 점은 1990년대 초반 청소년의 살인 범죄 발생률이 가장 높았다는 사실이다. 이 청소년들은 바로 지금 부모가 된 이들이다.[26] 이스라엘에서는 지난 10년 동안 미성년자 범죄 수치가 뚜렷이 감소했다. 이스라엘 전 경찰 사령관이자 국민 안전처 고문인 수지 벤 바룩 Suzy Ben Baruch 박사는 다음과 같이 확인해줬다. "이스라엘 경찰 자료에 따르면, 2004년 이래 소년 범죄가 눈에 띄게 감소했고 이러한 추세는 여전히 진행 중입니다."[27]

한편, 미국과 이스라엘 모두 오늘날의 청소년이 이전 세대의 청소년보다 자원봉사를 훨씬 더 많이 한다.[28] 자원봉사 비율이 증가한 이유 중 하나로 인터넷의 발달 덕분에 자원봉사를 더욱 조직적이고 쉽게 할 수 있다는 점을 들 수 있다. 젊은 세대의 실패에 책임이 있고, 젊은 세대를 자기중심적이고 무관심하게 만든다고 흔히들 이야기하는 바로 그 인터넷과 기술 덕분에 말이다.

하지만 언제나 그렇듯 우리는 팩트 대신 오늘날의 젊은 세대를 무모하고 버릇없고 제멋대로이고 무기력하고 소외되고 폭력적이고 무관심하고 감정 컨트롤을 잘 못해서 타인이나 스스로를 해칠 위험이 있는 존재로 인식하는 우리의 의식을 믿는다.

내 아버지가 세상을 떠나고 나서 아버지의 친구들은 매년 추모 모임을 갖는다. 그들은 이스라엘 건국에 기여한 세대로 여전히 멋있고 여전히 활력이 넘친다. 그런 그들도 젊은 시절에는 무모한 요즘 아이들과 크게 다르지 않았다. 아마 그들의 부모 또한 현재의 우리처럼 걱정과 충격의 눈으로 그들을 바라보지 않았을까. 하지만 지금 그들은 겸손하고 성실하고 이 사회를 조용히 떠받치는 '이 땅의 소금'이라 불린다.

우리의 사고방식은 과거에 머물러 있다. 이전 세대가 그랬듯 우리 역시 다음 세대가 잘못된 영향을 받고 무례하고 통제 불가능해질 것을 두려워한다. 미국의 대표적인 자녀교육서 작가인 알피 콘Alfie Kohn은 자신의 저서 『아이를 망친다는 말에 겁먹지 마세요The Myth of the Spoiled Child』에서 세대를 거쳐 되풀이된 비난의 역사를 흥미롭게 추적한다. 그에 따르면, 젊은 세대는 늘 무책임하고 버릇없고 충동적이라는 비난을 받아왔으며, 이 청년층이 나라를 일구고 모범적 사회를 세운 이전 세대의 성취를 위협한다는 우려가 어김없이 뒤따른다. 콘은 이와 같은 비난의 역사를 거슬러 조사했고, 2000년대 초반, 1980년대, 1960년대, 1950년대, 1920년대는 물론 18세기까지 동일한 패턴이 반복됐다는 사실을 밝혀냈다.

시대를 불문하고 기성세대는 자신들이 이뤄놓은 것을 무책임한 다음 세대가 망쳐버릴까 봐 걱정한다. "요즘 애들은 문제가 많아. 생각이 없고 겉돌고 뭔가에 중독돼 있고 쉽게 휘둘리고 폭력적이야"라는 기성세대의 탄식은 반복되고, 그 뒤엔 자기 때는 안 그랬다는 아련한 회상과 한숨이 함께한다. 그러나 대부분의 경우 이전 세대는 이후 세대보다 미성숙하고 이뤄낸 것도 그다지 많지 않았다.[29] 나는 곳곳에서 청소년들을 만날 때마다 감탄해 마지않는다. 그들은 호기심이 많고, 독립적이고, 청소년 운동에 적극적으로 참여하고, 자원봉사를 하고, 자신이 나고 자란 지역 공동체에 깊은 애정을 가진다. 그들과 이야기를 나누다 보면, '젊은 세대는 언제나 이전 세대보다 더 뛰어나다'라고 말한 이스라엘 전 총리 다비드 벤구리온 David Ben-Gurion이 떠오른다.

부모는 동네북

청소년과 젊은 세대를 비난하는 것이 일종의 대중적인 놀이처럼 돼버린 요즘, 또 하나의 인기 있는 비난 대상은 바로 '요즘 부모'다. 요즘 부모는 공공의 적으로 자주 거론된다. 요즘 부모는 요즘 아이들을 통제하지 못한 사람들로 간주된다. 이런 부모를 두고 부모와 자녀 간의 세대차가 그 어느 때보다 크다는 말이 자주 언급된다. 이는 부모가 자녀를 이끌 능력과 경험이 부족하다는 점을 은근히 상기시킨다. 한편, '부모는 아이의 친구가 되면 안 된다, 부모와 아이 사이가 지나치게 가까우면 안 된다, 부모가 아이와 너무 많은 시간을 함께 보내는 것은 부모 자식 간 거리 유지에 실패한 것이다' 등 요즘 부모를 평가하는 정반대의 말도 존재한다.

알피 콘은 또 다른 모순을 지적한다. 한쪽에서는 부모가 자녀에게 과도한 성공을 강요하고 온갖 과외며 사교육을 부추긴다는 비난을 받는데, 다른 한쪽에서는 부모가 자녀를 경쟁으로부터 과잉보호하고 기대 수준을 낮추고 행복과 편안함만을 추구하게 만든다는 비난을 받는다.

이쯤 되면 묻지 않을 수 없다. 도대체 부모에게서 무엇을 원하는 걸까? 모두가 잘못됐다고 말할 수는 없는 일 아닌가? 그리고 누가 이토록 끊임없이 부모를 탓할까? [30]

죄책감 뒤에 감춰진 양육 신화

그나마 다행인 점은 수많은 과학적 연구들이 부모의 편에 서 있다는 사실이다. 우리가 마음을 조금 놔도 될 이유가 몇 가지 있다. 아이와 꼭 오랜 시간을 보내지 않아도 함께하는 시간 동안 얼마나 집중해서 교감하는지가 더 중요하다는 사실은 이미 여러 연구에서 입증됐다. 또 요즘 아이들은 제대로 된 가정 교육을 받지 못했다는 식의 비판 역시 세대가 바뀔수록 점점 설득력을 잃고 있다. 이스라엘의 일반적인 3개월 육아 휴직 제도 역시 앞서 언급된 fMRI 연구 결과와 일치한다. 즉, 출산 후 3개월이 지나면 엄마는 일시적 광기 상태에서 벗어나 자신의 삶을 다시 이어갈 준비가 된다. 심리학자를 비롯한 전문가들은 심리 이론의 왜곡된 해석에 휘둘리지 말고 부모로서의 자아를 잊지 말아야 한다고 조언한다.

그럼에도 불구하고 부모는 여전히 더 잘하고 싶어 하고, 여전히 죄책감을 느낀다. 어쩌면 우리 스스로가 부모로서의 역할을 과대평가하고 있는 게 아닐까? 어쩌면 부모의 역할은 우리가 생각하는 것만큼 그리 과중하거나 심각하지 않은 게 아닐까?

주디스 리치 해리스Judith Rich Harris는 이러한 질문에 흥미로운 답을 내놨다. 1995년, 그녀는 권위 있는 심리학 개관 학술지 「심리학 리뷰」에 도발적인 기사를 게재하며 연구 현장에 혜성처럼 등장했다. 그녀는 부모가 아이의 성격 발달에 지속적이고 장기적인 영향을 미치지 않는다고 주장한다. 해리스는 아이의 운명을 결정하는 2가지 요소로 유전자(부모로부터 물려받은 것)와 사회화(소아기와 청소년기의 또래 집단에서 영향을 받은 것)를 든다. 그녀는 다음과 같이 설명한다. "인간은 진화의 산물이고 호모 사피엔스는 집단을 이뤄 거주하는 종이기 때문에 그들의 발달은 집단의 규칙을 이해하는 능력에 달려 있다." 아이는 또래 사이에서 성공할 수 있는 능력의 유무에 따라 사회적 사다리에 오르거나 뒤처진다. 그녀는 아이들이 가정에서 배운 내용을 다른 맥락에 적용할 필요는 없다고 강조한다. 이 새로운 발달 이론을 '집단 사회화'로 명명했는데, 아이의 성격 특성 변화를 책임지는 것은 부모의 행동이 아니라 집단 내 또는 집단 간의 사회화 과정이라는 것이다. 그렇다고 해서 아이가 부모 없이 전적으로 잘해낼 수 있다는 의미는 아니다. 아이는 여러모로 부모에게 의존하지만 아이의 성격 특성은 집 밖에서 어떤 경험을 하느냐로 상당 부분 설명된다.³¹ 심지어 아이가 가정에서 배운 내용을 또래 집단에 적용하려고 시도하다가 운영 방식이 다른 또래 집단의 규정에 맞춰 그것들을 포기하기도 한다.

해리스는 '아이가 하루 종일 누구와 어울리는가?'와 같은 질문을 던짐으로써 부모의 불안을 가중시킨다. 실제로 몇몇 연구에서는 또래 친구의 IQ가 서로 영향을 미친다는 결과까지 나왔다. 연구자들은 청소년들과 친한 친구들의 데이터를 수집했고, 15세 때의 IQ가 11세 때 가장 가까웠던 친구의 IQ와 연관돼 있다는 점을 밝혀냈다.³²

해리스는 부모의 죄책감을 예상치 못한 관점에서 직면하게 만든다. 해리스는 부모의 잘못을 파고드는 심리학과 달리 부모에게 죄책감에서 해방될 것을 제안한다. 그녀의 글을 읽다 보면 처음에는 어쩌면 모든 게 부모의 탓은 아닐지도 모른다는 안도감이 든다. 그런데 그 감정은 곧 당황스러움으로 바뀐다. 우리는 다시 죄책감을 느끼고 싶어진다. 죄책감을 느낄 수 있다는 건, 우리가 아이에게 여전히 중요한 존재이며 아이에게 영향력을 미치고 있다는 뜻이기 때문이다. 이 모든 과정은 우리가 부모로서 죄책감에 매달리는 이유를 설명한다. 죄책감은 부모를 향해 말한다. "너는 여전히 중요한 존재야. 너는 아이에게 영향을 줄 수 있어. 너는 아이의 방향을 바꿀 수 있어." 결국, 양육이라는 이름의 신화는 누군가의 삶을 만들어낼 수 있다는 인간의 심오한 욕망에서 비롯된 것임이 드러난다.

죄책감의
또 다른 얼굴

저녁 7시, 유난히 길고 힘든 하루를 보내고 집에 도착해 그날 처음으로 제대로 된 휴식을 취하려는 찰나 두 아이가 나를 향해 달려든다. 소리를 지르며 레슬링을 하자고 조르는 아이들에 나는 그만 항복하고 만다. 나는 죄책감을 느끼는 부모로서 집에 돌아온 순간부터 아이들에게 함께 있어주지 못한 시간을 보상해주려는 마음에 뭐라도 하려고 한다. 그러나 내가 이 문제를 더 깊이 파고들수록 어딘가 편파적이고 만족스럽지 못한 느낌이 들었다. 나는 정신 분석학자 하니 만샬비Hanni Man-Shalvi 박사에게 도움을 요청했다. 그녀는 좀 더 복잡하고 흥미로운 설명을 내놨다. 이에 대해 간략하게 소개해본다.

부모는 늘 죄책감을 안고 집에 돌아온다. 어쩌면 당연한 일이다. 아이의 어린 시절 대부분에서 부모는 아이와 많은 시간을 함께 보내지 않는다. 이는 단지 생계를 위한 외부적 요인뿐 아니라, 성장하고 발전하고 싶고, 자아를 실현하고 성공하고 인정받고 싶다는 개인적 욕망의 결과이기도 하다. 만샬비 박사는 다음과 같이 말했다. "사실상 우리는 아이 곁에서 사라짐으로써 매우 공격적인 선택을 한 셈입니다. 하루의 시작과 끝에 아이를 잠깐 보는 것만으로는 턱없이 부족한데, 그 시간마저 녹초가 된 상태로 존재하잖아요."

이러한 죄책감은 내면 깊숙한 곳에 자리하고 있어 쉽게 제어할 수 없다. 우리의 마음속에서는 '나는 아이를 내버려두고 있다, 아이에게 상처를 주고 있다, 내가 있어야 할 자리에 있지 않다'라고 끊임없이 외친다. 문제는 이 부재 의식이 본인의 선택에 따른 결과라는 사실을 인정하지 못한다는 데 있다. 죄책감을 느끼는 상황에는 항상 2가지 반응 — 가해자가 되거나, 피해자가 되거나 — 이 나타난다. 집에 돌아오는 순간 우리는 무의식적으로 피해자 역할에 매달린다. 그러면서 아이가 요구하는 어떤 것이든 받아들인다. 정신 분석학적으로 보면, 우리는 스스로를 피해자로 규정함으로써 아이를 가해자화한다. 아이들은 부모가 얼마나 희생하고 있는지 알지 못한 채 끊임없이 더욱더 많은 관심을 요구한다.

나는 만샬비 박사에게 다시 묻지 않을 수 없었다. "제가 아이에게 '난 무력하니까 네가 원하는 대로 해. 뭘 하고 놀지도 네가 정해'라고 말하고 있는 건가요? 단지 제가 아이를 떠났다는 사실을 인정하지 않으려고요?"[33] 이것은 받아들이기 쉽지 않거니와 이해하기도 힘들다. 그럼에도 우리가 어떤 방식으로 아이를 양육하고 있는지 새로운 측면에서 조명하게 해준다. 우리는 죄책감을 이용해 끊임없이 힘들다고 하소연한다. 아이를 데려다주느라 정신없고, 걱정하고 챙기느라 지친다고 말이다. 이런 하소연 하나하나는 우리를 피해자 역할에 더 깊이 가두고 가해자 역할에서 점점 더 멀어지게 만든다. 만샬비 박사는 이렇게 말했다. "우리는 스스로 한 걸음 물러나 이 상황의 진짜 피해자는 아이가 아니라 부모라고 말하고 싶어해요. 문제는 우리가 실제로 선택한 삶에 대해 진심으로 마주하려 하지 않는다는 거예요. 우리는 자아실현을 위해 시간을 쓰겠다는 선택을 했음에도 그 선택을 인정하고 책임지는 대신 애매하게 피해자 역할을 하며 균형을 맞추려 하죠. 아이 양육을 위해 우리의 삶을 완전히 멈추는 건 말이 되지 않아요. 하지만 우리는 그 선택이 과연 나에게 어떤 의미였는지 스스로 돌아보는 일을 두려워해요. 대신, 아이에게 1시간을 보상해줌으로써 아이 인생의 절반을 함께하지 않기로 한 선택을 피하는 거죠."

만샬비 박사에게 개인적으로 그 문제를 어떻게 해결했는지 물었다. "논문을 작성하고 있었을 때 저는 스스로에게 말했어요. '나는 이 시간을 나를 위해 쓸 거야.' 그때 아이가 아주 어렸어요. 그래도 스스로에게 말했어요. '나는 선택을 했고 아이보다 내 자신을 먼저 생각할 거야.' 저는 아이들에게 이제부터 엄마가 엄청 바빠질 테니 너희들을 위한 시간을 낼 수 없다고 말했어요. 저는 아이들에게 좀 못된 엄마가 되더라도 제 자신에게는 관대해지기로 했어요. 제 선택으로 외부 세상을 차단하고 논문에 집중해놓고선 그에 따르는 죄책감을 덜겠다고 아이들을 쇼핑몰에 데려가 보상해주는 식으로 행동하고 싶진 않아요. 그보다는 잠시나마 진심으로 죄책감을 받아들이고 그 감정에 대해 솔직하게 얘기하죠."

우리가 서로에게 육아가 힘들다고 말할 때 사실은 전혀 다른 감정을 표현하고 있는지 모른다. 그 속에는 '나는 이 상황의 피해자이고 아이는 나에게 끊임없이 요구하고, 불평하고, 고마워할 줄 모르고, 배려 깊지 않다'는 진짜 의미가 담겨 있는 것이다. 이러한 억울함은 우리를 지켜준다. 우리는 그 감정이 있어야 우리 스스로를 보호할 수 있다고 믿는다. 그리하여 부모인 우리는 피해자이고, 아이들은 가해자라는 결론에 다다른다.[34]

사고의 전환

 이 책을 쓰는 동안 나는 아내와 함께 다양한 연구 자료를 검토했다. 이러한 연구들은 모두 부모가 죄책감에서 벗어나야 평온을 찾을 수 있으며, 이는 빠를수록 좋다는 사실을 뒷받침했다. 그럼에도 저녁 시간이 되자 아내는 아이들만 집에 있는 것을 걱정했고, 나는 멀리 떨어진 곳에서 일하고 있었기에 전혀 도움이 되지 않았다. 나는 아이들과 절대적으로 많은 시간을 함께할 필요가 없다고 했던 저명한 연구자와 나눈 대화 내용을 아내에게 들려줬다. 그렇지만 나부터도 딸아이에게 "아빠, 우리 같이 보내는 시간이 너무 없네"라고 하는 30초짜리 전화 한 통이 걸려온다면, 예정된 모든 일정을 취소하고 내가 자주 언급하던 수백 가지 연구들은 죄다 잊어버린 채

서둘러 집으로 향할 것이다.

　이유는 모르겠으나 그럴 필요가 없다는 명확하고 타당한 설명이 존재함에도 불구하고, 우리 마음속에는 부모로서 스스로를 괴롭히며 양육이라는 여정을 지치고 스트레스 넘치고 때로는 신경을 끊어내는 듯한 고통스러운 과정이라 여기는 믿음이 박혀 있는 것 같다. 우리는 좀 더 즐겁고 창의적인 육아 모델을 찾아 나서야 한다. 끊임없이 보상을 강요하는 죄의식에 사로잡힌 육아가 아니라, 기쁨을 주고 삶의 원동력이 되는 육아 모델 말이다. 부모로서 막막해질 때마다 조금은 다른 시각으로 다시 생각하기 위해서는 우리가 갖고 있는 기본 가정을 되짚어볼 필요가 있다. 이는 창의적인 사고로 문제를 해결하고 싶을 때 유용하다.

　부모가 저녁 7시에 귀가하는 상황을 예로 들어보자. 밖이 이미 어둑어둑할 정도로 집에 늦게 도착한 데 죄책감을 느끼는 엄마와 달리 아빠는 왠지 당당해 보인다. 두 사람이 서로 다른 기본 가정을 갖고 있기 때문이다. 엄마는 아이와 시간을 보내기 위해 일찍 집에 와야 좋은 엄마라고 생각하는 반면, 아빠는 아이가 잠들기 전에만 집에 돌아와도 좋은 아빠라고 생각한다. 결과적으로 귀가 시간이 같음에도 아빠는 행복하고 엄마는 죄책감으로 괴롭다.

　'좋은 엄마는 어두워지기 전에 집에 온다, 좋은 아빠는 아이들이 잠들기 전까지 집에 오면 된다, 행복한 가족은 주말마다 가족 여행을 간다, 따뜻한 가족은 매일 저녁을 함께 먹는다' 등의 기본 가정들은 우리를 자랑스럽게 만들거나 죄책감에 시달리게 한다. 이 기본 가정은 수년간 우리 안에 고정된 규범이나 신념의 결과물이므로 현실을 해석하는 데 큰 영향을 줄 수밖에 없다. 우리가 바라는 대로 잘 살고 있는지 확인하고자 한다면 우리가 갖고 있는 기본 가정들을 검토하고, 필요하다면 이것들에 도전할 의무가 있다.

창의력 분야의 세계적인 전문가 마이클 미할코Michael Michalko가 제시한 흥미로운 사례 하나는 다음과 같은 상황에서 시작된다. 새 레스토랑을 열고 싶은데 좋은 아이디어가 잘 떠오르지 않는다면 어떻게 할 것인가?[35] 우선, 미할코는 어떤 레스토랑이든 공통적으로 갖는 3가지 특징을 정의해보라고 제안한다.

- 식당에는 메뉴가 있다.
- 식당은 음식을 제공한다.
- 식당은 음식에 대한 비용을 청구한다.

이러한 3가지 특징은 '식당은 어떻게 생겼을까?'에 관한 우리의 기본 전제를 나타낸다. 만약 우리가 색다르고 혁신적인 식당을 제안해서 각 전제를 뒤집는다면 어떻게 될까?

- 정해진 메뉴가 없는 식당
- 요리사가 없는 식당
- 음식을 무료로 제공하는 식당(식당 운영의 목적은 매출을 올리는 데 있음에도)

식당에 메뉴가 없다면 깜짝 이벤트로 오늘의 스페셜 요리를 내놓거나, 셰프가 당일에 시장에서 산 식재료를 손님에게 알려주고 손님이 메뉴와 재료를 선택해 즉석에서 요리를 만들어줄 수도 있다. 셰프가 없다면 손님이 직접 요리하고 식당 직원은 손님을 관리, 감독하는 역할만 할 수 있다. 음식이 무료로 제공된다면 음악이나 분위기 등에 값을 매겨 비용을 충당할 수 있다(실제로 이와 유사한 식당들이 최근 몇 년 사이 갑자기 등장했고 일부는 큰 성공을 거뒀다).

지금까지 전통적인 형태의 식당, 하면 떠오르는 것들에 대해 살펴본 다음 그 사고를 전환하는 연습을 해봤다. 20세기의 교육 지도자들은 이와 비슷한 사고의 전환을 수행했다. 이들은 다른 유형의 학교를 제안했는데, 사고를 전환하기 전에 먼저 전통적인 학교, 하면 떠오르는 3가지 요소를 열거했다.

- 숙제
- 시험
- 교사와 학생의 명확한 구분

교육사에서 일어난 가장 큰 혁명 중 일부는 다음 요소의 개념에 도전한 결과였다.

- 숙제 없음
- 시험 없음

○ 교사와 학생의 명확한 구분 없음(예를 들어, 민주 학교)

사고의 전환을 경험하기 전에는 학교라면 당연히 숙제, 시험, 그리고 선생님과 학생의 명확한 구분이 있어야 한다고 믿었다. 하지만 식당이 손님에게 음식을 제공하고 주인의 생계를 유지하게 해야 한다는 본질은 같아도 운영 방식이 달라질 수 있듯, 학교도 지식 습득과 삶의 준비라는 목표를 유지하면서 방법과 구조는 완전히 바뀔 수 있다.

이제 양육 모델로 돌아가 몇 가지 기본 전제를 뒤집어보자. 올바른 양육 하면 떠오르는 자동적인 인식에 의문을 제기한다면 어떤 일이 벌어질까? 좋은 반전은 우리가 고수하고 있는 전제와 최대한 반대되는 생각을 표현한 것이되, 우리가 찾은 반전이 설득력이 있다는 조건에서만 가능하다. 받아들일 수 없는 사고의 전환으로는 현실을 다른 방향이나 각도에서 점검하기 힘들다. 그러니 스스로와 일종의 토론을 벌인다고 생각하고 현실을 완전히 다른 방식으로 해석해보자.

지금부터 부모가 공통적으로 갖고 있는 몇 가지 기본 전제와 이를 완전히 다른 방식으로 바라보는 방법을 살펴보도록 한다.

[기본 전제]   양육은 개인의 성장과 자기 계발의 가능성을 제한하거나, 때로는 아예 차단한다.

[사고 전환]   양육은 다른 사람의 성장을 책임지는 과정에서 자기 자신을

새롭게 발견하고 재정립할 수 있는 기회다. 우리는 누군가에게 뭔가를 가르칠 때 가장 많이 배운다. 또 아이의 성장 과정을 지켜보며 다시 한 번 어린 시절과 청소년기를 관찰자로서 경험하는 기회를 얻는다. 이 과정에서 우리는 삶의 흐름을 되짚어 보고 새로운 시각으로 이해할 수 있게 된다.

[기본 전제] 양육은 정신적으로 소진되는 일로서 특히 걱정과 책임감으로 가득 찬 일이다.

[사고 전환] 양육은 비록 쉬운 과제는 아니지만 우리가 과도하게 자기중심적으로 흐르지 않도록 막아주는 역할을 한다. 이 점에서 양육은 삶의 의미를 확장시키고 행복감을 더해준다. 누군가를 돌본다는 것은 우리를 행동하게 만들고 자신감과 만족감의 원천이 된다.

[기본 전제] 양육은 삶을 넓고 다양하게 바라보는 관점을 제한한다. 특히 생후 1년은 부모의 시야를 닫아버린다.

[사고 전환] 물론 아기가 태어난 직후 몇 달 동안은 수유, 수면, 육아 교대가 반복돼 힘들 수 있다. 하지만 이것은 우리가 부모라는 새로운 역할을 받아들이며 더 많은 등장인물과 정체성을 삶 속에 추가하는 과정의 일부다. 양육은 이전과는 다른 시각을 열어준다. 아이가 생기기 전후의 자신을 비교해보면 일과 가정 모두에서 어떤 변화가 생겼는지 느낄 수 있다.

[기본 전제] 좋은 부모는 퇴근 후 곧장 집에 와서 아이들과 많은 시간을 보내는 사람이다.

[사고 전환] 좋은 부모는 언제, 어디서 아이와 자신이 함께 있어야 하는지 구분할 줄 아는 사람이다. 상황을 파악하고 가족에게 진짜 중요한 순간이 언제인지 정확히 인식할 수 있는 능력을 갖춘 사람이 좋은 부모다.

마지막 항목이 회피적이거나 자기 합리화처럼 보이지 않도록 하기 위해 부연 설명을 덧붙이려 한다. 아이와 더 많은 시간을 보내는 부모가 더 좋은 부모일까? 우리는 꼭 그렇지 않다는 사실을 이미 여러 연구를 통해 확인했다. 더 중요한 질문은 '왜 그렇게 행동하는가'다. 보상하기 위해서일까? 아이를 통제하고 싶어서일까? 아이의 독립적인 행동이 불안해서일까? 그저 진심으로 아이 곁에서 주의를 기울이고 싶은 마음 때문일까? 부모는 종종 학교 행사, 모임, 학부모 상담 같은 일정에 늦지 않기 위해 정신없이 달려간다. 그런데 막상 그 일이 아이에게 정말 중요한지 묻는 과정은 빠져 있다. 아이에게는 전혀 의미 없는 사소한 일일 수 있는데도 말이다. 나 역시 비슷한 경험이 있다. 한번은 딸의 학교 행사를 놓치지 않기 위해 열일 제쳐두고 학교에 간 적이 있었다. 그때 딸아이는 놀란 눈으로 나를 힐끗 보더니 곧장 친구들 곁으로 가버렸다. 또 다른 날에는 별일 아닌 것 같아 보인 행사에 참석하지 않았는데 딸은 큰 상처를 받았다. 이유는 단순했다. 딸의 친한 친구의 아빠가 상대 팀에 참가해 보물찾기에서 대활약한 덕분에 딸의 팀이 졌기 때문이다.

부모라고 해서 모든 걸 다 해내는 건 불가능하다는 사실을 받아들여야 한다. 그 모든 걸 해내려는 시도 대신, 불필요한 것을 덜어내고 본질과 비본질을 가려내고 진짜 중요한 순간을 놓치지 않는다면 우리가 얻는 보상은 훨씬 더 클 것이다. 또 그렇게 해야 아이와 조용히 머물고 함께 걷고 지켜보고 안아주며 아이와의 시간을 즐길 수 있는 여유가 남는다. 여기서 아이들이 얻는 교훈은 결코 작지 않다. "세상이 하라는 모든 걸 무작정 좇을 필요는 없어. 가끔은 멈춰서 생각해도 돼. 기대에 부응해야 하니까, 다들 하니까, 그렇게 돼 있으니까 한다는 말에 휘둘릴 필요 없어." 부모도 마찬가지다. 회사에서 모든 업무를 직접 다 처리할 수 없듯 부모도 모든 것을 다 해낼 수 없다. 모든 걸 해내기 위해 시간을 쪼개고 관리하려는 시도는 목표에 도달하기도 전에 우리 자신을 먼저 소진시킬 뿐이다.

[기본 전제]   육아에 관해서는 우리가 무엇을 하든 죄책감이 동반된다.
[사고 전환]   그럴지도 모른다. 하지만 우리가 느끼는 죄책감은 우리를 옭아매는 근본적인 전제를 찾아낼 수 있는 기회이기도 하다. 그러므로 이를 우리 안의 시스템을 재조율하고 정확히 맞춰지지 않은 부분들을 찾아볼 수 있는 계기로 삼아본다.

앞서 언급했듯 부모는 차라리 죄책감을 느끼는 쪽을 택한다. 이는 아이의 삶에 아무런 영향을 미치지 못하는 존재로 느껴지는 것보다, 죄책감을 통해 '내가 아이에게 중요한 존재'라는 감각을 유지할 수 있기 때문이다. 또한 우리 안에 깊이 뿌리내린 죄책감을 감당하지 못하고 가해자가 아니라 피해자의 위치에 머물고자 하는 무의식적 욕구에서 비롯되는 것이다. 하지만 이유가 무엇이든 이제는 '좋은 부모란 무엇인가, 균형 잡힌 양육이란 무엇인가, 행복한 유년기와 가족이란 무엇인가'에 대해 개인적이고 독립적인 사고를 키울 때다.

강연에서 한 여성이 워킹맘으로서의 죄책감에 대해 질문했다. 나는 그녀의 직업이 무엇인지 물었고, 그녀는 식품 업체에서 판매원으로 일한다고 답했다. "마트 진열대에 상품을 놓을 때 완벽한 위치를 찾으려고 얼마나 많은 시간을 쓰셨나요?" "굉장히 많은 시간을 썼어요." 그녀가 웃으며 말했다. "그렇다면 엄마로서 아이를 위해 삶의 완벽한 위치를 찾으려 얼마나 많은 시간을 투자하셨나요?" "더 적은 시간을 썼네요." 그녀가 인정하듯 대답했다. 나는 이렇게 제안했다. "이제 그 에너지와 집중력의 일부라도 자녀 양육에 대한 비전과 기준을 세우는 데 써보세요." 이는 단적인 예에 불과하지만, 나는 이 예를 들 때마다 부모들에게 직장에서 이런 요구를 받았다면 분명 다르게 생각했을 텐데 양육과 가족의 영역에서는 그렇지 않다는 점을 꼭 상기시키려고 한다.

양육은 일종의 자아실현이다

에이브러햄 매슬로 Abraham Maslow가 20세기 중반에 제시한 욕구 피라미드는 인간이라면 누구나 충족시키고자 하는 5단계의 욕구―생리적 욕구, 안전 욕구, 소속과 애정 욕구, 존중과 자존감 욕구, 자아실현 욕구―로 구성돼 있다. 피라미드의 각 단계는 위로 올라가기 위해 반드시 충족돼야 하는 욕구를 나타낸다.

매슬로의 욕구 피라미드는 인간의 본질적인 욕구를 충족시키는 과정의 정점인 자아실현 단계에서 끝이 난다. 지난 10년간 연구자들은 시대정신에 부응해 매슬로의 욕구 피라미드를 업데이트한 새로운 모델을 제안했다. 이 모델에서는 매슬로의 욕구 피라미드에서 최상위 단계였던 자아실현이 3가지 핵심 욕구―짝짓기(배우자 획득), 짝 유지(배우자 유지), 양육(부모 역할) — 로 대체된다.[36] 이 중 양육은 우리의 잠재력을 더욱 깊고 온전하게 실현해나가기 위한 삶의 한 단계로 설명된다. 이는 우리가 흔히 경험하는 지치기 쉽고 기쁨과는 거리가 먼 육아의 현실과 사뭇 다른 관점이다.

양육은 일종의 도전이다. 그런데 우리는 이 도전을 마주하기도 전에 항복해버리곤 한다. 우리는 양육을 즐거움, 모험, 자기 탐색, 놀라움, 창의적인 사명, 그리고 필요하다면 현실이나 시간 제약, 혹은 사회적 규범에 맞서 지혜를 겨루는 게임으로 만들어보려는 시도조차 하지 않는다. 이제는 좋은 엄마 좋은 아빠에 대한 기본적인 전제를 되짚어보고 그 기준을 뒤집어보면 어떤 일이 벌어질지 상상해봐야 한다. 양육을 좀 더 창의적이고, 훨씬 더 개인적인 방식으로 바라볼 때가 온 것이다.

우리는 부모로서 하거나 하지 않은 행동에 대해 평생 스스로를 용서하지 못할까 봐 두려워한다. 가족이라는 공동체를 만든 부모에 초점을 맞춰 우리가 정말로 스스로를 용서하지 못하게 될지도 모를 일이 무엇인지 나열해본다.

- 아무에게도 도움이 되지 않는 낡은 양육 모델을 어리석게 고수한 것
- 부모가 된다는 이유로 성인으로서의 삶의 가능성을 스스로 포기하게 만든 것
- 경직된 사고방식 속에서 아이를 키우며 창의적이고 주도적인 삶의 본보기를 보여주지 못한 것

- ○ 왜 가족을 꾸리게 됐는지 멈춰 서서 되새기지 못한 것
- ○ 타인에게 올바른 부모로 보이기 위해 사회가 정한 틀에 무비판적으로 순응한 것
- ○ 과외와 학원 사이를 허겁지겁 오가며 자신과 아이를 소모시킨 것
- ○ 아이에게 다정한 순간은 너무 적고 짜증 내는 순간은 너무 많았던 것
- ○ 자신과 아이 모두를 무미건조한 일상에 빠뜨린 것
- ○ 세상 모든 전자 기기가 끊임없이 업그레이드되는 동안 정작 자신은 멈춰 있었던 것
- ○ 양육이라는 여정을 누구에게도 이롭지 않은 패배의 과정으로 만들어 버린 것

3장

아이의 성장을 가로막는 숙제

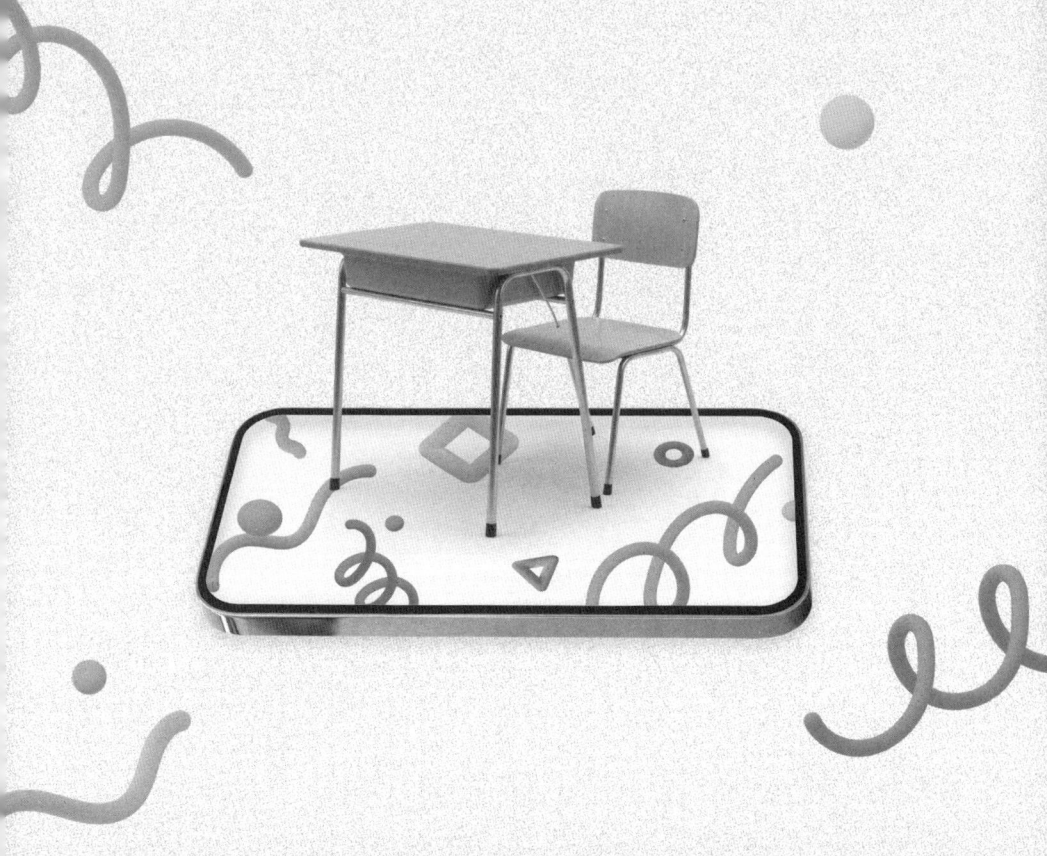

오후 3시, 스마트폰 화면이 켜지기 시작한다. "애들 숙제 뭔지 아시는 분?" "워크북 몇 페이지인가요?" "사진으로 보내주실 수 있나요?" 부모들이 왓츠앱(메타에서 운영하는 모바일 메신저 – 옮긴이)에서 일상적으로 주고받는 메시지다.

딸이 미션을 받아서 집에 돌아온다. 수학 숙제를 부여받았는데 92쪽부터 99쪽까지다. 하나만 눈에 보이는 만화 캐릭터인 양 딸의 시선은 수학 교재에 못 박혀 있다. 이게 그렇게까지 중요한가? 짐작했겠지만, 그렇지 않다. 교육 심리학자 엘리제 야리브Eliezer Yariv 교수는 말한다. "학생들의 연례 현장 학습을 앞두고 어디로 가고, 왜 가는지에 대해 얼마나 많이 준비하고 설명합니까. 그에 비해 아이들의 숙제에 관해서는 그 누구도 왜 중요한지, 또는 어떤 맥락인지 설명해주지 않습니다."

15년 뒤의 미래에 미리 가보자. 성인이 된 딸은 업무 능력이 탁월한 직원이다. 특히 그녀는 다른 사람이 그녀에게 부여한 '92쪽에서 99쪽까지' 같은 아주 구체적인 종류의 문제를 해결하는 능력이 뛰어나다. 이후 그녀는 경영 기술이 더욱 요구되는 직책으로 승진을 제안받는다. 새로운 업무를 맡은 첫날 사무실에 도착한 그녀가 들뜬 얼굴로 묻는다. "안내서는 어디에 있나요?" 아무도 질문의 의도나 안내서가 무엇인지 이해하지 못한다. 그녀는 설명하기 위해 애쓴다. "안내서는… 제가 무엇을 해야 하는지 정확히 알려주는 것인데요…." 이제 그녀는 안내서가 무엇인지 결정하는 사람은 바로 자신이기 때문에 현실에서 아무도 그녀에게 어떤 페이지를 완성해야 하는지 말해주지 않을 것이라는 사실을 깨닫는다. 문제는 그녀가 이런 종류의 역할을 할 준비가 돼 있지 않다는 것이다. 이는 우리가 겪고 있는 커다란 변화의 한 부분이다. 새로운 세상에서는 일하는 사람들 대부분이 안내서의 일부를 스스로 작성해야 할 것이다. 따라서 앞서 나가고자 한다면 지침을 따르는 입장에서 도전 과제를 스스로에게 부과하는 입장으로, 또는 적어도 성취하려는 목표를 세우는 데 참여하는 입장으로 전환해야 한다.

딸이 배우는 교육 과정에서는 지시에 따르는 법을 가르친다. 하지만 이런 일은 로봇이 훨씬 더 정확하고 효율적으로 해낼 수 있다.

숙제의 배신

 숙제는 우리 언어와 의식 속에 깊이 뿌리내리고 있다. 오래전부터 숙제는 삶을 설명하는 은유로 자리 잡았다. 회의 자리에서 누군가를 칭찬할 때 우리는 이렇게 말하곤 한다. "숙제 다 해오셨네요."(철저한 사전 준비를 했다는 의미) 또는 면접을 앞둔 누군가에게 이렇게 조언한다. "면접 보기 전에 숙제 좀 하고 가."(회사나 직무에 대해 미리 조사하고 준비하라는 의미)

 숙제는 성공의 열쇠이자 성실함과 성숙함의 증거로 여겨진다. 누구도 뒤처지지 않고 있음을 증명하기 위해 똑같은 숙제가 주어지고 시험이 실시된다. 숙제는 매우 민감한 주제로서 교육 시스템이 여전히 과거에서 현재로 완전히 전환되지 못하고 있다는 증거이며, 부모 세대 역시 그 전환에 어려움을 겪고 있다는 신호다. 대부분의 부모는 아래의 등식이 너무도 익숙하다.

> 헌신적이고 책임감 있는 부모 = 아이의 숙제를 봐주는 부모
> 숙제 = 힘든 일 → 힘든 일 = 성공으로 가는 길
> 숙제를 하는 것 = 아이의 인생에서 성공 기반을 다지는 것

그리고 또 하나의 흔한 믿음이 있다. 바로 '숙제를 하는 아이 = 책임감 있고 발전하는 아이'라는 것이다.

이 모든 기본적인 전제들이 낳은 결과는 다음과 같다. "부모는 하루 일과를 마치고 집에 돌아온 뒤 곧바로 다음 과제에 착수한다. 직장에서 과제를 완수하는 습관이 집에서도 그대로 반복되는 것이다. 과제 중심적인 사람은 직장에서 일하고 집에서도 일한다. '숙제 있니?'라는 말은 평범한 가정에서 흔히 오가는 질문 가운데 하나다. 이 질문은 아이에 대한 관심과 애정을 상징하며, 아이와 함께 숙제를 하는 행위는 부모의 책임감, 올바른 양육 태도, 그리고 아이의 학습 태도와 과제 수행 능력을 관리할 수 있는 가능성을 나타내는 증거로 여겨진다."

지금도 수많은 연구자들이 '아이에게 적절하고 바람직한 습관을 형성하는 데 효과적인 것은 무엇인가? 숙제를 하는 것일까, 아니면 그 시간에 자원봉사나 타인을 돕는 활동을 하는 것일까?'[1]라는 질문에 주목한다. 사실, 어느 쪽이 낫다고 쉽게 결정짓기는 힘들다.

숙제는 학교 시간을 연장해 아이들을 현실로부터 더 멀어지게 만드는 건 아닐까? 교육 시스템은 여전히 고집스럽게 아이들을 지루하고 피로한 숙제를 안겨서 집으로 돌려보낸다. 그리고 부모들은 숙제를 두고 끝없는 언쟁과 설득에 대부분의 시간을 쓰고 있다. 이러한 관행은 점점 늘어나는 연구 결과―숙제는 아무리 좋게 봐도 효과가 미미하고 나쁘게 보면 오히려 해로울 수 있다―에도 불구하고 계속되고 있다.

2005년, 펜실베이니아 주립 대학교의 제럴드 르텐드르Gerald LeTendre 박사는 전 세계 학생들의 수학 및 과학 성취도를 조사하는 국제 학업 성취도 평가TIMSS 자료를 바탕으로 숙제의 양과 학업 성취도 간의 상관관계를 분석했다.[2] 수십 개국의 데이터를 살핀 결과, 국가별 평균 숙제의 양과 학생들의 학업 성취도 사이에 유의미한 상관관계는 없었다. 오히려 학업 성취도가 높은 나라(덴마크, 일본, 체코 등)에서는 교사가 숙제를 거의 내지 않는 경우가 많았고, 반대로 학업 성취도가 낮은 국가(태국, 그리스, 이란 등)에서는 숙제를 많이 내는 경향이 있었다. 요컨대, 숙제와 학업 성취도 사이의 상관관계는 거의 없거나, 있다고 하더라도 매우 미미한 수준이다.[3]

전 세계의 주요 연구자들은 '초등학생의 학업 성취도에 대한 숙제의 기여도는 미미하다'는 데 의견이 일치한다. 해리스 쿠퍼Harris Cooper는 저명한 숙제 분야 연구자다. 그는 30년간 숙제가 학습에 미치는 영향을 연구해왔고 관련 주제로 2,000여 편에 달하는 논문을 발표했다. 그중 가장 널리 인용되는 논문은 1987년부터 2003년까지 미국에서 수행된 60개 이상의 연구를 종합 분석한 메타 연구다. 마찬가지로 이 연구에서도 숙제와 초등학생의 학업 성취도 사이에 약하거나 거의 존재하지 않는 수준의 상관관계가 확인됐다. 쿠퍼에 따르면, 숙제와 학업 성취도 간의 긍정적인 상관관계는 학생의 나이가 많을수록 다소 강화되는 경향이 있다.[4] 단, 쿠퍼는 이 분야에서 상대적으로 온건한 입장을 가진 학자에 속한다.

반면, 2006년에 출간된 알피 콘의 유명한 저서 『아이를 망친다는 말에 겁먹지 마세요』는 훨씬 더 비판적인 목소리를 담고 있다. 콘은 이 책에서 다음과 같이 묻는다. "왜 우리는 아직도 이 현대판 대구 간유(대구의 간에서 추출한 기름으로 비타민 A·D와 오메가-3가 풍부하다. 20세기 중반 전후 구루병 예방을 위해 학교나 가정에서 아이들에게 억지로 먹였으나 비린 맛 때문에 아이들이 극도로 싫어했다. 오늘날에는 '싫지만 몸에 좋다고 억지로 하게 하는 것'의 비유로도 쓰인다. - 옮긴이)와 다름없는 숙제를 아이들에게 계속 부여하고 심지어 더 많은 양을 요구하는가?"[5] 그는 숙제를 의미 없는 과제의 연속이라고 본다. 무엇보다 숙제는 아이들의 시간과 에너지, 부모와의 갈등, 정서적 긴장, 그리고 과도한 투자를 정당화할 만큼의 효과를 보여주지 못한다고 주장한다. 그는 "우리가 12살짜리 아이들, 아니 5살 아이들에게까지 숙제를 시킨다면 이는 숙제에 대해 잘못 알고 있거나, 혹은 잘 알면서도 아이들은 마땅히 숙제를 해야 한다고 생각하기 때문이다"라고 말한다. 이로 인해 아이들의 자유 시간은 줄어들고 가정에는 갈등이 늘어날 수밖에 없다.

콘은 자신도 자녀를 학교에 보내야 했던 부모로서 어떻게 했는지 내게 들려줬다. "간단한 답은 없었습니다. 아이들의 학교생활에서 불쾌한 요소들을 다루기 위해서는 다양한 전략이 필요했죠.[6] 그중에는 조용히 제도 변화를 시도하거나, 교사들에게 교육 방식을 재고해보도록 설득하는 노력, 그리고 아이들이 감내했던 것들에서 비롯된 부정적인 영향을 최소화하기 위한 노력이 포함돼 있었습니다." 그는 고학년일수록 숙제가 중요하다는 주장에 회의적이다. 숙제를 하는 것과 학업 성취도 사이에는 긍정적인 상관관계가 없으며, 수학 및 과학 성적과 숙제의 양 사이의 상관관계도 매우 미미하다고 강조한다. 그는 덧붙였다. "인과 관계가 있다고 하더라도―물론 그조차도 명확하진 않지만―하루에 1~2시간씩 숙제를 하면 시험 점수가 겨우 2~3점 오를 뿐입니다. 그런데 그걸 위해 짜증, 피로, 가족 갈등, 다른 활동에 쓸 수 있는 시간 낭비, 심지어 학습에 대한 흥미 감소까지 감수해야 한다면 과연 가치 있는 일일까요?"

많은 사람들이 전 세계에서 가장 영향력 있는 교육학자 중 한 명으로 꼽는 존 해티John Hattie 교수는 '유감스럽게도 많은 부모들이 숙제가 있느냐, 얼마나 많으냐를 기준으로 학교의 수준을 판단한다'라고 지적한다.[7] 해티 교수는 숙제에 들인 시간과 초등학생의 학업 성취도 사이의 상관관계가 거의 0에 가깝다는 연구들을 검토한 바 있다. 더 나아가 숙제는 아이들의 학습 동기를 떨어뜨리고 잘못된 루틴과 비효율적인 학습 습관을 내면화하게 만든다. 그의 주장에 따르면, 시간 관리 능력을 키우는 데 숙제가 효과적이라는 증거는 없으며, 교사의 적극적인 개입 없이 이뤄지는 숙제는 학생들의 학습에 도움이 되지 않는다.

놀라운 것은 숙제를 하고 그것에 대해 이야기하는 데 우리가 얼마나 많은 시간을 쓰고 있는가 하는 점이다. 자원봉사, 친구들과 밖에서 뛰어놀기, 조부모와 시간 보내기, 동영상 만들기, 요리나 베이킹, 운동, 이웃 돕기, 새로운 언어 배우기 등, 그 시간 동안 아이들이 할 수 있었을지 모를 다른 활동들은 무한히 많다.

그런데 부모는 자녀가 풍부한 내면과 호기심을 지닌 사람으로 성장하길 바라면서도, 정작 그 소중한 자유 시간을 숙제에 쏟도록 압박하고 있다. 부모는 종종 학교를 향한 의심을 드러내면서도 자녀가 뒤처질까, 교사에게 지적받을까, 기대에 못 미칠까 걱정하는 마음 때문에 숙제를 점점 더 집 안으로 끌어들이는 장본인이 돼간다.

숙제의
문제점

　기계적이고 무의미하게 주어지는 숙제는 아이들의 내면에 있는 열정을 억누르고 호기심을 꺾는다. 많은 아이들에게 학교는 의무감과 책임감으로만 각인되며, 배움과 탐구는 열정이나 창의력과 거리가 먼 것이라는 인식이 깊이 새겨진다. 대신, 암기와 반복 학습에만 초점이 맞춰진다. 숙제는 많은 학생들에게 '나는 스스로 배울 수 없다, 학교에서 내주는 과제를 해낼 능력이 없다'는 인식을 더욱 굳히는 역할을 한다.[8] 반짝거리는 불꽃이 사라져버린 아이들의 눈을 떠올리면 참으로 안타깝기 그지없다.

　문제는 학습 자료 자체가 아니라 그것을 어떻게 접하느냐에 있다. 지루하고 딱딱한 내용을 다루는 수업을 매력적인 교사의 입을 통해 들으면서 넋을 잃고 빠져든 적이 몇 번이나 있었는가? 반대로, 흥미진진하고 극적인 내용을 전달하는데도 전혀 흥미를 느끼지 못했던 수업도 있었을 것이다. 그런데 아이들이 늘 자극이 되고 영감을 주는 교사와 함께할 수는 없다. 결국 스스로 배움을 이어갈 수 있어야 하는데, 이는 앞으로의 삶을 살아가는 데 있어 가장 중요한 원칙이다. 그래서 혁신적인 교육 방식들은 모두 배우는 아이를 중심에 두고, 아이 스스로 진정한 흥미와 내적 동기를 바탕으로 배움의 경로를 만들어가도록 돕는 데 목적을 둔다. 하지만 숙제는 아이들에게 경로를 정해주고, 스스로 탐구하고 자신만의 배움의 여정을 만들어갈 기회를 빼앗는다. 우리는 여전히 익숙한 워크북에 의존한다. 교육 심리학자 엘리에제르 야리브는 설명한다. "숙제용 워크북에는 장점이 많습니다. 부모에게는 선택지를 넓혀주는 상품이고, 교사에게는 도움을 주는 도구이고, 학생에게는 휴대하기 편한 물건이죠. 워크북으로 고통받는 단 한 가지 요소가 있다면 그것은 바로 '배움' 자체일 겁니다."

야리브에 따르면, 이스라엘의 교육 시스템에서 숙제가 성공적으로 작동한 유일한 사례는 중학교 1학년 학생들이 자신의 가계도를 조사하는 '가족의 뿌리 프로젝트'다. "이 프로젝트에서는 여러 가지가 동시에 이뤄집니다. 학생들은 정보를 얻기 위해 밖으로 나가고, 자신과 가족에게 의미 있는 흥미로운 정보를 다루며, 다양한 형식을 통해 창의적으로 표현할 수 있는 결과물을 준비하죠. 모든 가정이 다르기 때문에 각각의 프로젝트가 전부 독특합니다."[9] 가족의 뿌리 프로젝트는 기존과는 다른 유형의 숙제를 보여주는 좋은 사례다. 하지만 이 프로젝트 역시 일정이 지나치게 빠듯하고 부담이 크면, 결국에는 부모가 결과물의 전시를 위해 조사부터 작성, 디자인까지 상당 부분을 대신하게 되는 일이 벌어질 수 있다.

한편, 전통적인 시험과 숙제 중심 교육 방식을 고수해오던 여러 지역에서 점차 의미 있는 변화의 움직임이 나타나고 있다. 최근 미국 플로리다주의 매리언 카운티에서는 카운티 내에 있는 모든 초등학교에서 숙제 금지 정책을 도입했다. 이러한 결정을 내린 교육청장 하이디 마이어Heidi Maier 박사는 어린아이들에게 숙제가 도움이 되지 않는다는 방대한 연구 결과에 근거해 숙제, 워크시트, 워크북 사용을 전면 중단하기로 했다. 읽기 습득 분야의 전문가로서 읽기가 학업 성취도를 높인다는 믿음을 가진 마이어 박사는 이에 대한 대안으로 새로운 방식을 제안했다. 아이들이 매일 저녁 부모와 함께 20분간 책을 소리 내어 읽도록 한 것이다. 무엇보다 아이들이 자신이 읽고 싶은 책을 스스로 고를 수 있으며 교사나 학교 도서관의 도움을 받을 수 있다. 집에 책을 함께 읽어줄 어른이 없는 아이들에게는 자원봉사자의 지원이나 오디오북, 기타 자료가 제공된다. 마이어 박사는 이렇게 말했다. "숙제가 없으니 아이들이 매일 20분 넘게 책을 읽는다고 합니다. 교사들도 아이들의 어휘력이 확연히 좋아졌다고 하고요. 특히 소리 내어 읽기와 이 활동을 어른과 함께하는 시간이 아이들의 인지 능력 향상에 중요한 역할을 한다고 봅니다." 교사들에게는 전날 저녁에 읽은 책에 대해 아이들끼리 서로 이야기를 나누게 한 다음 이를 수업과 연계하라는 요청 사항이 전달됐다.

이처럼 숙제를 줄이는 흐름은 학생과의 접점을 늘리고 긍정적인 관계를 형성하는 교육 철학과 함께한다. 마이어 박사는 강조한다. "어려움을 겪는 아이에게 집에 가서 학습지를 잔뜩 풀게 하는 건 아무런 도움이 되지 않습니다. 오히려 좌절감만 안겨줄 뿐이죠. 교실에서 아이에게 다가갈 수 있는 다른 방법들을 고민해야 할 때입니다." 한편, 그녀의 다음 계획은 시험의 횟수를 줄이고, 교사들이 자율적으로 판단하고 수업을 운영할 수 있는 재량을 확대하는 것이다.[10]

그렇다면 이스라엘은 어떨까? 이스라엘에도 숙제를 자율적, 부분적, 혹은 전면적으로 중단한 초등학교와 중학교가 수십 곳 있으며, 이들 학교는 인상적인 성과를 보이고 있다. 강연을 할 때 종종 청중에게 묻곤 한다. "자녀가 학교에 다니는 분 계신가요?" 많은 손이 올라간다. "올해도 무사히 지나가고 있나요?"라고 물으면 맥없이 웃음이 터지는데 그 웃음에 지친 기색이 묻어난다. 학부모와의 만남은 하루 일과를 마치고 남은 귀중한 시간을 숙제나 프로젝트에 쏟아붓는 사람들의 현실을 마주하는 좋은 기회다. 부모들은 이렇게 말한다. "전적으로 공감해요. 그런데 문제는 우리가 뭘 할 수 있느냐는 거예요. 교육 시스템이 허용하지 않기도 하거니와, 어쨌든 연습은 필요하잖아요." 많은 부모들이 숙제의 문제점을 인식하는데도 제도적 한계와 연습의 필요성이라는 관성에 갇혀 쉽게 벗어나지 못하고 있다.

연습이 중요하다는 데는 의심의 여지가 없다. 지식은 지금도, 그리고 앞으로도 언제나 힘이 될 것이다. 다만, 중요한 것은 그 연습을 어떻게 하느냐다. 나는 기존의 무의미하고 따분한 숙제 관행을 과감히 끊어낸 학교들로부터 가끔 연락을 받는다. 그중에서도 특히 흥미로운 사례는 교사들이 주도적으로 창의적인 대안을 직접 도입한 경우다.

시민 교육 과목을 가르치는 교사 오릿Orit은 기존 숙제를 추론 질문으로 대체했다. "저는 인권에 대해 가르치고 있습니다. 그래서 늘 현실 속 사례를 눈여겨보고 있어요. 헬스장에서 운동을 하다가도 텔레비전에서 관련 장면이 나오면 바로 화면을 캡처해서 단체 메신저 방에 보내요. 그리고 '여기서 어떤 권리가 침해됐을까?' 하고 물어봐요. 학생들에게 직접 개념을 던져주면서도, 가방을 열거나 복잡하게 준비할 필요가 없어요. 그냥 '평등권'이라고 쓰는 것만으로 머릿속에서 개념이 활성화되고 배운 내용이 곧바로 현실과 연결돼요. 그리고 다음 날 수업에서 자연스럽게 토론으로 이어져요. 저는 이걸 숙제가 아니라 추론 질문이라고 부릅니다. 다 같이 보고 참여하니까요."

이처럼 기존 숙제와 다른 형식으로 사고를 유도하고, 현실과 연결된 방식으로 배움을 이어가는 접근은 점점 더 주목받고 있다.

한 통합 학교에서 중1~고1 과학을 가르치는 첸은 첫해부터 숙제가 무의미한 싸움이라는 사실을 깨달았다. 첸은 설명한다. "어떤 아이는 알고 어떤 아이는 몰라요. 집에서 도와줄 사람이 없는 경우도 많고요. 이런 게 결국에는 좌절감과 불평등으로 이어지죠. 제 원칙은 교실에서 아이들이 묻는 것, 흥미로워하는 것에 답하는 거예요. 예를 들면, '불을 끈 뒤에도 전류는 흐를까?' 같은 단순한 질문부터 '발전소는 어떻게 전기를 만들까?' 같은 복잡한 질문까지 다양하죠. 교육 과정에서 요구하는 내용을 다루되, 모든 주제를 아이들의 일상과 관련된 것들이나 아이들이 실제로 궁금해하는 것들과 연결시켜요. 학교에서 적응을 잘 못 하는 학생들도 이 과목만큼은 좋아한다고 해요. 진심으로 즐기는 거죠. 저에게 교사로서 제일 중요한 부분이 바로 이거예요." 요컨대 첸의 수업은 숙제를 통해 지식을 주입하기보다, 아이들의 질문에서 출발해 일상과 연결된 호기심을 자극하고 자연스럽게 배움으로 이어지도록 구성된다.

    교사들은 우리가 생각하는 것보다 훨씬 더 많은 것을 해낼 준비가 돼 있다. 변화에 대해 불안해하는 쪽은 의외로 부모인 경우가 많다. 많은 교사들은 학부모로부터 숙제를 없애지 말아달라는 압박을 받는다고 한다.

    얼마 전 아들이 다니는 대안 학교에서 놀라운 장면을 목격했다. 이 학교는 숙제와 시험이 없는 교육을 원칙으로 내세운다. 많은 부모들이 이 점에 매력을 느껴 이 학교를 선택했을 것이다. 그런데 시간이 흐르면서 일부 부모들이 학부모 상담 시간에 우려를 표하기 시작했다. 숙제와 시험이 없다 보니 아이가 현재 어느 정도까지 배웠는지 전혀 알 수 없다는 이유에서였다. 이들은 시험을 대체할 평가 방법이나 학습 점검 체계를 요구했다. 학교장까지 나서서 그들이 선택한 학교의 철학을 상기시켰음에도 부모들의 압박은 점점 강해졌다. 결국 일부 부모들이 아이들에게 개인 과외를 붙였다는 소문이 돌았고 해당 아이들이 친구들에게 이 사실을 말하면서 모두에게 알려지게 됐다. 그렇게 평범한 학교의 방식을 벗어나기 위해 대안 학교를 선택했던 부모들이 다시 그 학교에 기존 학교의 방식을 요구했다.

이스라엘에서는 학부모가 학교의 일에 관여하는 경우가 흔하며, 종종 학습 과정에 실질적인 해를 끼치기도 한다. 그런데 진짜 문제는 이런 개입이 발생하는 이유에 있다. 많은 부모들이 교육 시스템을 신뢰하지 않고 학교가 새로운 시대에 걸맞은 교육을 제공해줄 수 없다고 느낀다. 그러니 부모들에게 있어 숙제는 일종의 중요한 지표라고 할 수 있다. 매일 저녁 집에서 숙제를 시키는 것은 부모 입장에서 보면 아이를 느슨하게나마 감독할 수 있는 수단이 된다. 어떤 경우에는 교실에서 교사가 의도하는 것보다 더 큰 통제력을 부모가 행사하는 방식이 되기도 한다.

내재적 동기의 중요성

　나는 최근 몇 년간 꽤 많은 시간을 여러 학교를 오가며 보냈고, 거의 모든 학교에서 빠짐없이 마주친 것이 있다. 바로, 벗어날 수 없는 현실에 맞서 싸우는 교사들의 모습이다. 과도한 학생 수, 숨 막히는 교실 환경, 정형화된 워크북, 모두에게 똑같이 주어지는 시험…. 우리는 아이에게 자율성과 주도성을 길러줘야 한다고 끊임없이 외치면서도, 정작 교사에게는 자율성과 주도권을 거의 허용하지 않는다. 대규모의 학생들을 통제하기 위해 교사들은 어쩔 수 없이 보상과 처벌 중심의 방식을 취한다. 말 잘 듣는 학생에게 칭찬 스티커를 주거나, 수업 시간에 얌전히 있으면 쉬는 시간을 일찍 주거나 하는 식이다. 학교의 하루는 보상, 경고, 생활 지도의 연속이며, 그 자체로 의미 있는 활동은 없다시피 하다. 아이들은 점점 외부 자극에 의해 움직이도록 길들여지고, 이는 교육에서 매우 핵심적인 문제와 직결된다. 우리는 아이들에게 어떤 동기를 길러주고 있는 걸까? 아이들을 내면의 흥미와 호기심(내재적 동기)에서 우러나 자발적으로 행동하는 사람, 아니면 벌에 대한 두려움이나 보상에 대한 기대(외재적 동기)에 따라 움직이는 사람으로 성장하게 하는 걸까? 이 질문은 아이들을 어떻게 가르칠지, 아이들이 어떤 어른으로 자라나길 바라는지 되돌아보게 한다.

외재적 동기는 보통 전통적인 교육 방식과 경직된 사고방식에서 비롯되며 피해야 할 대상이다. 외재적 동기에 길들여진 사람들은 진정한 만족감 없이 재미없는 일을 몇 년이고 계속하며 살아간다. 그러다 결국 매일의 일에 유난히 신나 있는 내재적 동기를 가진 사람 밑에서 일하게 될지도 모른다.

내재적 동기는 어떤 과제에 자연스럽게 쏟아붓는 에너지다. 깊은 내재적 동기를 가진 아이는 보상이나 외부 목표가 아니라 도전 자체에 자발적으로 뛰어든다. 내재적 동기를 가진 아이는 끈기 있고, 목표에 집중하고, 스스로 만족감을 느낄 수 있는 어른이 된다. 이들은 시간 가는 줄 모르고 일에 몰두하고 더 많은 수입을 올릴 가능성이 크다. 부모라면 누구나 바라는 자녀의 모습이 되는 것이다.

숙제는 이와 정반대의 상징이다. 개인적 흥미나 삶과의 연결점 없이 반복되는 기계적인 공부, 지치는 연습의 연속, 성적이라는 결과물을 만들어내기 위한 이른바 성적 공장일 뿐이다. 아이들은 생산 라인 위를 앞만 보고 달린다. '내가 왜 이걸 하고 있지? 나는 어디로 가고 싶은 걸까?' 같은 질문을 할 여유조차 없다. 그러다 보면 거절당할까 봐 두려워하거나 당장의 보상을 바라며 억지로 쏟아붓는 에너지인 외재적 동기가 강화된다.

내재적 동기는 아이가 지녀야 할 가장 바람직한 동기 유형이다. 내재적 동기에는 2가지 주요 형태가 있다. 첫 번째는 순수한 내재적 동기로, 아이가 어떤 과제나 도전에 대해 깊고 자연스러운 흥미를 보일 때 생겨난다. 이는 가장 높은 수준의 동기다. 만약 아이가 어떤 분야에 깊은 관심을 보인다면 우리는 아이가 자신이 선택한 길에서 마음껏 성장할 수 있도록 최선을 다해 지원해줘야 한다. 훌륭한 교사나 멘토, 같은 관심사를 가진 친구들과의 만남 등 최상의 조건을 만들어주는 것이다. 물론 때로는 그저 방해하지 않는 것만으로도 충분하다. 두 번째는 자율적 동기다. 이 경우 아이가 어떤 과목이나 도전에 자연스럽게 흥미를 느끼는 건 아니지만 그 주제가 자신에게 왜 중요한지, 어떤 의미가 있는지 이해하게 되면서 내면의 동기가 생겨난다. 이를 위해서는 아이들이 지금 배우는 학교 공부가 자신이 이루고 싶은 일이나 가까운 미래의 꿈과 연결돼 있음을 깨닫게 해주는 것이 관건이다. 나는 아들이 7살이 됐을 때 인터넷에 있는 유튜버들의 채널을 마음껏 즐기려면 영어를 알아야 한다며 영어 공부를 권했다. 2년 뒤 어느 날, 영어를 어느 정도 할 수 있게 된 아들이 나에게 말했다. "이제는 다른 사람한테 의지하지 않고 내가 좋아하는 유튜버들을 혼자서 볼 수 있어!" 자립의 기쁨을 흥분된 목소리로 이야기하는 아들을 보며 현실적이고 감정적인 연결을 통해 생겨나는 학습 동기를 확인할 수 있었다.

대부분의 학교 과제에서는 아이들이 자발적인 흥미를 느끼기 어렵기 때문에, 의미를 설명하고 납득시키는 방식으로 학습 동기에 접근해야 하는 경우가 많다. 벤구리온 대학교의 가이 로스Guy Roth 박사는 말한다. "날 때부터 매일 이 닦는 걸 좋아하는 사람은 없습니다. 그래서 우리는 아이에게 『카리우스와 박투스Karius and Bactus』(치위생에 관한 아동 도서)를 읽어주고 이 닦기가 왜 중요한지 설명합니다. 중요한 건 우리 딸이 정말로 이 닦기의 중요성을 이해해서 이를 닦는 건지, 단지 엄마 아빠를 기쁘게 하려고 닦는 건지입니다. 후자라면 오래 지속되기 어렵겠죠."

순수한 내재적 동기가 생기기 어려운 상황도 있다. 그럴 땐 이 일이 왜 중요한지 아이 스스로 납득하고 받아들이는 것이 필요하다. 문제는 교사들이 아이들에게 이 공부가 왜 중요한지, 왜 지금 이 순간의 삶과 관련이 있는지 설명해주기 위해 충분한 노력을 하지 않는다는 점이다. 특히 아이들의 먼 미래가 아니라 '지금 당장'과 연결된 설명이 부족하다. 그리고 이 지점에서 또 다른 어려움이 발생한다. 수학이나 역사 같은 과목이 왜 중요한지 설득하려면 교사가 그 과목을 깊이 이해하고 스스로 그 과목과 연결돼 있어야 한다.[11] 이는 분명 많은 시간, 노력, 사전 준비를 필요로 한다. 이 말인즉슨, 모든 수업을 더 유연하고 색다른 각도에서 접근해야 한다는 뜻이다.

나는 한때 위기의 청소년, 학교 밖 청소년들과 몇 달을 함께한 적이 있다. 그들과의 수업에서 나는 직감적으로 느꼈다. 내가 하려는 말이 그들의 삶과 관련 있고 중요하다는 것을 5분 안에 설득하지 못하면 그 수업은 실패라는 것이다. 그 아이들은 교실에서 배우는 것들은 현실과 동떨어져 있다는 감각에 너무나 익숙하다. 그래서 의심이 많고 자존감도 낮다. 이는 본질적으로 아이들만의 문제가 아니다. 누구든 눈앞의 이야기가 자신에게 정말 중요하고 관련 있는지 알고 싶어 하기 마련이다.

우리가 흔히 저지르는 실수는 나중에 다 도움이 된다는 장기적인 논리로 설득하려는 것이다. 하지만 이런 식은 지나치게 이성적이라 와닿지 않는다. 진짜 동기를 끌어내려면 지금 이 순간과 감정적으로 연결된 말이 필요하다. 나는 위기의 청소년을 가르치는 교사들과 함께 수학 학습 동기를 만들어봤다. "수학을 알면 다른 사람한테 휘둘리지 않아. 네가 직접 계산하고 독립적으로 판단할 수 있으니까." "가족이 어려움을 겪을 때 네가 힘이 될 수 있어. 얼마나 자랑스러운 일이니?" "네가 엄마 가계부 계산을 도와줄 수 있어." 이렇게 관심이 자극되는 순간 교실이 조용해지고 집중력이 밀려온다. 인간의 뇌는 중요하고 가치 있는 것을 감지하면 온전히 그쪽으로 쏠린다. 이게 바로 내재적 동기의 출발점이다.

전 세계 연구자들은 내재적 동기를 기르는 일을 인간 존재에 있어 가장 흥미롭고 중요한 과제 중 하나로 여긴다. 나는 미국의 교육심리학자 아델과 앨런 고트프리드Adele&Allen Gottfried 부부와 나눈 대화를 통해 이 주제에 대해 인상 깊은 통찰을 얻었다. 고트프리드 부부는 내재적 동기와 그것이 인간 삶에 미치는 영향을 평생에 걸쳐 연구해왔다. 그들은 자신들의 연구에 대해 이야기할 때 눈빛이 반짝거리고 목소리에 열정이 넘쳤다. 그 모습만 봐도 그들을 움직이는 동기가 무엇인지 분명히 알 수 있었다. 지난 40년간 그들은 미국 캘리포니아주 풀러턴의 한 병원에서 태어난 아기들을 추적 관찰해왔다. 수십 년에 걸쳐 쌓인 데이터를 바탕으로 부모 및 교사 인터뷰, 가정 방문 등을 통해 얻은 첫 번째 결론은 매우 흥미롭다. 우리는 동기가 인생의 성공에 얼마나 결정적인 역할을 하는지 과소평가하고 있다. 동기야말로 지능보다 더 본질적인 요인인데 그 중요성이 제대로 인정받지 못한다. 이는 진심으로 안타까운 일이 아닐 수 없다. 게다가 동기는 개발 가능한 능력이기도 하다. 고트프리드 부부는 "우리가 발견한 중요한 사실은, 내재적 동기가 아이의 미래에 얼마나 깊은 영향을 미치는가에 대한 것이었습니다"라고 말했다.

지금부터 고트프리드 부부의 연구에서 밝혀진 몇 가지 명확한 결론들을 소개한다. 이는 학문적 내재적 동기, 다시 말해 외적 보상이나 강요 없이 배움 자체의 즐거움을 느끼는 아이들에 관한 내용이다.

- 또래보다 학업 성취도가 높고 도전적인 과목을 선택하며 높은 수준의 학위를 취득하는 경향이 있다.
- 학업 중 불안이나 스트레스를 겪을 가능성이 적고 주변의 소음에 방해받지 않고 자신이 하는 일에 깊이 몰입한다.

- 새로운 상황에 잘 적응하고 사고방식이 유연하다.
- 고등학생 때부터 20대까지 줄곧 리더십과 사회 참여 의지를 뚜렷하게 드러낸다.

고트프리드 부부는 노력과 끈기 면에서 우수함이 두드러지는 아이들을 설명하기 위해 '동기 부여에 재능이 있는 아이'라는 독특한 용어를 만들어냈다. 이 아이들은 또래보다 수학과 읽기 능력이 뛰어났고, 대학 입학 시험에서 더 높은 점수를 받았다. 뿐만 아니라 시간이 지나면서 지능적으로 영재인 아이들보다 리더십 면에서 더 뛰어난 성과를 보이기도 했다. 내재적 동기는 아이가 즉각적인 보상 없이도 행동할 수 있는 능력, 즉 만족을 지연시키는 힘, 남들이 포기하는 상황에서도 끝까지 버티는 힘을 키워준다. 이런 힘이 쌓인 아이는 결국 더 멀리 나아간다.

새로운 세상에서는 누가 누구 밑에서 일하게 될지 잊지 말아야 한다. 보상이나 처벌에 의해 움직이는 외재적 동기형 인간은 결국 내재적 동기에 의해 스스로 움직이는 사람 밑에서 일하게 될 것이다.

환경이 아이의
미래를 결정한다

　부모가 아이의 어린 시절에 어떤 환경을 만들어주느냐가 아이의 미래에 극적인 영향을 미치는 것으로 밝혀졌다. 8살 아이에게 박물관 같은 새로운 경험을 접하게 해주고 질문을 장려하며 호기심을 북돋아준 부모들은, 그 아이가 고등학생이 됐을 때 수학과 과학에 대한 흥미와 호기심도 긍정적으로 이끌었다.[12, 13] 또한 청소년기에 책을 많이 읽는 아이들은 대개 유아기 때 특히 엄마와 함께 오랜 시간 책을 읽으며 자란 경험이 있었다.[14] 어릴 때 책을 읽어주는 경험은 읽기 능력의 성취뿐 아니라 읽기에 대한 내재적 동기와 장기적인 학업 성취로 이어지는 중요한 토대가 된다.

　이러한 장기적인 영향을 바탕으로, 고트프리드 부부는 가정 내

동기 교육 과정을 제안했다. 아이의 성장 후 동기 수준은 가정 환경과 직접적으로 연결되며, 초등학생 시기에 집에서 형성된 습관들이 훗날 아이 스스로 탐구하고 배우고자 하는 내재적 동기에 큰 영향을 미친다. 결론적으로, 핵심 질문은 '아이들이 집에서 얼마나 많은 배움의 기회를 갖는가?'이다. 이 질문은 우리가 어떤 가정 환경을 조성해야 할지 결정짓는다.[15]

고트프리드 부부는 부모가 아이에게 적정한 도전을 제공하기를 권장한다. 즉, 충분히 어려우면서 아이의 능력에 맞게 조정된 과제를 통해 성공의 경험을 느끼게 해주는 것이다. 특히 아델 고트프리드는 어린 시절부터 아이의 호기심을 자극하려면 놀라움과 새로움이 있는 환경을 만들어줘야 한다고 강조한다. 또한 아이가 스스로 환경에 영향을 주고 있다는 느낌을 받도록 혼자 힘으로 물건을 옮겨본다든지 하는 방식으로 주체성을 느끼게 해주고, 주변에서 마주치는 문제에 대해 스스로 해결책을 찾아보도록 격려하는 것이 중요하다고 말한다.[16] 이러한 작은 일상 속 경험들은 내재적 동기의 씨앗이 된다.

아이가 자신의 주변 환경에서 유능함과 영향력을 느끼는 경험은 내재적 동기를 발달시키는 데 있어 매우 중요한 요소다. 이는 일본의 저명한 교육자 스즈키 신이치의 '아이를 위해 가능한 한 최고의 환경을 만들어줘야 한다'는 조언을 떠올리게 한다. 이는 단지 성공한 아이로 키워내기 위해서가 아니라, 내재적 동기를 유발해 아이가 배우는 과정에서 기쁨과 만족을 느끼게 하며 아이에게 도전을 즐길 수 있는 힘을 길러주기 위해서다. 이는 아이가 삶에 대해 느끼는 만족감 및 행복감과도 깊이 연결된다.[17] 연구자들은 아이의 호기심이 부모의 손길에서 자라난다는 점을 반복해서 강조한다. 물론 부모뿐 아니라 온 가족이 함께하면 더 좋다. 조부모로 하여금 아이에게 질문을 던져달라고 부탁하고 아이가 그 질문을 스스로 탐구할 수 있도록 격려해보자. 핵심은 단순한 주입식 지식이 아니라 흥미를 일으키는 데, 더 정확히는 스스로 흥미를 발견하게 이끄는 데 있다. 조부모는 부모님이 못 사게 하는 걸 대신 사주는 사람이 아니라 옛이야기와 경험, 추억을 담은 보물 상자가 돼줄 수 있다.

많은 이들이 이른바 중용의 길을 찾고자 숙제 문제에 대해 적당한 선에서 접근하려 한다. 미국의 세계 교육 협회와 전국 학부모 교사 협회PTA는 1~2학년에게는 하루 10~20분, 3~6학년에게는 30~60분 수준의 숙제를 내주도록 권고한다.[18] 하지만 문제는 양이 아니다. 아이들은 학교에서 예측 가능하고 반복적이며 흥미 없는 방식으로 그저 해야 하니까 공부한다. 그리고 그렇게 배운 내용과 능력은 몇 년 안에 기계가 더 빠르고 정확하게 해낼 수 있는 일로 전락할지 모른다.

의식은 일상의 반복 속에서 형성된다는 점을 명심해야 한다. 작은 습관들 속에서 사고방식이 자라고 그 속에 학습이 어떻게 자리 잡느냐가 중요한데, 숙제는 학습과 즐거운 경험 사이의 연결을 끊어버리고 있다. 아이들은 자신과 세상을 탐색할 기회를 갖는 대신 의무적인 숙제 폭격을 받는다. 세계적으로 저명한 숙제 연구자이자 수학·과학 교사 교육 전문가인 에타 크랄로벡 교수는 부모가 꼭 기억해야 할 말을 남겼다.

"핵심은 늘 같은 질문으로 돌아온다. '아이들이 자신이 진짜로 좋아하는 걸 발견하는 순간은 언제인가?' 아이들은 하루 8시간을 학교에서 보내고 이후에도 숙제를 하면서 학습에 대한 혐오감을 키워 간다. 이 과정에서 자신이 누구인지, 무엇을 좋아하는지 탐색할 수 있는 자유 시간을 잃는다. 우리가 부모로서 해야 할 진짜 숙제는 아이들이 진정으로 좋아하는 일을 발견할 수 있도록 돕는 것이다."[19]

당근과 채찍

여러 연구들이 외적 보상(상, 포상, 벌, 위협, 뇌물)의 유혹에 대해 경고한다. 이들은 내재적 동기의 가장 큰 적이기 때문이다. 부모가 외부에서 통제하는 방식은 아이의 자율성을 약화시키고, 아이를 스스로 배우고 성장하게 하는 내재적 동기에 부정적인 영향을 미친다. 아이들은 선택권을 부여받을 때 내재적 동기뿐 아니라 노력, 과제 수행력, 유능감이 더 높아진다. 이 효과는 성인보다 아이에게 훨씬 더 강력하게 나타난다.[20] 물론 세상에는 중요하지 않게 여겨지거나, 하고 싶지 않은 일이 존재한다. 이 경우에는 외적 보상이 분명히 도움이 된다. 예컨대, 청소처럼 단순하고 재미없는 작업에는 적절한 보상이 동기 유발에 효과적일 수 있다.

학생의 성적을 기준으로 급여를 받는 교사들이 더 뛰어난 성과를 내는 것은 아니며, 환자의 상태에 따라 보수를 받는 의사들이 더 나은 결과를 만들어내는 것도 아니다. 학습, 업무, 신체 건강 등과 관련된 동기에 관한 183개의 연구를 종합적으로 검토한 결과, 질적인 면에서는 내재적 동기가 더 중요하고 양적인 면에서는 외적 보상이 더 효과적이라는 결론이 도출됐다.[21] 만약 당신이 헬스장에 더 자주 가는 것을 목표로 한다면 보상 시스템이 도움이 될 수 있다. 반면, 특정 목표에 초점을 맞춘 양질의 훈련에 몰두하고 싶다면 내재적 동기를 찾는 것이 중요하다. 외적 보상은 어느 정도까지는 동기 부여가 될 수 있으며, 특히 짧은 기간이나 성과의 양에 초점이 맞춰진 경우에 효과적일 수 있다. 하지만 질적 수행과 성취로 이어지는 것은 단연 내재적 동기다.

한 가지 곱씹어볼 점은, 암기와 반복 학습에 초점을 맞춘 성취도 시험에서 즉각적인 성공을 추구하는 학교일수록 외재적 동기에 의존하는 경향이 있다(모두가 학교의 효율성을 평가하는 표준화 시험을 위해 집중적으로 공부한다)는 것이다. 측정의 기준이 바뀌지 않는 한, 학교가 즉각적인 성과에 대한 압박을 덜고 학생들이 진정한 내재적 동기를 갖도록 하는 일은 쉽지 않을 것이다.

부모도 내재적 동기가 필요하다

이 책이 제안하는 핵심 중 하나는, 역동적이고 창의적인 양육 방식을 도입해 부모와 자녀가 함께 성장하는 관계를 만들어가자는 것이다. 부모는 '아이의 문제, 아이의 과제'라는 기계적 태도를 벗어나 그 안에 담긴 의미가 우리 자신에게 무엇을 말해주는지 진지하게 성찰할 필요가 있다.

과연 우리는 내재적 동기에서 출발해 세상과 관계를 맺고 행동하고 있는가? 매일 출근해 지치고 지루한 일만 반복하고 있는가, 아니면 여전히 호기심을 유지하며 인생의 긴 시간을 바친 일에 감정적으로 연결돼 있는가? 매일 아침 자율성, 호기심, 긍정적인 마인드로 하루를 시작하는가?[22] 만약 그렇지 않다면, 외재적 동기에 이끌려

사는 것은 아닌지 돌아볼 필요가 있다. 외재적 동기는 긴장을 유발해 성과와 삶의 질 모두에 부정적인 영향을 미친다. 이 점은 아이와 어른 모두에게 해당된다.

양육은 우리에게 삶을 다시 들여다보고, 내 안의 호기심과 발견의 감각을 다시 일깨울 기회를 준다. 우리는 부모로서 아이의 교사에게 기대하는 태도를 우리 자신에게도 기대해야 한다. 그러면서 아이와 함께 탐색하고, 역동적이고 주의 깊게 움직이며, '인생은 원래 이런 것'이라는 식의 고정된 규칙만을 전달하려는 자세를 버려야 한다.

일상과 연결된 숙제로

나는 매주 딸과 같은 길을 걸으며 그 길을 새로운 눈으로 바라보는 작은 루틴을 만들어왔다. 그러면서 딸에게 도전 과제를 던진다. "이번 주에 학교에서 배운 걸 바탕으로 이 거리에서 뭔가 새로운 걸 발견할 수 있을까?" 아이가 이 거리를 새로운 시선으로 보고 있다는 것을 스스로에게 증명해보길 바라는 마음에서다. 나는 딸아이가 학교에서 배운 것을 실생활에서 가치 있는 것으로 바꾸는 연습을 해주려 한다. 이제 딸은 매주 목요일마다 우리가 함께 걷기를 한다는 사실을 잘 알고 있다. 그래서인지 아이는 월요일 등굣길부터 거리 산책과 연결 지을 수 있는 새로운 뭔가가 없을까 생각한다. 학교에서 배운 것을 학교 밖의 삶과 연결해보려는 노력을 스스로 하고 있는 것이다.

내가 학생이었을 때 동네의 작은 카페에 친구들과 앉아 있던 일이 기억난다. 나와 다른 둘은 박사 과정 학생이었고, 하나는 생명 과학을 전공하는 학생이었다. 근처에 있는 오래된 나무를 바라보던 중 문득 각자가 그 나무를 어떤 관점으로 보는지 궁금해졌다. 나의 질문에 생명 과학을 전공하는 친구는 자신에게 그 나무가 무엇인지, 그리고 그 나무에서 무엇을 보는지에 대해 설명하기 시작했다. 20분을 꽉 채운 대답을 들은 후, 나무의 전체적인 세계를 바라본 그와 달리 나는 피상적이고 부분적인 면만 보고 있었다는 사실을 깨달았다. 이후로 나는 주변 사물을 주의 깊게 관찰하는 습관이 생겼고, 독일의 철학자 마틴 하이데거Martin Heidegger처럼 친숙한 것에서 낯선 것을, 평범한 것에서 특별한 것을 발견하기 위해 노력했다.

숙제는 다양한 형태의 연습과 훈련으로 대체될 수 있다. 외국어로 쇼핑을 하고, 슈퍼마켓에서 수학을 연습하고, 학교에서 배운 내용을 뉴스와 연결 짓고, 집안일을 체크리스트에 추가해서 온 가족이 함께 지킨다.

나는 여러 교사와 학부모가 모인 모임에서 2학년과 3학년 아이에게 비효율적인 숙제나 워크북 없이 글쓰기 능력을 창의적으로 훈련시킬 수 있는 방법에 대해 물었다. 12분이라는 제한 시간 동안 2~3명씩 모여 질문에 대한 답을 적어나갔다. 독창적이고, 재미있고, 창의적인 아이디어들이 다양하게 제안됐다.

- ○ 나를 도와준 사람에게 감사 편지를 쓴다.
- ○ 내가 발명한 가상 기계의 작동과 이점에 대해 설명한다.
- ○ 집에 돌아왔을 때 엄마나 아빠를 위한 추천 행동에 대한 안내서를 준비한다.
- ○ 수업 시간에 20분 동안 말없이 글쓰기를 하거나 그에 상응하는 활동을 한다.
- ○ 단어를 여러 개 만들어 그것의 의미를 설명한다.
- ○ '만약 …라면 무슨 일이 일어날까'에 대해 쓴다('돈이 나무에서 자란다면 어떻게 될까?'와 같은 식이다).
- ○ 영화 추천 글이나 감상 평을 글로 작성한다.
- ○ 포트나이트(미국의 에픽게임즈가 출시한 3인칭 슈팅TPS 생존 게임-옮긴이)에서의 마지막 시간을 묘사한다.
- ○ 할머니가 좋아하는 요리 레시피 중 하나를 적는다.
- ○ 쇼핑 센터의 경비원, 버스 기사, 환경 미화원에게 감사 편지나 인사 카드를 쓴다.
- ○ 내가 집에 없을 때 반려동물을 돌봐줄 사람에게 알려줄 만한 주의 사항을 작성한다.
- ○ 매일의 성공 목록을 작성한다.
- ○ 1인칭 시점에서 이야기를 쓴다(예를 들어, 신발이 만들어진 순간부터 수명이 다할 때까지 신발에게 일어나는 일을 적는다).

숙제는 우리 모두가 참여하고 있는 프로젝트에 기여하기 위해,

즉 교육을 재창조하기 위해 부모로서 풀어야 할 난제다. 우리는 책임감 있는 부모를 다음과 같이 보는 경향이 있다.

> 책임감 있는 부모 = 자녀가 숙제를 할 수 있도록 해주고 도와주는 부모

생각의 전환을 시도하고 책임감 있는 부모에 대해 새로운 정의를 내려보자.

> 책임감 있는 부모 = 학교에서 가르쳐주지 않는 특성과 기술을 기를 수 있도록 자녀를 도와주는 부모

우리는 학교가 매일 다루는 기술을 반복하고 연습하기보다 새롭고 변화하는 세상이 요구하는 기술을 발전시킬 수 있도록 자녀들을 도와줘야 한다.

숙제를 다른 방식으로 바꿔 '왜 필요할까?'라는 이름으로 불러보자. 아이들은 수업에서 배운 내용을 듣고 그것을 자기 삶에 어떻게 적용할 수 있을지 스스로 생각해본다. 예를 들어, 숫자 10까지 세는 법을 배운 1학년 아이는 "이제 화내기 전에 10까지 셀 수 있어!"라고 말할 수 있다. 2학년 수학 시간에 간단한 도표를 배운 아이가 가족 중에서 자기가 집안일을 제일 많이 한다는 걸 과학적으로 증명하는 발표 자료를 만들 수 있다. 강아지와 산책한 거리의 길이를 재보거나, 일주일 동안 자신이 버린 쓰레기의 무게를 계산해볼 수도 있다.

이 아이디어는 단순하지만 기존 교육 방식을 뒤바꿀 만한 잠재력을 지니고 있다. 모든 학생들이 매주 3가지 '왜 필요할까?' 숙제를 하게 되면 아이들의 머릿속이 끊임없이 돌아가고, 배운 내용을 자연스럽게 일상의 활동과 연결하는 사고가 이어진다.

내재적 동기를
부여하는 힘

우리에게 동기를 부여하는 힘은 무엇인가? 이는 중요하고도 실존적인 질문이다. 아이들이 아침에 일어나서 학교에 가고, 부모들이 일을 하러 가는 이유가 무엇인가? 필요와 두려움 때문인가? 그렇게 해야만 하고, 세상사가 원래 그러니까? 아니면, 개인적인 탐구심, 흥미, 욕구 때문인가?

내재적 동기와 열정을 어떻게 길러낼 것인가에 대한 논의는 기본적으로 하나의 낙관적인 전제에 기반하고 있다. 바로 인간은 본래 호기심이 많고, 새롭고 흥미로운 것을 찾으며 살아가는 존재라는 믿음이다. 많은 동기 이론 연구자들은 에이브러햄 매슬로, 칼 로저스Carl Rogers, 빅터 프랭클Victor Frankle 같은 인본주의 사상가들의 관점을 공유한다. 이들은 인간의 본성과 성장하고 의미 있는 삶을 추구하려는 내면의 욕구를 신뢰한다. 이들이 가진 세계관은 명확하다. 적절한 환경과 지지, 그리고 도전적이면서도 감당 가능한 목표만 주어진다면 누구나 배우고 탐구하고 스스로를 발전시키고자 하는 동기를 가질 수 있다는 것이다. 고트프리드 부부 역시 모든 사람이 동기적으로 영재가 될 수 있는 잠재력을 지니고 있다고 믿는다. 그리고 그 가능성을 열어주는 데 있어 가장 중요한 건 올바른 방식의 격려다. 결국 우리가 해야 할 일은 아이들이 내면의 동기에서 출발해 세상과 만날 수 있도록 길을 열어주는 것이다.

교육 분야에서 동기 부여의 선도적인 연구자인 아비 아서Avi Assor 교수는 자신의 저서에서 진정한 내재적 동기는 자율성, 선택, 개인적인 의미의 멋진 감정을 수반한다고 했다.[23] 아서 교수에 따르면, 내재적으로 동기 부여가 된 사람들은 높은 수준의 집중력을 갖고 있어 배경 소음이나 다른 사람들의 말을 무시할 수 있다. 그들은 스트레스나 죄책감이나 수치심에 지배당하지 않는다. 그리고 행동에 집중하고 실패를 두려워하지 않으며 다른 사람과 비교하지 않는다. 무엇보다 그들은 색다르고 참신한 생각에 도전할 수 있는 더 큰 자유를 갖고 있으며, 자신의 성과가 개인의 가치나 사회적 지위에 어떤 영향을 미칠지 걱정하지 않는다.

우리는 부모로서 아이들이 이러한 내재적 동기를 바탕으로 다양한 경험을 할 수 있도록 모든 노력과 생각을 집중해야 한다.[24]

연습은 필수이며, 문제는 연습이 행해지는 방법이다

숙제는 창의적이고 진정으로 의미 있는 일상 연습을 할 수 있는 기회를 박탈하는 것으로 여겨진다. 천편일률적인 숙제 대신, 아이들이 교실에서 배운 것을 자기만의 방식대로 일상생활에 적용할 수 있도록 해보는 것이 좋다. 우리가 교과서, 워크북, 미리 계획되고 조직된 과제로 아이를 둘러싸는 한 아이는 자신의 진로를 계획할 수 있는 기회를 박탈당할 수밖에 없다.

이번 주에 학교에서 배운 내용을 아이들이 실제로 어떻게 활용할 수 있을지 생각해보자. "오늘 어땠어?" 같은 질문 대신, 이전에는 몰랐는데 지금은 이해하게 된 건 무엇인지, 이제는 할 수 있게 된 것이 무엇인지 물어보는 게 좋다. 그 내용이 아이 자신의 삶에, 또는 아이들이 사랑하고 존경하는 사람들의 삶에 어떻게 도움이 될 수 있는지도 나눠보자.

부모 역시 똑같은 방식으로 실천해본다. 직장에서 겪은 경험에서 영감을 얻고, 거기서 새로운 행동 방식이나 습관 하나를 스스로 적용해보자. 이때 우리가 아이에게 기대하는 방식대로 우리 자신도 사고하고 행동해야 한다. 그러면 아이도, 부모인 우리도 함께 성장할 수 있다.

4장

텔레비전은 기회의 창

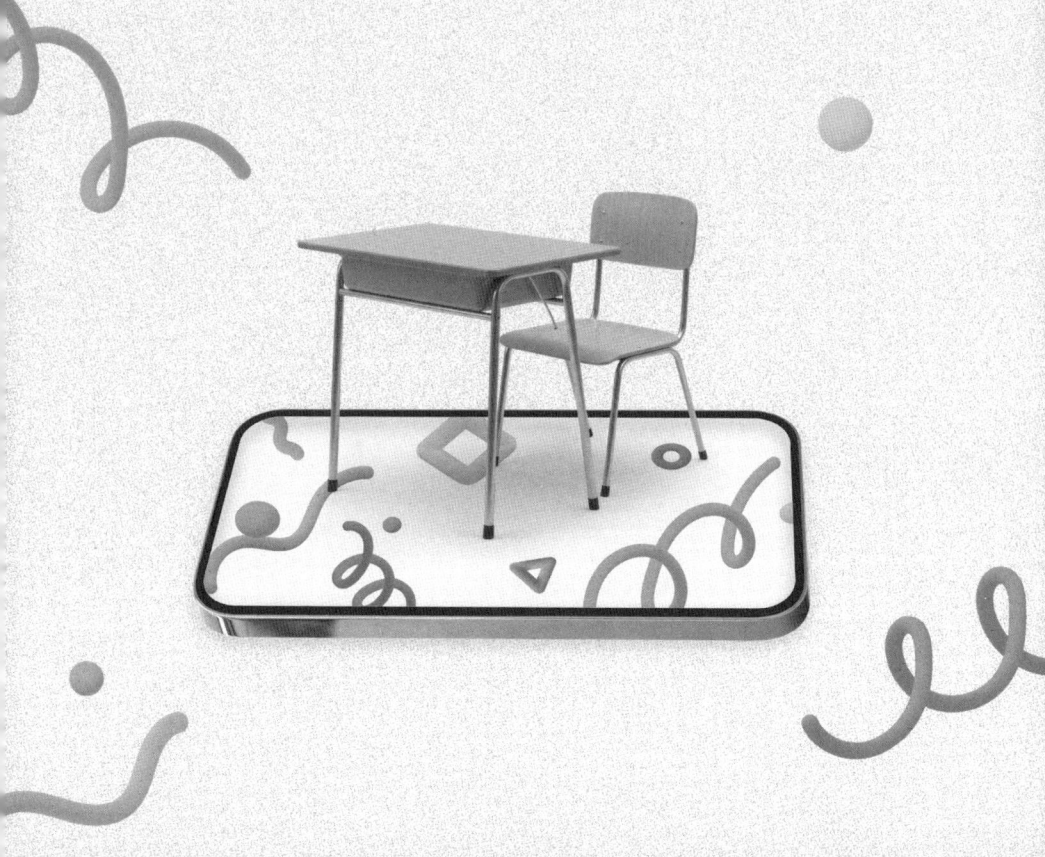

텔레비전이 아이들을 망치고 있는 걸까? 컴퓨터가 아이들에게 해를 입히고 있는 걸까?

아이들에게 텔레비전을 보고 있는 자신을 그려보라고 하면 웃고 있는 모습을 그린다.[1]

1980년 12월, 존 레논과 아내 오노 요코가 뉴욕에 있는 그들의 아파트를 나섰을 때, 마크 채프먼이 존 레논의 등에 총 4발을 쏴 숨지게 했다. 채프먼은 J. D. 샐린저 J. D. Salinger의 소설 『호밀밭의 파수꾼』에 나오는 장면들을 재구성하기 위해 뉴욕에 왔다. 자신의 소지품을 경찰이 찾기 쉽도록 호텔방에 놔두고, 지역 서점에서 『호밀밭의 파수꾼』을 한 권 산 뒤 그 안에 우울한 주인공 홀든 콜필드라고 서명하고 '이것이 나의 진술이다'라고 적었다. 그는 하루의 대부분을 존과 요코의 아파트 앞에서 보내며 존 레논의 팬들, 아파트의 경비원, 존 레논의 5살짜리 아들 션과 산책을 마치고 돌아오는 가정부와 이야기를 나눴다. 채프먼은 그날 존 레논을 만났고 친필 사인이 담긴 존 레논의 앨범을 선물로 받았다. 채프먼은 경찰에 체포될 때까지 현장에 남아 자신이 가져온 책을 읽었다. 체포 당시 그는 저항하지 않고 순순히 살인을 자백했다. 그는 징역 20년 형을 선고받았고 최근(2020년)까지 오노 요코가 그의 가석방 신청에 반대하면서 총 11번의 가석방이 거부됐다.

한편 2009년, 9살 그레이슨 원은 미국 유타주에 있는 국유림으로 가족과 캠핑을 갔다가 한순간 가족과 떨어져 혼자 숲에 남게 됐다. 그레이슨은 가장 좋아하는 텔레비전 리얼리티 쇼인 디스커버리 채널의 「인간과 자연의 대결Man vs. Wild」을 떠올렸다. 쇼의 진행자이자 모험가인 베어 그릴스는 시청자들에게 야생에서 살아남는 법을 생생하게 보여준다. 그레이슨은 방송 내용 덕분에 수색대원들이 자신을 찾을 때까지 24시간가량을 숲에서 홀로 버틸 수 있었다. 그는 낮 동안 호수를 헤매면서 자신의 노란 우비를 찢어 단서를 남겨뒀다. 사람들이 자신을 찾는 데 도움이 될까 해서였다. 그리고 베어 그릴스가 쇼에서 설명했던 대로 밤을 무사히 보낼 작은 쉼터도 만들었다. 실제로 수색대원들은 그레이슨이 남긴 단서를 따라가 그를 찾았다.

위 두 이야기는 우리로 하여금 한 가지 결론에 이르게 한다. 책은 다른 사람들에게 해를 끼칠 수 있고, 텔레비전은 사람의 목숨을 구할 수 있다. 안타깝게도 텔레비전, 스마트폰 등 화면이 달린 기기가 아이들의 삶에 미치는 영향에 대해 논의할 때, 성급하게 확정적인 결론을 내리거나 무조건적인 비난을 일삼는 경우가 많다.

텔레비전이 은밀하게 우리 아이들을 노리고 있다는 경고를 한 번쯤은 들어봤을 것이다. 말하자면 텔레비전이 아이들의 정신을 흐리게 하고 영혼을 파괴한다는 것이다. 이와 비슷한 맥락으로 컴퓨터는 온갖 좋지 않은 정보를 퍼뜨리는 만악의 근원으로, 스마트폰은 아이들을 현혹해 현실 세계와 단절시키는 마법사로 묘사한다. 결국 부모가 할 수 있는 건 모든 걸 차단하고 아무 일도 일어나지 않기만을 바라는 것뿐일까? 정말로 화면이 아이들을 폭력적이고, 피상적이고, 상상력이 없고, 무관심하고, 주의력이 부족한 사람으로 만드는 걸까?

앞으로 아이들이 사랑하는 2가지인 텔레비전 프로그램과 비디오 게임에 대해 살펴볼 예정이다. 아이, 화면, 부모 사이에는 많은 논쟁과 갈등, 걱정, 두려움, 좌절이 얽혀 있다. 이제는 이 복잡한 삼각관계를 조금 더 체계적이고 실질적인 방식으로 들여다볼 때다.

텔레비전과 ADHD

내가 새로운 시대의 교육에 대해 강연할 때마다 걱정스러운 얼굴을 한 부모들이 말한다. 최근 연구 결과를 근거로 자녀가 텔레비전을 보거나 컴퓨터를 하는 것을 금지시켰다는 것이다. 텔레비전이 아이들의 주의력과 집중력에 문제를 일으킨다는 주장은 몇 달에 한 번씩 꼭 제기되고 있다. 이 중 가장 영향력 있는 연구는 디미트리 크리스타키스Dimitri Christakis 연구팀이 진행한 것이다.[2] 이들은 1,300명의 아이들을 추적 조사한 결과, 생후 1~3살 때의 텔레비전 노출 정도와 7살 때의 주의력 문제가 뚜렷한 상관관계를 보인다는 점을 찾아냈다.[3] 연구에 따르면, 1살 때 하루 5시간 이상 텔레비전을 본 아이는 7살 때 주의력 결핍 문제를 겪을 가능성이 높아진다.[4] 말 그대로 아이가 주의력 장애 위험군에 들려면 1살 때 하루 5시간, 3살 때 하루 6시간씩 텔레비전을 봐야 한다. 그런데 아주 어린아이를 하루에 5, 6시간씩 텔레비전 앞에 앉아 있게 두는 집이라면 아이의 주의력 문제는 그리 큰 걱정거리가 아닐지도 모르겠다.

어쩌면 실상은 훨씬 더 단순할 수 있다. 오랜 시간 텔레비전을 보는 아이들은 애초에 텔레비전만이 자신을 진정시켜줄 수 있다고 느끼는 아이들일 가능성이 높다. 다시 말해 주의력 결핍을 유발했다기보다 이미 그런 기질을 갖고 있는 아이들이 텔레비전을 찾는 것일 수 있다.[5] 주의력 결핍 과잉 행동 장애ADHD 전문 정신 건강 의학과 의사인 아이리스 마노르Iris Manor 박사는 다음과 같이 설명한다. "ADHD 아동은 자신을 도와줄 뭔가를 끊임없이 찾습니다. 이 아이들은 계속 움직이고 가만히 있지 못하며 자극과 아드레날린을 좇습니다. 텔레비전은 짧게 끊어진 장면과 끊임없이 이어지는 극적인 전개로 이런 아이들에게 자극을 제공합니다." 마노르 박사는 이 현상을 '안정된 불안정성'이라고 정의한다.

그녀는 말한다. "우리는 ADHD를 앓는 많은 어린이가 잠들고 깨어나는 일을 힘들어한다는 사실을 기억할 필요가 있습니다. 이 아이들은 안절부절못하고 극심한 배고픔과 포만감 사이를 왔다 갔다 합니다. 과거에는 아이들에게 노래만 불러줘도 아이들은 잘 먹곤 했습니다. 그런데 오늘날에는 텔레비전 앞에 있어야 잘 먹고, ADHD를 앓고 있을지 모르는(ADHD는 유전의 영향을 받으므로) 엄마와 텔레비전 앞에 같이 앉아 있습니다."[6] ADHD는 유전적 요인의 영향이

크다.[7] 우리는 그것도 모르고 애꿎은 텔레비전의 탓을 해왔다.

아니나 다를까, 텔레비전 시청과 ADHD 사이의 상관관계를 주장하는 입장에 반대하는 신뢰할 만한 연구들이 줄을 잇고 있다.[8] 한 흥미로운 연구는 ADHD 발병 위험을 높이는 다양한 환경적 요인들을 분석하고 그 위험도를 순위로 정리했다. 상위권에는 PCB(폴리염화 바이페닐) 같은 독성 물질에의 노출, 임신 중 음주 및 흡연 등이 올랐다. 이보다 훨씬 아래 순위에 임신과 출산 과정에서의 이상, 정신적·사회적 스트레스 등의 요인이 있었다. 이 연구에서 텔레비전 시청과 ADHD 사이에 유의미한 상관관계는 발견되지 않았다.[9]

찬반을 불문하고 텔레비전에 관한 대부분의 연구들은 한 가지 본질적인 문제를 간과하고 있다. 아이들이 어느 시기에 어떤 콘텐츠를 시청하느냐는 점이다. 교육 프로그램을 보는 것과 오락 프로그램을 보는 것을 동일선상에 놓고 판단할 수 있을까? 단순히 시청 시간만으로 결론을 내릴 수 있을까? 잡지와 고전 문학이 우리에게 똑같은 감동과 영감을 주지 않는 것처럼 텔레비전 프로그램도 획일적인 방식으로 다뤄져서는 안 된다. 우리가 텔레비전에 대한 경고만 거듭하는 한 이 주제에 대해 진지하고 진실한 토론은 할 수 없다.

텔레비전에 관한 오해와 진실

2~5세의 아이들은 신발 끈 묶기와 스마트폰에서 앱 찾기 중 어떤 기술을 먼저 습득할까? 비디오 게임을 하거나 자전거를 타는 것은 어떤가? 인터넷 서핑을 하거나 보조 도구 없이 수영하기는 또 어떤가? 호주, 캐나다, 미국 같은 나라들은 2~5세 사이의 아이들이 과학 기술과 관련된 기술을 훨씬 더 빨리 습득한다는 사실을 밝혀냈다. 흥미로운 사실은 이러한 기술적인 능력을 습득하는 데 성별에 차이가 없다는 것이다.[10]

칼라하리 사막에 사는 기크 부시맨들은 영양의 흔적을 읽는 독특한 기술을 발달시켜왔다. 수년간의 실전 후에 그들은 영양의 크기, 성별, 체격, 심지어 기분까지 알아낼 수 있게 됐다. 그들에게는 이러한 지식이 매우 중요했기 때문에 이 분야에서 놀라우리만치 능숙해졌다.[11] 광범위하게 연구 대상이 된 또 다른 집단은 이누이트족으로, 이들은 특히 수준 높은 공간 지각 능력을 발달시켜왔다.[12] 이누이트족 아이는 종류가 다른 수십 가지 눈을 구별할 수 있다. 반면에, 반대편 서양에 사는 아이는 스마트폰 앱을 사용해 집에 있는 기기를 제어한다. 이것은 명백히 타고난 환경에서 배우는 힘이다.

우리를 둘러싼 미디어는 아이들의 일상 경험에 깊숙이 자리한다. 아이들은 새로운 세상에서 사회적·물리적 공간을 헤쳐나가기 위해 그 속의 미묘한 뉘앙스를 포착하고 해석하는 법을 배운다. 미디어 이론가이자 문화 연구가인 스티븐 존슨Steven Johnson은 자신의 저서 『모든 나쁜 것이 당신에게 좋다 : 오늘날 대중문화가 실제로 우리를 더 똑똑하게 만드는 방법Everything Bad is Good for You : How Today's Popular Culture is Actually Making Us Smarter』에서 IQ 점수가 점진적으로 상승한 이유를 텔레비전, 특히 세상이 어떻게 작동하는지 설명해주는 교육 프로그램에의 노출과 연결 지어 설명한다. 그에 따르면, 우리는 텔레비전 덕분에 이전 세대보다 세상을 더 잘 이해하고 있으며, 이러한 차이는 '여름과 겨울이 비슷한 이유는?' 등과 같은 유사성 테스트에서 분명하게 드러난다고 한다.[13] 이를 통해 분석적으로 사고하고, 용어와 개념을 과학적으로 분류하는 능력이 향상됐음을 알 수 있다.

이 밖에 더 많은 연구와 근거들을 계속해서 읊어댈 수 있다. 그럼에도 현실은 여전히 그대로다. 책을 읽는 아이는 책벌레고, 텔레비전을 보는 아이는 중독자다. 아이 방의 책장을 마지막으로 정리한

게 언제였는지 떠올려보자. 선물로 받은 책들을 하나하나 꼼꼼히 살펴본 적이 있는가? 그 책들 중 읽을 만한 가치를 지닌 책은 몇 권이며 의미 없는 책은 얼마나 되는가?

당신이 아이 방의 책장을 훑어본다면 그중 절반은 사실상 읽을 가치가 없는 책일 확률이 높다. 텔레비전에 몰입한 아이는 주변과 단절된 모습으로 보이지만, 방 안에서 혼자 책을 읽는 아이는 모든 엄마들의 이상적인 모습으로 여겨진다. 우리는 책 읽기의 장점, 하면 추상적 사고, 상상력, 집중력, 의도적 노력, 주의력 향상 같은 것들을 떠올린다. 미디어 학자 닐 포스트먼Neil Postman은 인쇄물이 논리, 과학, 교육의 기반을 만들었고, 반대로 텔레비전은 이러한 문자 문화의 성취를 빠르게 무너뜨렸으며 아동기 자체를 없애버렸다고 주장했다.[14] 개인적으로 포스트먼이라는 학자에게 큰 존경심을 갖고 있고 그의 책들도 열심히 읽었다. 그렇다 하더라도 즐거움과 편안함을 주는 텔레비전은 부당하게 깎인 평판을 변호받을 자격이 있다. 텔레비전에는 분명한 장점이 있으며, 여기 그 일부를 소개한다.

- 세상은 수많은 카메라로 둘러싸여 있다. 텔레비전은 취임식, 스포츠 경기, 정상 회담 등을 생중계한다. 우리는 텔레비전을 통해 멀리 떨어진 대륙을 방문하고 전 세계를 실시간으로 접할 수 있다.
- 교육 방송은 아이들이 초등학교 입학 전에 필요한 준비를 하도록 돕는다. 적절한 시기에 텔레비전에 노출된 아이들은 학업 성취도에 긍정적인 영향을 받는다. 또 문자, 숫자, 무게, 색깔, 도형을 익히는 기회가 반

복적으로 주어지면서 긍정적인 학습의 순환 구조로 작용할 수 있다.

○ 스페인어나 영어 등 외국어를 배우는 데 큰 도움이 되며, 아이에게 풍요로운 환경을 제공하지 못하는 수십만 가정의 대체재가 돼준다. 학습에 관심을 쏟기 어려운 부모 밑에서 자라는 아이들에게 교육 방송은 삶의 동아줄이 된다.

○ 다양한 문화에 대한 노출의 창이 돼준다. 예컨대 고급 드라마는 다른 나라의 문화를 섬세하게 보여주고, 말 속에 담긴 뉘앙스나 다양한 속어 표현의 의미, 혹은 미묘한 바디 랭귀지까지도 자연스럽게 익히게 한다.

○ 사회적 기술의 학습 측면에서 효과가 있다. 텔레비전은 매주 수백 가지의 사회적 상황을 보여주는데, 아이들은 그 장면을 보며 '같은 상황에 놓인다면 어떻게 행동할까?'를 상상해본다. 감성 지능을 길러주는 이런 일상적인 훈련은 현대 사회에서의 성공과 만족을 위한 필수 조건이다.

○ 창의력과 상상력이 자란다. 사람들은 텔레비전이 이미지를 여과 없이 노출시킴으로써 아이들의 상상력을 해친다는 말을 오랫동안 진실로 믿어왔다. 그러나 텔레비전을 올바른 맥락에서 시청한다면 오히려 창의력과 상상력의 촉진제가 될 수 있다. 특히 「세서미 스트리트」, 「로저스 아저씨네 동네」 같은 뛰어난 어린이 프로그램은 아이들의 상상력과 창의력을 키우는 데 크게 기여한다.

○ 아이들의 놀이 방식을 더욱 다양하게 만든다.[15, 16] 시각 미디어는 반추, 귀납적 문제 해결, 비판적 사고, 상상력 같은 새로운 인지 능력을 길러준다.[17]

그럼에도 아이의 텔레비전 시청을 자꾸 금지하고 싶은 마음이 든다면 지금까지 이야기한 내용을 외워두자. 사실, 나 자신도 집에 돌아와 아이들이 텔레비전에 몰입해 있는 모습을 볼 때 어떻게 반응해야 할지 확신이 서지 않는다. 나는 이 주제에 대해 꽤 많은 자료를 읽었다. 그중 지금까지 인상 깊게 남아 있는 게 하나 있다. 텔레비전 시청 시간을 제한하는 방식에 있어 영재 아동의 부모와 비영재 아동의 부모 사이에 차이가 있다는 것이다.[18] 로버트 아벨먼Robert Abelman은 15개 초등학교에 다니는 2학년, 5학년, 8학년(중2) 학생들을 관찰했다. 이들 중 일부는 평균적인 IQ를 가진 아동이고, 일부는 영재 아동이었다. 모든 아이들이 집에서 비디오 게임과 텔레비전을 접할 수 있는 환경에 놓여 있었지만 차이는 부모의 태도에서 비롯됐다. 연구에 참여한 비영재 아동의 부모들은 텔레비전 시청 시간에 대해 아이와 끊임없이 협상하거나 제한을 뒀다. 반면, 영재 아동의 부모들은 아이의 텔레비전 시청을 거의 제한하지 않았고 오히려 다른 부분에 집중했다. 그들은 아이와 프로그램에 대해 이야기하고 아이 스스로 프로그램을 해석할 수 있는 도구를 제공하는 것이 중요하다고 여겼다. 비영재 아동의 부모들은 아이가 화면 속 폭력적인 행동을 따라 할까 봐 염려했지만, 영재 아동의 부모들은 아이를 신뢰했다. 전반적으로 영재 아동의 부모들은 '화면'이라는 주제 자체를 훨씬 편안한 분위기 속에서 다뤘다. 물론 이런 방식이 아이를 영재로 만든다는 뜻은 아니지만 생각해볼 만한 지점임은 분명하다.

텔레비전을 보면
내재적 동기가 유발된다

텔레비전을 둘러싼 논쟁은 대체로 과장되고 고정 관념으로 가득 차 있다. 텔레비전 시청에 반대하는 주요 입장 중 하나는 ADHD를 유발하거나 악화시킬 수 있다는 것이나, 이 주장은 연구의 타당성 면에서 의문이 많고 논란도 크다.

사실 텔레비전 시청은 앞서 언급했듯 언어 학습, 다양한 문화에 대한 노출, 지식 습득, 사회적 기술 연습, 창의력 계발 등 긍정적인 측면이 더 많다. 텔레비전 시청은 아이들을 본능적으로 끌어당기는 (내재적 동기에서 비롯된) 활동이다. 그러므로 매몰차게 텔레비전 시청을 제지하거나 시청 시간을 줄이기 전에, 화면에 자연스럽게 끌리는 아이들의 본성을 어떻게 활용할 수 있을지 고민하는 일이 선행

돼야 한다. 앞서 언급했듯 로버트 아벨먼의 흥미로운 연구에 따르면, 비영재 아동의 부모는 텔레비전 시청 시간을 재고 제한하는 데 집중하는 반면, 영재 아동의 부모는 웬만하면 아이들의 텔레비전 시청 시간을 제한하지 않고 무엇을 어떻게 보는지 시청의 질에 에너지를 쏟는 경향이 있다.

텔레비전과
아이의 폭력성

9살, 5살 여자아이 둘이서 「인크레더블 헐크」라는 텔레비전 시리즈를 보고 있다. 감마선에 과다 노출된 사고를 겪은 주인공 데이비드 배너 박사는 화나거나 불안해질 때마다 믿을 수 없을 만큼 강력한 힘을 가진 헐크로 변신한다. 각 에피소드에서 그는 인간과 헐크, 2가지 모습으로 등장한다.

유치원생들은 배너 박사가 괴물로 바뀌는 순간 겁을 먹었다. 화면에 변신 장면이 나오자 의자 깊숙이 몸을 움츠렸을 정도다. 그런데 9살 정도의 나이가 되면 상황이 조금 달라졌다. 이 나이대 아이들은 오히려 배너 박사가 평범한 인간으로 등장할 때 긴장했다. 아이들은 헐크로 변하는 과정을 더 이상 무서워하지 않았고, 오히려 헐크에서 인간으로 돌아왔을 때 주인공이 겪는 괴로움을 직감하고 식은땀을 흘렸다.[19] 아이들은 그저 텔레비전을 보는 게 아니라 자신의 나이와 발달 단계에 맞는 특정 프로그램을 본다. 나이와 시기마다 아이들이 느끼는 두려움의 양상은 다르다. 판타지적이고 과장된 설정이 현실과의 거리를 만들어주며 아이에게 안심을 주는 반면, 현실적으로 보이는 무해한 내용이 더 위협적으로 다가와 불안감을 줄 수도 있다. 그래서 부모가 "저건 진짜가 아니야. 무서워할 거 없어"라고 알려줘도 아이 입장에서는 도움이 되지 않을 때가 있다. 가령, 유치원생이 텔레비전에서 뱀을 봤을 때 대부분의 뱀은 독이 없다고 알려줘도 아이는 설명을 완전히 이해하지 못하고 뱀이라는 단어 자체를 무서워한다.

아이들은 자라면서 현실적인 이야기에 점점 더 민감하게 반응한다. 거실에서 10살 아이가 폭력적인 애니메이션을 보고 있으면 부모가 깜짝 놀랄 수 있다. 하지만 정작 아이가 영향을 받는 건 실제 배우가 나오는 드라마일 가능성이 훨씬 크다.

아이들은 자라면서 세계대전이나 지구에 운석이 충돌하는 것과 같은 좀 더 추상적인 상황을 담은 이야기에 민감하게 반응한다. 한 흥미로운 연구에서 핵 파괴가 미국 캔자스 지역 사회에 미치는 영향을 그린 영화인 「더 데이 애프터The Day After」에 대해 다양한 연령대의 아동들이 보인 반응을 조사했다. 그 결과 민감하고 취약하다고 여겨지는 어린아이들은 영화에 무관심한 반응을 보인 반면, 청소년과 부모들은 두려움을 느꼈다. 이 영화가 감정적인 충격을 준

이유는 세계가 파괴될 수 있다는 가능성을 이해했기 때문이다. 그런데 이러한 개념은 아주 어린아이들의 인지 수준으로는 받아들이기 어렵다.[20]

폭력적인 장면이 아이에게 미치는 영향

세계 각국의 저명한 연구자들이 폭력적이거나 무서운 시각 콘텐츠가 아동 및 청소년에게 미치는 영향에 대해 연구하고 있다. 대표적으로 위스콘신 대학교 매디슨 캠퍼스의 조앤 캔터Joanne Cantor, 암스테르담 커뮤니케이션 연구소의 주디스 반 에브라Judith van Evra, 암스테르담 대학교의 패티 발켄부르크Patti Valkenburg 등이 있다. 다음 표는 이들의 통찰과 연구를 바탕으로 아이들이 나이에 따라 경험할 수 있는 공포의 유형을 정리한 것이다. 나이에 따라 무서워하거나 두려움을 느끼는 대상이 다르다는 점에서, 아이가 무서운 콘텐츠를 접했을 때 어떤 요소가 그 나이에 영향을 줄 수 있는지 이해하는 데 도움이 될 것이다.[21]

나이(햇수로)	두려움의 대상
~1.5세	낯선 사람, 무서운 소리, 엄마가 사라지는 것
2~3세	살아 움직이는 것 : 이 나이대 아이들은 진공청소기가 먼지를 먹기 때문에 살아 있다고 믿는 경향이 있다.
3~7세	구체적인 것 : 동물, 괴물, 마녀, 거인, 어둠, 깊은 물, 높이, 이상하게 보이거나 낯설게 만드는 것, 갑작스러운 움직임
7~10세	사고, 도둑, 현실 세계가 우리 삶에 가져올 수 있는 각종 재난 : 정보를 보다 정교하게 처리할 수 있는 능력이 생기면 좀 더 추상적이거나 암시적이거나 눈에 보이지 않는 위험에 대해 두려움을 느낀다. 예를 들어, 질병, 신체적 부상, 가까운 사람을 잃을지 모른다는 두려움 같은 것들이 있다.
10~12세	또래 집단과 비교하기 시작하면서 사회적 관계에서의 열등감이나 불안이 수반된다. 따라서 부모나 교사, 친구에게 거부당할지 모른다는 두려움과 전쟁, 경제 위기 같은 일반적·추상적 현상에 대한 두려움이 생긴다.

폭력적인 내용이 때로는 풍부하고 예술적인 경험의 불가분한 일부가 될 수 있다. 우리가 예술 작품을 즐길 수 있는 이유는 갈등과 대립, 선과 악의 싸움이 있기 때문이다. 폭력의 표현이 없는 예술은 얄팍하고 무미건조해질 위험이 있다.[22]

아직도 '예전엔 안 그랬는데 요즘 아이들은 폭력적인 콘텐츠에 노출돼 있다'라고 생각하는 사람이 있다면, 그에게 우리가 자라면서 접했던 무시무시한 옛이야기를 상기시켜주면 된다. 『백설공주』에서는 계모가 사냥꾼에게 백설공주의 심장을 가져오라고 시키고, 사냥꾼은 그녀를 살려 보내는 대신 돼지를 죽여 그 심장을 바친다.

『신데렐라』에서는 계모의 딸이 유리 구두에 발을 억지로 맞추기 위해 발가락을 잘라내고, 왕자는 피 묻은 신발을 보고서야 그녀가 진짜 신데렐라가 아님을 알아챈다. 『헨젤과 그레텔』에서는 마녀가 아이들을 살찌운 뒤 오븐에 넣으려다가 결국 자신이 불에 타 죽는다. 『더벅머리 페터』(독일 동화책)에서는 의자에 앉아서 몸을 앞뒤로 흔들지 말라는 경고를 무시한 아이가 넘어져 목이 부러지고, 성냥을 갖고 놀지 말라는 말을 듣지 않은 소녀가 불에 타 죽는다. 우리는 이런 끔찍한 이야기들 속에서 자라났음에도 비교적 멀쩡한 어른이 됐다.[23] 극단적이고 과장된 민담들은 오히려 이야기 속 사건과 자신을 분리해 감정적인 거리를 두기 쉽게 만들어준다.

다만, 요즘 아이들이 고전 동화를 접하는 방식은 예전과 좀 다르다. 아이들은 이야기의 본래 구조와 감정의 깊이가 사라지고 가볍게 각색된 버전만 접한다. 이로 인해 아이들이 고전 동화로부터 얻을 수 있었던 정서적 경험과 상상력은 희석되고, 지나치게 여과된 얕고 제한적인 콘텐츠에만 노출된다.

아이의 나이에 따른 텔레비전 시청 방법

흔히 아이들이 무섭고 폭력적인 콘텐츠에 노출되면 온갖 해로운 영향을 받는다고 생각한다. 이를테면, 폭력이 문제 해결의 좋은 방식이라고 믿게 된다는 식이다.[24] 하지만 사실상 거의 모든 프로그램에 힘의 대결이나 등장인물 간의 충돌이 존재한다. 이런 갈등과 싸움은 이야기에 긴장감을 형성하고 등장인물이 갈등을 어떻게 해결하는지 보여주며 결국 협력, 용서, 성장 같은 긍정적 메시지로 마무리되는 경우가 많다. 따라서 미디어 속 폭력이나 갈등이 단순히 해롭기만 하다고 볼 수는 없다. 물론 우리가 아이들의 텔레비전 시청 욕구를 존중하고 경우에 따라 이런 경험이 긍정적인 영향을 줄 수 있다는 점을 받아들인다고 해도 여전히 고민해야 할 문제가 남는다. 아이들이 감정적으로 격렬한 장면이나 무서운 내용을 감당할 수 있느냐는 점이다. 그렇지 않다면 우리가 해야 할 일은 무엇일까?

일반적으로 텔레비전은 누구에게나 즐겁고 친근한 매체다. 나이에 관계없이 확실한 즐거움을 제공해준다. 힘들고 고된 하루를 보낸 뒤 우리는 텔레비전 앞에 앉아 마음을 달래고 보상해주도록 설계된 프로그램을 기꺼이 챙겨본다. 텔레비전은 마치 잠자기 전에 읽는 동화처럼 우리를 편안히 잠들게 해준다. 하지만 이 모든 장점을 어린 시청자에게 적용하면 의문이 생긴다. 어린아이들은 아직 숙련된 시청자가 아니기 때문에 긴장이 최고조에 달했어도 결국에는 모든 일이 잘 풀릴 것이라는, 경험 많은 시청자를 진정시키기 위해 만들어진 암시나 장치를 알아채지 못한다.

아들이 유치원에 다니던 시절, 우리는 미국 어린이 시리즈 「강철 수염과 게으른 동네」를 함께 보곤 했다. 한번은 주인공이 마법에 걸려 무력한 어린아이로 변하는 장면이 나왔다. 아이들은 그를 다시 어른으로 되돌리기 위해 용기와 기지를 발휘해야 했고, 헤어 젤을 떡칠한 독특한 헤어스타일의 악당과 맞서 싸워야 했다. 나는 장난스럽게 아들에게 물었다. "이거 어떻게 끝날까?" 아들은 조용히 내 손을 꼭 쥐며 말했다. "몰라…" 긴장한 얼굴이었다. 순간 문득 깨달았다. 아이는 정말로 몰랐다. 결국 모든 일이 잘 풀릴 거라는 것도, 착한 편이 이긴다는 것도, 텔레비전이나 영화는 원래 그런 식으로 끝난다는 것도 아이는 알지 못했다. 아들은 그 어떤 사전 지식 없이 불안한 얼굴로 자리에 앉아 있었다. 나는 주인공 이름을 정확히 발

음하려 애쓰며 이렇게 말했다. "다 괜찮아질 거야. 스포르타가 이길 거야." 그러자 아들은 의심스러운 눈빛으로 나를 바라보며 말없이 안겼다. 여담으로 텔레비전을 함께 시청하는 것이 가족 간의 포옹과 접촉을 크게 늘려준다는 연구 결과도 있다.[25] 에피소드가 끝날 무렵 아들은 안도의 미소를 지었다. 다음 편을 볼 땐 오늘보다 덜 무서울 것이고, 1~2년쯤 지나면 그렇게까지 무서워할 필요가 없다는 사실을 알게 될 것이다. 그리하여 긴장감은 달콤하고 즐거운 감정으로 바뀌게 될 것이다.

이는 저명한 미디어 교육학자 데이비드 버킹엄David Buckingham 교수가 언급한 것과도 일맥상통한다. 그는 아이들이 텔레비전을 시청함으로써 텔레비전을 보는 법을 배운다고 말한다.[26] 이 말인즉슨, 아이들은 텔레비전 시청 능력을 점진적으로 습득한다는 의미다. 시청 매체를 이해하려면 시각적 기법에 대한 인식이 필수적인데, 이는 현실 세계에서의 일상적인 상호 작용만으로는 익힐 수 없는 기술이다. 지적 능력이나 창의력이 뛰어난 아이들도 예외는 아니다.[27] 아주 어린 시청자들은 과거로의 회상 장면이나 미래의 한 장면을 끼워 넣는 기법, 꿈으로 전환되는 장면, 빈정대는 어조를 이해하는 데 어려움을 겪는다. 이런 모든 장치는 시청자가 감정적으로 적절한 거리를 유지할 수 있게 하고, '이건 그냥 텔레비전 쇼일 뿐이야. 진짜가 아니야. 주인공이 결국 이길 거야' 같은 생각을 가능하게 한다. 이렇게 해야 비로소 긴장감 속에서도 편안하고 즐거운 감정을 유지할 수 있다. 결국, 아이가 텔레비전이라는 매체를 스스로 해석할 수 있을 정도로 능숙해지는 시점, 즉 12살쯤 돼야만 텔레비전이 제공하는 즐거움을 온전히 누릴 수 있게 된다. 그렇다면 아직 이런 능력이 없는 어린아이들이 텔레비전을 즐겁게 볼 수 있도록 어떻게 도와줄 수 있을까?

일단 기본적으로 아이의 나이에 맞게 시청 환경을 조정하고, 어린 시청자에게 자신만의 친밀하고 개인적인 시청 경험을 즐길 수 있는 도구를 갖추게 해줘야 한다. 짧은 대화를 통해 지금 아이가 어떤 상태에 있는지 이해한다면, 우리는 아이가 프로그램을 보기 전에 감정적으로 안전한 거리를 둘 수 있도록 도와줄 수 있다. 이를 위해 유아기를 5단계로 구분하고, 각 시기마다 아이의 발달 단계와 시청 능력을 파악하기 위해 던질 수 있는 질문들을 살펴볼 것이다.

아이들은 저마다 다른 속도로 성장한다. 그래서 텔레비전을 보여줄 때도 생물학적 나이보다 인지 발달 수준을 기준으로 삼아야 한다. 만 2세 이전에는 아이를 텔레비전 앞에 너무 오래 앉히지 않는 게 좋다. 그렇다고 해서 잠깐이라도 화면 앞에 아이를 앉히면 안 된다는 것은 아니다. 가끔은 부모의 평온을 지켜주는 데 꼭 필요한 순간이 되기도 하니까 말이다. 말을 막 배우는 시기의 아이들에게는 그 말뜻을 전부 이해하지 못하더라도 끊임없이 언어에 둘러싸여 있는 경험이 무엇보다 중요하다. 요컨대, 아이가 아직 말을 하지 못할 때는 화면이 아이에게 말을 걸어줘야 한다. 하지만 텔레토비처럼 비명과 옹알이만 가득한 프로그램은 피해야 한다. 그보다는 아이에게 직접 말을 건네는 게 훨씬 낫다. 그 말이 어려워도 괜찮다. 아

어린 시청자를 위한 심미적 교육 5단계

나이	발달 단계	질문 유형	부모의 역할
0~2세	깜박이는 화면 앞에 있는 유아	아이가 단순히 소리만 듣는 것이 아니라 말이 오가는 프로그램을 보고 있는가? (아직 말을 하기 시작하지 않은 아이라면 텔레비전이 아이에게 말을 걸어야 한다.)	소프트 텔레비전 단계 : 적당한 동작, 차분한 편집, 롱 쇼트(피사체 전체와 주변 환경을 보여주는 촬영-옮긴이), 대화에 중점을 둔 텔레비전 프로그램에 아이를 점진적으로 노출시킨다.
2~4세	화면과 현실의 차이를 인식하지 못하는 아이	아이가 화면 속 그릇에 담긴 팝콘이 화면을 거꾸로 돌려도 쏟아지지 않는다는 사실을 이해하는가?	경계 구분 단계 : 아이에게 화면 속 현실과 실제 현실이 서로 다른 규칙을 따른다는 것을 이해시킨다.
5~7세	현실을 묘사하는 화면이 실제 현실로 이어지지 않는다는 사실을 이해하지 못한 아이	아이가 화면 속 외계인이 진짜로 방에 쳐들어오는 게 아니라는 사실을 아는가?	현실과 상상의 구분 단계 : 아이가 화면 속에서 무엇이 현실에 속하고 무엇이 그렇지 않은지 구별할 수 있게 해준다.
7~9세	화면의 시간과 현실의 시간을 구분하지 못하는 아이	• 아이가 화면 속 사건들이 압축되고 과장된 것임을 이해하는가? • 현실에서는 몇 달이 걸릴 일을 화면은 1시간 안에 담고 있다는 걸 아는가?	예술과 현실의 구분 단계 : 화면 속 시간 개념이 현실과 다르다는 점을 아이가 내면화하도록 돕는다. 즉, 화면 속 사건들은 극적인 서사를 위해 현실과 독립된 현재로 표현된다는 것을 알려준다.

10~12세	화면 속 세계와 실제 세계를 연관 지어 생각하기 시작한 아이	• 아이가 시리즈의 원작인 책과 프로그램을 연결 지을 수 있는가? • 책을 바탕으로 만든 영화와의 연관성을 이해하는가? • 같은 제작자가 만든 다른 프로그램과 연결해서 볼 수 있는가?	새로운 맥락 단계 : 아이의 발달에 도움이 되면서 훨씬 더 즐겁고 복합적인 시청 경험을 만들어준다. 그리고 프로그램, 다른 작품, 현실 세계의 관계를 스스로 해석할 수 있도록 돕는다.

이에게 맞춰 말을 쉽게 바꾸려 애쓸 필요는 없다. 아이는 의미를 몰라도 언어의 리듬과 분위기를 통해 충분히 받아들일 수 있다. 만약 아이 돌보미가 말수가 적은 사람이라면 말이 많은 텔레비전이 차라리 더 나은 선택일 수 있다.

아이들은 2살 무렵이 되면 보다 화려하고 생생한 세계, 주로 애니메이션으로 표현된 상상의 이미지에 노출되는 새로운 시청 단계에 들어선다. 이 시기의 아이들이 형형색색의 자극적인 화면을 무서워하지 않고 즐길 수 있도록 하려면, 화면 속과 현실 세계의 물리 법칙이 다르다는 점을 미리 인식하고 기억하도록 도와줘야 한다. 이때 유용하게 쓰일 수 있는 것이 바로 '마음 이론'을 기반으로 한 질문들이다. 이런 질문들은 아이의 인지적 위치가 어디쯤인지 파악하는 데 도움이 된다.

예를 들면 다음과 같은 식이다. "텔레비전 뚜껑을 열고 흔들면 풍선이 방 안으로 나와 둥둥 뜰까?" "손을 텔레비전 안으로 넣으면 풍선을 잡을 수 있을까?" (또는 팝콘을 먹을 수 있을까? 말에게 먹이를 줄 수 있을까? 내 손이 젖을까?) 혹은 이렇게 물어볼 수도 있다. "우리가 텔레비전의 뚜껑을 열 수 있다면 루스가 저 의자에서 일어나 이 방 안으로 걸어 나올 수 있을까?" (아이가 '응'이라고 대답한다면) "그럼 루스는 밖으로 나오면 얼마나 클까? 화면 속 크기만 할까, 아니면 어른처럼 이만큼 클까?"[28] 이런 질문도 덧붙일 수 있다. "절벽에서 떨어져서 얼굴부터 땅에 부딪혔는데 어떻게 곧바로 멀쩡히 일어날 수 있지?"

우리의 목표는 화면 속 현실의 규칙이 실제 현실의 규칙과 같지 않다는 점을 아이에게 보여주는 것이다. 우리는 아이들이 화면에서 일어나는 일이 별개의 물리 법칙 아래 존재한다는 직관적인 이해를 내면화하도록 도울 방법을 찾아야 한다. 내 아들이 「도라 디 익스플로러」에 푹 빠져 있을 때였다. 2, 3살 아이를 둔 부모라면 익숙한 상황일 것이다. 도라는 부츠라는 이름의 원숭이와 함께 모험을 떠나는 캐릭터다. 에피소드의 마지막에는 늘 시청자들을 향한 도라의 질문이 이어진다. "오늘 뭐가 제일 재밌었어?" 그러고는 잠시 말없이 기다리며 아이들이 대답할 시간을 준 다음 다시 말한다. "나도 그 부분이 좋았어!"

나는 아들에게 에피소드에서 일어나지 않았던 일을 말하라고 가르쳤다. "우리가 가장 좋아했던 부분은 우리가 당신 코에 아이스크림을 발랐을 때였어요"와 같은 식이다. 도라는 아이의 대답을 주의 깊게 들은 다음 "나도 그 부분이 좋았어!"라고 말했다. 아들이 웃음을 터뜨렸고 나도 따라 웃었다. 에피소드가 끝날 때마다 우리는 화면 속에서 일어나지 않은 엉뚱한 내용을 큰 소리로 말하곤 했다. 하지만 도라는 매번 똑같은 반응을 보였다. 아들은 이 과정을 통해 화면 속 캐릭터가 다른 차원에 존재한다는 개념을 자연스럽게 받아들였다. 그들은 언제나 똑같은 말을 반복하고 현실에서 일어나는 일에는 전혀 반응할 수 없는 존재들이라는 사실을 알게 된 것이다. 텔레비전 속 주인공들은 시간과 공간의 거품 속에 갇혀 있다. 아들은 도라에게 말도 안 되는 대답을 외치면서 그 사실을 즉각적이고 직관적으로 이해했다.

4살 무렵부터 여러 인지 능력이 발달하면서 아이들은 텔레비전이 품고 있는 가장 큰 수수께끼 중 하나인 현실과 판타지의 미묘한 경계에 대해 고민한다. 겉으로는 현실과 판타지를 구분할 수 있는 나이로 보이는 좀 더 큰 아이들조차도 가끔은 진짜가 아니라는 사실을 다시 일깨워줄 필요가 있다.[29] 일례로, 아이들은 기사나 공룡이 상상의 세계에만 존재한다고 여기는 경향이 있다. 이것들이 한때 실제로 현실에 있었다는 사실을 배운 적이 없기 때문이다. 우리는 사진과 영상을 통해 과거의 다양한 존재와 사건을 생생하게 접할 수 있는 시대에 살고 있다. 그러니 아이가 현실과 상상을 혼동할 때는 관련 영상을 시청하며 실제로 존재했던 사실을 아이에게 자연스럽게 알려주면 된다.

우리가 공포 콘텐츠를 즐길 수 있는 이유는 진짜가 아니라는 걸 알기 때문이다. 아이들이 이 지점까지 도달할 수 있도록 도와주는

게 우리의 역할이다.[30]

내 아들은 5살 무렵부터 외계인을 무서워하기 시작했다. 아이는 텔레비전을 뒤집어도 팝콘이 쏟아지지 않고, 화면 속의 수영장 이미지에 손을 대도 손이 젖지 않는다는 사실을 알았다. 이제 그의 관심은 자신의 침대 밑에 숨어 있는 외계인으로 옮겨갔다. 그는 곰 인형이 안전하고 건강하게 지낼 수 있는지 알아보기 위해 곰 인형을 침대 아래 바닥에 뒀다. 이때 나는 어른이 저지르는 전형적인 실수를 했다. 아들과 외계인에 대해 이야기를 하려고 시도한 것이다. 아들은 귀신과 악마가 존재하지 않는다는 내 말을 들으면서 무의식중에 곰 인형이 있는 쪽을 힐끗 쳐다봤다. 내가 외계인은 존재하지 않는다고 여러 번 강조해 말하자 아들은 눈을 크게 뜨고 나를 보며 말했다. "그럼 왜 많은 사람들이 외계인이 존재한다고 믿는 거예요?" 나는 그만 말문이 막히고 말았다.

다시 말하지만, 진짜가 아니라는 확신은 이 나이대와 이 단계의 아이들에게는 도움이 되지 않는다는 점을 명심해야 한다. 차라리 이 매체가 어떻게 만들어지는지 보여주는 무대 뒤의 측면을 강조하는 것이 바람직하다. 아이에게 1분짜리 영상을 만들어보게 하거나, 성우들의 더빙 영상이나 프로그램, 메이킹 영상을 보는 것이다.

아이가 외계인을 무서워한다면 오히려 아이와 함께 무섭게 연출한 외계인 홈비디오를 직접 찍어보는 것도 좋은 방법이다. 그리고 그 영상을 가족들과 시청하며 다른 가족을 얼마나 깜짝 놀라게 했는지, 우리의 연출이 얼마나 성공적이었는지 같이 분석해볼 수 있다. 이런 활동의 진짜 목적은, 도라가 에피소드 마지막에 했던 말처럼 그 내용이 현실이 아닌 판타지임을 아이가 직접 경험하고 깨닫게 하는 데 있다. 마리아 몬테소리는 '아이들은 놀이를 통해 가르칠 수 없는 것을 배운다'고 했다. 이 점을 기억하자.

아이들이 7살이 되면 인지적·정서적으로 큰 도약이 일어난다. 이 시기에 현실과 예술을 구분하는 감각을 아이 내부에서부터 더욱 섬세하게 다듬어주는 것이 우리 부모들의 책임이다. 러시아의 연극 연출가 예브게니 바흐탄고프Yevgeny Vakhtangov는 인생과 예술은 와인과 포도의 관계와 같다고 했다. 예술은 와인처럼 정제되고 농축된 것이다. 영화 속 인물은 아무 목적 없이 물을 마시거나 대화를 나눌 시간이 없다. 화면 속 모든 요소는 이야기의 전개를 위해 동원되며 시청자의 시선을 사로잡기 위해 사건은 빠르고 강렬하게 전개된다. 7살이 되면 아이들은 점차 성인을 대상으로 한 프로그램에 노출되기 시작한다. 순진하고 단순한 어린이 프로그램의 안전한 세계를 떠나 이른바 현실 세계를 접하게 되는 것이다. 이때 아이는 텔레비전 속 시간이 결코 현실의 시간과 같지 않다는 사실을 이해해야 한다. 화면 속에서는 모든 일이 훨씬 빠르게 일어나기 때문이다. 이 시기에는 다음과 같은 질문을 아이에게 던져볼 수 있다.

- 일상생활에서 실제로 강도를 당하는 일이 얼마나 자주 있을까?
- 자동차 추격전을 실제로 겪는 사람은 얼마나 될까?

아들은 내가 자동차 추격전이나 불타는 고층 건물을 실제로 본 적이 없다는 사실에 깜짝 놀랐다. 그래서 내가 아들에게 물었다. "네가 보는 프로그램에서 주인공이 화장실에 가? 이는 닦아? 잠은 자? 그냥 쉬기도 해?"

하루는 아들과 함께 본 에피소드에서 한 장면과 그다음 장면 사이에 어떤 일이 있었을지 상상해보기로 했다. 주인공이 집에 가고, 계단을 오르고, 열쇠를 찾고, 샤워를 하고, 파자마를 입고, 텔레비전을 보고, 아침에 일어나 커피를 내리고, 개를 산책시키고, 그런 다음에야 우리가 다음 장면에서 만난 그 지점에 도달했을 거라고 말이다. 나는 가끔 아들과 함께 주인공이 장면과 장면 사이에 무엇을 했는지 상상하면서 우리만의 이야기를 만들어본다. '아들 버전, 아빠의 이상한 버전' 같은 식이다. 그리고 우리가 상상한 재미있는 장면들이 실제 에피소드에는 왜 나오지 않는지 이야기해본다. 이 연습은 아들에게 강한 인상을 남겼다. 단발성 대화가 아닌 장기간에 걸쳐 이런 관점을 유지한 덕분이다.

숙련된 시청자로서 부모는 아이가 현실과 화면 속 세계를 구분할 수 있도록 도와줘야 한다. 즉, 과장되고 극적이고 응축된 세계에서 평범하고 덜 응축된 일상의 차원으로 이행하는 지점을 명확하게 짚어주는 것이다.

10살이 되면 아이들은 매체의 모든 비밀을 거의 해독한 숙련된 시청자가 되기 직전의 마지막 단계에 도달한다. 이 시기에는 아이가 텔레비전에서 본 내용과 다른 예술 표현, 그리고 현실 세계 사이에 연결 고리를 형성할 수 있도록 격려해줄 필요가 있다. 아이가 발달적으로 한 단계 도약하는 이 시점에는 새로운 형태의 두려움도 찾아온다. 따라서 부모로서 쉽지 않은 대화들을 맞닥뜨릴 수 있다. 예전엔 화면 속 외계인이 거실에 쳐들어오지 않았다는 걸 납득시키는 게 어렵다고 느꼈다면, 이제는 세상이 여전히 안전한 곳이라는 사실을 납득시키기 위해 그간 쌓아온 낙관주의를 총동원해야 할지도 모른다.

10살 아이와 거실에 나란히 앉아 있을 때 부모가 마주하는 현실적인 문제들도 있다. 어느 순간 등장인물이 침실로 들어가고 카메라도 따라 들어간다. 여배우가 블라우스를 벗고 카메라는 여전히 그 장면을 담고 있다. 이럴 땐 어떻게 해야 할까? 아이는 고개를 돌린 채 곁눈질로 우리를 살핀다. 2살 때처럼 노골적으로 쳐다보지 않고 우리가 취하는 모든 행동을 섬세하게 읽어낸다. 나는 이럴 때 반드시 반응을 보여주는 것이 중요하다고 생각한다. 아무 말없이 가만히 있는 부모는 아이에게 결코 도움이 되지 않는다. 민망하다고 해서 움츠러든 채 앉아 있기만 해서는 안 된다. 만약 등장인물의 옷이 계속해서 바닥에 떨어지고, 그 장면이 당신이 생각하는 경계선을 넘는다고 느껴진다면 분명히 한마디해야 한다. 채널을 바꿔도 좋다. 중요한 것은 진심이다. 아이들은 어른의 속마음을 기가 막히게 알아챈다는 것을 명심하자. 텔레비전을 함께 보고 있더라도 부모와 아이는 대등한 시청자 사이가 아니라는 사실을 잊지 않도록 한다.

또한 인정해야 할 점은 10살 이후의 아이들은 부모와 있지 않을 때 노출이 많은 사람들을 자주 접하게 된다는 것이다. 우리 세대는 어릴 적 부모나 형제가 숨겨둔 성인 잡지를 어렵게 찾아내곤 했다. 하지만 오늘날에는 클릭 한 번이면 모든 것이 열린다. 그렇기에 부모의 반응과 태도는 중요하다. 아이가 부모와 있을 때는 부모가 적절히 반응해주고, 혼자 있을 때는 좀 더 복합적이고 비판적인 시청 습관을 갖출 수 있게 해야 한다.

아이의 텔레비전 내용 이해도는 연령이 높아질수록 점차 향상된다. 특히 이야기 전개에 중요한 정보를 중심으로 집중하고, 중요하지 않은 정보는 무시할 수 있는 능력이 생긴다. 이러한 이해력은 매체 자체의 특성을 반복적으로 경험하는 과정과 외부 세계에서의 실제 경험을 통해, 가치 있는 것과 없는 것을 구별하는 능력이 더해지면서 점점 정교해진다.[31]

12살,
진짜 시청자가 되는 나이

 아이들은 부모와 마찬가지로 텔레비전을 보며 즐거움을 느낀다. 텔레비전은 각 시청자의 욕구에 따라 즐거움, 호기심, 통제감, 휴식을 제공한다. 긴장, 불안, 평온, 안정감, 호기심, 쾌감 사이의 균형을 제대로 맞추지 못하는 프로그램은 금세 외면당하고 다른 프로그램으로 대체된다.
 기억해야 할 점은 아이들이 이러한 매체에 익숙해지고 시청자로서의 기술을 제대로 갖추게 되는 시점이 대체로 12살 무렵이라는 것이다. 이 시기까지 아이들은 텔레비전을 통해 다양한 장르에 대한 감각, 배경 음악에 대한 민감한 반응, 화면 색감의 분위기를 읽어 내는 능력, 현실과 판타지의 구분, 애니메이션과 실사 영상의 차이를 인식하는 능력 등을 하나씩 익혀간다. 이러한 능력, 예컨대 '이건 그냥 영화야. 결국 주인공이 이길 거야' 같은 판단력이 생겨나야 비로소 아이는 화면 속 사건과 적절한 거리를 유지할 수 있게 된다.

폭력적인 게
무조건 나쁠까

아들이 유치원에 다닐 때 우리는 애니메이션 시리즈 「아바타」를 자주 봤다. 어느 날 아들이 친구를 집에 초대했다. 우리는 꽤 오랫동안 아주 교육적인(!) 퍼즐을 맞춘 다음 피자와 주스를 먹으며 잠깐 쉬었고, 우주 공간을 떠다니는 상상 놀이까지 하고 나서 텔레비전을 켰다. 그때를 또렷이 기억한다. 친구의 엄마가 아이를 데리러 왔는데 텔레비전 화면을 보자마자 깜짝 놀란 표정을 지었다. 아바타가 불의 나라 군대와 격렬한 전투를 벌이고 있었고 번개와 천둥이 화면에 가득했다. 그 아이의 엄마가 나를 향해 인상을 썼다. 하지만 아바타는 나와 아들에게 화내지 않고 타인을 평온하게 받아들이는 법을 가르쳐줬기에 나는 심호흡을 깊게 하고 말없이 1분을 흘려보냈다. 다행히 아들 친구와 친구의 엄마는 서로 간에 기분이 상하는 일이 생기기 전에 자리를 떴다.

「아바타 : 아앙의 전설」은 동양의 예술과 문화를 상당 부분 차용해 만든 상상의 세계를 배경으로 한 텔레비전 애니메이션 시리즈로, 중국의 무술과 사상의 힘에 의해 현실을 형성하는 능력을 기반으로 한다. 이 시리즈는 빙산에서 100년 동안 가사 상태에 있다가 깨어난 12살 소년 아앙의 여정을 그리고 있다. 아바타는 세상을 정복하려는 불의 나라로부터 인류를 구할 수 있는 유일한 존재다. 수상 경력을 지닌 이 시리즈는 주인공 아앙을 감수성이 풍부하고 평화를 사랑하는 소년으로 그린다. 아앙은 흙, 물, 불, 공기 4가지 자연 원소를 모두 다룰 수 있는 능력을 갖고 있지만 가능한 한 충돌을 피하려 하며, 어쩔 수 없는 상황에서만 초월적인 아바타의 힘을 깨운다. 이 시리즈는 표면적으로는 격렬한 모험처럼 보이나, 창작 애니메이션은 폭력적인 장면조차 마법 같은 분위기로 승화시킬 수 있음을 보여준다. 거칠게 표현된 원색의 화면에 시끄러운 사운드트랙이 더해진 다른 아동용 애니메이션들과 달리, 아바타는 이미지와 사운드가 조화를 이루며, 완결성 있고 감각적이다. 이 시리즈는 피상적이거나 건조하지 않고, 세상의 운명을 둘러싼 강력한 갈등을 아이들이 감당할 수 있는 방식으로 그려낸 작품이다.

부모들은 애니메이션 프로그램에 대해 불필요한 걱정을 한다. 아이들이 애니메이션에 끌리는 것은 지극히 건강한 과정이다. 물론 모든 애니메이션이 그런 것은 아니지만, 상상력, 창의력, 유머로 가득 찬 복합적인 작품들은 아이들에게 긍정적인 영향을 준다. 언어학자 로버트 호지Robert Hodge와 데이비드 트립David Tripp은 '아이들에게는 애니메이션처럼 판타지적인 내용을 담은 프로그램이 필요하다'라는 다소 뜻밖의 주장을 내놨다. 그들에 따르면, 애니메이션의 판타지적인 요소는 현실과 환상을 혼동하게 만드는 것이 아니라 오히려 그 차이를 인식하게 해주는 계기가 된다. 특히 6~12살 사이의 아이들은 텔레비전과 현실을 끊임없이 비교하는 시기에 있으므로, 이러한 비교 과정이 현실과 판타지에 대한 개념을 형성하고 구분하는 능력을 키우는 데 중요한 역할을 할 수 있다.

특정한 상상의 인물에 대한 두려움은 아이들이 현실과 허구의 경계를 일찍부터 분명히 구분하도록 돕는다. 유아 시청자들은 이러한 장면들이 허구적인 텔레비전 콘텐츠임을 점차 인식하게 되며, 그로 인해 충격적인 장면에 대한 감정적 반응으로부터 자신을 보호하는 거리 두기 능력을 배우게 된다. 따라서 아이들에게 다소 도전적인 애니메이션 영화를 보여주고자 한다면, 그것이 현실이 아닌 그림에 불과하다는 인식을 아이가 내면화할 수 있도록 지속적으로 인식시켜줘야 한다.

우리는 부모로서 아이들이 즐기면서 배우고, 배우면서 즐길 수 있는 시청 맥락을 마련해주는 임무를 맡았다. 아이에게는 자기만의 공간이 필요하다. 그러므로 텔레비전 시청 중에 계속해서 아이에게 질문을 던지기보다 그 경험을 자신만의 방식으로 받아들일 수 있도록 아이의 관점을 존중해주는 일이 필요하다. 아이가 한창 프로그램에 몰입해 있는데 부모가 말을 걸면 대답하기 어려워한다. 이는 어른의 사고방식으로는 가늠하기 어려운 마법 같은 사적인 순간 속에 아이가 깊이 빠져 있기 때문이다. 앞서 언급한 버킹엄 교수에 따르면, 일부 아동용 프로그램이 어른들에게는 다소 저급해 보일 수 있지만 그 속에는 아이들만의 고유한 미적 감각, 즉 어른이나 외부인은 이해하기 어려운 마법 같은 요소가 담겨 있다고 한다. 어른과 아이 사이의 나이 차가 클수록 아이의 시청 취향을 어른이 이해할 가능성은 줄어든다. 그렇기에 아이가 자신의 취향에 따라 콘텐츠를 경험할 수 있도록 충분히 허용해야 하며, 동시에 화면 속 사건과 현실을 구분할 수 있도록 도와줘야 한다.

지금부터 적절한 질문을 던지는 방식으로 아이의 인식 수준을 파악하고 현실과 화면 속 세계 사이의 거리감을 내면화할 수 있도록 돕는 창의적인 접근법을 알아보자.

○ **텔레비전 시청으로 이익을 얻는 방법** : 우리는 양육의 상당 부분을 잘못된 지점에 에너지를 투자하면서 보낸다. 아이가 무엇을, 어떻게 보는지가 중요하고 결정적임에도 시청 시간만을 제한하고 있다. 문제는 시청 시간이 아니라 아이가 무엇을 어떻게 보느냐, 얼마나 많은 관심과 인식을 갖고 보느냐다. 아이가 주의 깊게 보는 습관을 내면화했는가? 아이에게 여러 에피소드에 숨겨진 형태와 내용을 읽어내는 열정을 심어줬는가?

○ **프로그램의 다양한 요소에 아이를 노출시키기** : 아이가 가장 좋아하는

애니메이션 프로그램을 보면서 다음 사항에 대해 대화한다.

- **영웅과 악당의 캐릭터 설정** : 영웅은 어떻게 그려지고, 악당은 어떤 방식으로 묘사되는지 살펴보자. 어떻게 선한 얼굴을 악한 얼굴로 바꿀 수 있을까? 선한 얼굴과 악한 얼굴 중에서 무엇이 더 흥미롭고 다양할까?

- **과장된 성우 연기** : 아이의 시선을 성우의 목소리에 집중시켜보면 평소에는 그냥 지나쳤던 장면들도 목소리 표현에 따라 새로운 재미와 의미를 느낄 수 있다. 어떤 목소리가 캐릭터와 잘 어울리는지, 반대로 어떤 목소리가 어색하게 느껴지는지 살펴보자. 잠깐 볼륨을 줄이고 아이와 성우 흉내를 내보거나, 처음 등장한 인물이 어떤 목소리를 낼지 맞춰본다. 이런 활동은 아이의 귀를 새로운 차원으로 열어줌으로써 지금까지 무심코 지나쳤던 소리의 세계를 알게 해준다.

- **그림체** : 이 시리즈는 어떤 스타일로 그려졌을까? 왜 이런 스타일이 선택됐고 어떤 역할을 할까? 우리가 직접 그린다면 어떻게 표현할까? 색감은 부드러운가, 선명한가, 혹은 창백한가? 예를 들어 '부드러운 색조는 화면 속 상황을 덜 폭력적이고 위협적으로 보이게 한다'와 같은 사소한 단서가 아이가 다음번에 프로그램을 볼 때 보다 깊이 있게 몰입하도록 도와줄 수 있다. 이런 경험을 통해 아이는 '주의 깊게 보면 더 많은 의미를 알아차릴 수 있다'는 사실을 내면화한다.

- **텔레비전은 불완전한 텍스트** : 아이는 어릴 때부터 텔레비전을 완전한 텍스트가 아니라 부모와 함께 읽고 해석해야 하는 열린 텍스트로 받아들여야 한다. 간단한 질문 몇 개만 던져도 아이는 부모와 이야기하

면서 더 깊이 이해할 수 있다는 사실을 체험한다. 단순히 보이는 화면이 아니라 누군가가 의도와 방식에 따라 만든 이야기임을 깨닫는 순간이 아이에게 찾아오는 것이다.

- **외형과 실제 내용** : 어떤 프로그램은 겉보기엔 위험해 보이지만 실제로는 그렇지 않고, 반대로 순진하고 단순해 보이는 프로그램이 실은 더 자극적일 수 있다. 이처럼 전체적인 인상은 다양한 요소—배경 음악의 종류, 색감의 강도, 촬영과 편집 스타일—의 조합에 따라 달라진다. 그러므로 아이의 시청 숙련도 수준을 파악하고 그에 맞춰 미적 교육의 초점을 어디에 둘지 결정한다.
- **연결 짓는 습관** : 책, 그 책을 바탕으로 만든 영화, 그 영화에서 재탄생한 연극 등 서로 다른 시간과 장소의 경험들을 이어붙여 하나의 퍼즐처럼 연결 지을 수 있도록 도와준다.
- **아이와의 많은 대화** : 짧은 비명 소리나 효과음만 반복되고 문장이나 말이 거의 없는 프로그램은 피한다. 아이와 대화할 때 언어 수준을 인위적으로 낮추지 않듯 아이가 보는 프로그램 역시 그 기준을 유지한다.
- **배경 지식 조사** : 영화나 연극을 보러 가기 전에 간단한 사전 지식을 공유해보자. 아이는 이런 습관을 자연스럽게 부모에게서 배운다.
- **반복 시청은 읽기 훈련의 기회** : 아이들은 같은 프로그램을 반복해서 보는 것을 좋아한다. 이는 통제감을 느끼기 위함이기도 하다. 이 습관을 활용해 이미 알고 있는 결말 속에서 단서를 찾아내는 연습을 해본다. 예를 들어 범인이 어떻게 행동하는지, 복선이 있었는지, 처음 볼 때 놓쳤던 힌트를 두 번째에는 알아챌 수 있는지 등을 추적해보는 것

이다. 처음에는 부모가 적극적으로 탐색하고 참여해주는 것이 좋다.

- **좋은 작품은 넘치고 시간은 부족하다** : 해로운 책이나 프로그램을 정중히 거절하는 법을 알려준다. 그럴듯한 것보다는 가치 있는 것을 선택하자. 이 세상에는 수많은 걸작이 있고 우리의 시간은 소중하다.
- **부모의 마음가짐** : 부모로서 자신의 판단을 믿는다. 화면을 보며 스스로에게 물어보자. 이 프로그램은 창의적인가? 아이의 상상력을 자극하는가? 일상 그 이상의 호기심을 불러일으키는가? 아이와 함께 화면 너머를 바라보는 습관을 길러보자.

5장

양육의 '게임' 체인저

한 회사의 경영 워크숍이 끝나고 나서 어떤 여성이 내게 다가왔다. "드리고 싶은 이야기가 있어서요." 그녀는 그 회사의 인사 담당 부사장이었다. 내가 비디오 게임에 대해 보인 태도가 예전 가족 여행 중에 있었던 일을 떠올리게 했단다. "남편, 세 아이, 그리고 제가 태국에서 지프를 타고 산을 오르던 중이었어요. 그런데 갑자기 차량 제어가 안 돼서 우리는 도로를 이탈해 경사면을 굴러 내려가기 시작했어요. 다행히 도중에 덤불에 걸려 차가 멈췄고, 우리 가족은 깊은 협곡 위에 매달린 채 흔들리고 있었어요. 남편과 중학교 2학년을 앞둔 아들 댄은 앞자리에, 저는 다른 두 아이와 뒷자리에 있었어요. 막내가 다쳐서 피를 흘리고 있었기에 저는 본능적으로 아이를 꺼내려고 했어요. 그때 댄이 움직이지 말라고 소리쳤어요. 아직도 아들의 목소리가 들리는 것 같아요. 움직이지 마! 절대 움직이지 마! 아이는 조금이라도 움직이면 우리 모두 굴러떨어질 수 있다는 사실을 알아챘던 거예요. 차가 거꾸로 뒤집힌 상태였고 상황 파악이 쉽지 않았지만 댄은 계속해서 움직이지 말라고 외쳤어요. 우리는 가만히 기다렸어요. 다행히 사람들이 와서 뒷좌석의 문으로 우리를 꺼내줬어요. 그들이 오지 않았더라면 어찌 됐을지 몰라요." 그날 밤 그녀의 가족이 차 안에서 일어난 일을 하나하나 되짚어보는데 댄이 말했다. "나 이런 일 겪어본 적 있어. 그래서 무슨 상황인지 바로 알았어. 내가 하던 게임에서 자주 봤어." 어릴 때 게임을 하며 자란 댄만이 그 순간 현실을 가장 잘 인식하고 있었던 것이다.

이 장에서는 비디오 게임에 관해 다뤄보려고 한다. 텔레비전과 마찬가지로, 게임 또한 우리가 어린 시절에 즐기던 모습과는 완전히 달라졌다. 지금 게임은 모든 악의 근원처럼 여겨지며, 부모들의 불안은 그 어느 때보다 극에 달했다. 부모는 자녀가 최신 게임에 어마어마한 시간을 들이는 것을 좀처럼 이해하지 못한다. 때문에 집집마다 게임을 조금만 더 하고 싶은 아이와 이쯤에서 그만해야 한다고 제지하는 부모 사이에 고단한 전쟁이 벌어진다.

비디오 게임의 누적된 해로움을 경고하는 연구 결과들은 널리 알려져 있으며, 청소년이 게임에 중독돼 다양한 문제를 겪는다는 보도도 매체를 통해 자주 접한다. 많은 연구자들은 게임의 해로움이 이로움보다 크다고 확신하며, 실제로 특정 상황에서 특정 게임이 아이들에게 해가 될 수 있다는 점에는 의심의 여지가 없다. 그럼에도 불구하고 텔레비전과 관련된 논의에서 살펴봤듯 중요한 것은, 아이의 내재적 동기를 유익하고 풍요로운 경험으로 전환시키는 일이다. 게임의 경우 이 점은 더욱 중요하다. 아이들이 게임에 강한 열정을 갖는 데 대해 경종을 울리기 전에 잠시 멈춰 게임에서 어떤 장점을, 어떻게 취할 수 있는지 생각해야 한다.

지난 20년 동안 아동 및 청소년들이 생각하고 결정하는 방식에 게임이 긍정적인 효과를 미친다는 사실을 증명한 연구들이 매우 많다. 가령, 비디오 게임이 아이들의 논리적·인지적·사회적 기술 발달에 도움이 된다는 사실을 발견한 연구들이 있다.[1] 뿐만 아니라 게임은 주의력, 조심성, 공간 지각력을 향상시키고,[2] 여러 방해 요소가 있어도 목표물을 추적할 수 있게 하고,[3] 심지어 난독증이 있는 아이들의 읽기 능력을 향상시키도록 도울 수도 있다.[4] 게임은 또한 여러 복잡한 업무를 동시에 수행하는 능력(멀티태스킹)부터[5] 상충되는 수행력이 필요한 업무 사이에서 오류 없이 빠르게 능력을 전환시킬 수 있는 정신적 유연성에 이르기까지,[6] 전반적인 업무 실행 능력을 높여주기도 한다. 뿐만 아니라 게임이 조정력, 빠른 의사 결정, 단기 기억력을 향상시킨다는 사실이 밝혀졌다. 게임 유저들은 유저가 아닌 사람들보다 드론을 더 잘 날렸고 숙련된 드론 조종사와 비슷한 능력을 선보였다.[7] 의학계에도 게임의 효과에 대한 증거가 있다. 게임 유저이면서 젊고 경험이 부족한 외과 의사들이 경험이 풍부한 외과 의사들보다 업무를 더 잘 수행했다.[8]

부모들이 가장 우려하는 종류의 비디오 게임인 총격을 포함한 게임조차 그 게임을 하는 사람들의 통찰력, 주의력, 인지 능력을 향상시키는 것으로 밝혀졌다.[9] 이 밖에 비디오 게임과 친사회적 행동 사이의 연관성을 발견한 놀라운 연구들도 있다.[10]

게임하는 아이가
공부를 더 잘한다

비디오 게임이 학업 성적에 긍정적인 영향을 미친다는 연구 결과가 있다. 호주의 한 연구에서는 15세 청소년 12,000명을 대상으로 수학, 과학, 언어 과목의 성적과 게임을 하는 시간 사이의 상관관계를 분석했다(성적에 영향을 미칠 수 있는 다른 변수들은 통제됐다). 결과는 가히 주목할 만했다. 게임을 하는 청소년들은 수학과 언어에서 평균 15점, 과학에서 평균 17점이 더 높은 점수를 받았다. 이 연구에서 흥미로운 점은 거의 매일 게임을 하는 아이들에게서 가장 크고 긍정적인 효과가 나타났다는 사실이다. 이는 일주일에 한 번 게임을 하거나, 하루도 거르지 않고 매일 게임을 하는 아이들보다 높은 수치였다.[11]

그렇다면 학업 성적에 해로울 수 있는 것은 무엇일까? 이 연구를 이끈 에콰도르 출신의 알베르토 포소Alberto Posso 교수는 페이스북 같은 소셜 미디어의 유해성이 분명히 드러났다고 지적했다. 소셜 미디어에 많은 시간을 보내는 아이들은 성적이 낮은 경향을 보였는데, 이는 소셜 미디어에서 이뤄지는 인지적 상호 작용이 매우 피상적이기 때문이라고 한다. 반면, 게임은 긍정적이고 인상적인 효과를 보였다. 포소 교수는 이렇게 설명했다. "게임 속에는 일종의 퍼즐이 있습니다. 마인 크래프트 같은 게임은 물론이고, 폭력적이라 불리는 게임인 그랜드 테프트 오토도 마찬가지예요. 게임 유저는 동시에 일어나는 여러 상황을 이해해야 하죠. 게임은 사고를 요구하는 퍼즐의 형태를 띠고 있어 과제에 집중하는 능력이 필요합니다."[12]

내 아들은 포트나이트에 푹 빠졌다. 포트나이트는 생존 전략 게임으로 얼핏 폭력적인 전쟁 게임처럼 보인다. 아들은 미국으로 간 가족 여행 중에 처음으로 이 게임을 접했다. 아이가 처음 두 판을 할 때 내가 같이 있었다. 아이의 캐릭터는 낙하산을 타고 비행기에서 전장으로 내려갔다. 전장은 위험으로 가득했고 아들은 긴장한 상태였다. 아이는 불안해하며 "어떻게 방어해야 할지 모르겠어" 하면서 무기와 의료 장비를 확보하려 애썼다. 아이의 움직임은 서툴렀고 캐릭터는 필드 한가운데에 무방비로 노출돼 있었다. 게임은 빨리 끝났고 패배로 종료됐다. 한 달 뒤 아들의 방에 들어갔다가 수십 시간의 플레이를 거친 아이의 변화에 깜짝 놀랐다. 지도를 활용하는 방식, 다양한 무기를 동시에 다루는 능력, 무엇보다 무작위로 구성된 팀원들과 헤드셋을 통해 소통하는 모습이 인상적이었다. 헤드셋 너머로 아랍어 억양이 섞인 영어를 구사하는 또래 남자아이의 목소리가 들렸다. 시리아 출신 아이였는데 아들은 그 아이와 영어로 전략을 짜고 있었다. 아들은 게임을 통해 익힌 기술을 바탕으로 팀을 이끌었다. 그러다 아들의 캐릭터가 수명이 다해가자 시리아 소년이 아들을 보호하려 애썼다. 결국 두 아이의 캐릭터는 포트나이트 전장의 어딘가에서 영웅적인 죽음을 맞이했다.

게임은
곧 배움

게임은 왜 이렇게 매력적이고 중독성이 강할까? '디지털 이민자(기성세대를 가리키는 말)'라는 용어를 만든 미국 작가 마크 프렌스키 Marc Prensky는 이에 대해 뜻밖의 답을 내놨다. 아이들이 게임에 그토록 많은 시간을 쏟는 이유는 그들이 게임을 하면서 뭔가를 배우고 있다고 느끼기 때문이라는 것이다. 즉, 미래에 도움이 될 의미 있는 가치를 얻고 있다고 생각한다는 것이다. 프렌스키 교수는 다음과 같이 말했다. "요즘 아이들은 본능적으로 알고 있어요. 앞으로 자신들이 살아갈 시대에는 지식과 기술의 힘이 수백만 배, 많게는 수십억 배까지 커질 거라는 것을요. 그리고 그런 시대에 필요한 능력은 학교에서 배우는 옛날 기술이 아니라는 사실도요."

프렌스키 교수는 학교가 배움을 너무 지루한 것으로 만들어버린 탓에 대부분의 아이들이 학습 자체를 싫어하게 됐다고 비판했다.[13] 그의 말마따나 학교는 지나치게 따분하다. 요즘 아이들은 게임을 통해 진짜 몰입이 무엇인지 경험해본 세대이기 때문에, 게임 없이 자란 이전 세대와 달리 어떤 활동이 자신을 사로잡는지 알고 학교 수업에 그 몰입이 결여된 것을 더욱 분명히 느낀다. 학교의 지루한 단조로움과 숨이 멎을 듯한 흥분을 선사해 아이들을 매료시키는 게임 사이의 격차를 목격하는 일은 매우 놀라운 일일 수 있다. 스티븐 존슨은 아이와의 갈등 속에서 부모가 겪는 혼란스러운 상황을 이렇게 묘사한다. "수학 숙제를 하게 하려면 방에 가둬야 하고, 쓰레기를 버리게 하려면 외출 금지까지 들먹이며 협박해야 해요. 그런데 6개월 동안 울티마(대규모 온라인 롤플레잉 게임MMORPG – 옮긴이) 안에서 대장장이 일에 몰두하는 건 어떻게 할 수 있는 걸까요?"

게임은 오랜 시간의 준비와 노력을 요구하지만 아이들은 이를 기꺼이 받아들인다. 하지만 숙제에 관해서는 단 1분도 참기 어려워한다.[14] 왜 아이들은 게임에는 그토록 많은 시간과 노력을 기울이면서 학교라는 현실 앞에서는 주저하고 좌절할까? 부모는 왜 정작 자신도 벗어나고 싶어 하는 일상을 아이들에게 억지로 강요하는 걸까? 현실은 반드시 지루하고 재미없어야만 할까? 우리는 지루하고, 어렵고, 반복되고, 피로한 일일수록 진정한 가치가 있다고 여기는 익숙한 사고방식에서 쉽게 벗어나지 못한다. 그래서 놀이는 가볍고 사소한 것인 반면, 학교나 직장은 중요하고 의미 있는 것이라는 구분을 고수한다.

비디오 게임을 둘러싼 반응은 늘 똑같다. 게임은 마치 마법사처럼 아이들을 홀리고, 속이고, 아이들의 정신을 병들게 하고, 종국에는 아이들을 중독에 빠뜨리는 존재로 묘사된다. 과거에 담배나 마약, 술이 그러했듯 게임 역시 위험한 유혹으로 간주된다. 심지어 게임은 그보다 더 교묘하고 치명적이라서 겉으로는 아무 징후도 보이지 않지만, 그 영향은 몸과 마음, 정신 깊은 곳에 스며들어 수년 뒤 돌이킬 수 없는 형태로 폭발한다고도 주장한다.

하지만 이제는 이런 시대착오적 시선에서 벗어날 필요가 있다. 최근에는 다수의 저명한 연구원, 학자, 예술가, 디자이너, 심리학자, 교육자들이 게임을 새로운 각도에서 바라보자고 말하고 있다. 즉, 게임이 단순한 유해 요소가 아니라 아이들에게 새로운 가능성과 잠재력을 열어줄 수 있는 매체임을 인정해야 한다는 것이다.

부모는 아이들 앞에 놓인 가능성에 열린 마음으로 귀 기울여야 할 책임이 있다. 게임의 가능성은 단순한 즐거움을 넘어, 아이가 미래 사회에서 반드시 갖춰야 할 사고방식과 행동을 길러준다. 우리는 부모로서 그 길을 가로막지 않아야 한다.

게임만 하는 아이를
말려야 할까

두 아이의 엄마이자 성공적인 커리어 우먼인 셜리는 내가 진행한 부모 교육 워크숍에서 자신을 오랫동안 괴롭혀온 고민을 털어놨다. 8살 아들이 자꾸 심심하다고 불평한다는 것이다. 많은 부모들에게 심심하다는 말은 일종의 경고등처럼 느껴진다. 아이가 스스로 시간을 보내는 법을 터득하지 못하고, 흥미를 발견할 줄 모르고, 주변에 의존하며 수동적이고 무기력하게 될지도 모른다는 불안이 떠오르기 때문이다. 하루 종일 쉴 틈 없이 의무 사이를 오가는 부모는 아이에게 퉁명스럽게 말하곤 한다. "할 일을 왜 스스로 못 찾아? 친구한테 전화하든가, 밖에 나가든가 해." 그런데 아이가 정말로 심심한 걸까? 간단한 질문 하나만 해봐도 아이는 실제로 심심한 게 아니라는 사실이 드러난다. 엑스박스 게임을 하고 싶지만 허락받지 못했을 뿐이다. "폭력적이고 해로운 게임이에요." 셜리는 논의의 여지조차 없다는 듯 단언했다. 그녀는 아들이 매우 타당한 이유로 게임에 관심을 가질 수 있다는 생각은 전혀 하지 않았다.

앞서 부모들이 화면에 대해 자동적으로 불안을 느끼는 경향에 대해 살펴봤다. 그런데 지금 다루려는 건 그러한 두려움보다 더 복합적인 문제다. 왜 셜리의 아들은 게임에는 깊이 빠져 있으면서 다른 많은 것들에는 쉽게 싫증을 낼까? 지금까지 그가 배운 것의 대부분은 어차피 가정 안에서 비롯된 것 아닌가? 나는 셜리에게 직접 확인해볼 것을 제안했다. 내가 물었다. "게임이 위험하다는 건 어떻게 아세요?" 그녀가 답했다. "척 보면 딱 알죠. 얼핏 봐도 폭력적인데요." 나는 그녀에게 단 한 번이라도 아들과 게임을 해본 적이 있는지 물었다. 그녀라면 시도조차 해보지 않고 선택을 거부하는 사람을 직원으로 채용할까? 아마 그렇지 않을 것이다. 과연 아들의 판단이 100퍼센트 틀렸다고 확신할 수 있는지, 셜리는 지난 1년간 아들의 마음을 사로잡은 세계를 더 잘 이해해보기로 했다. 나는 그녀에게 몇 가지를 중점적으로 살펴보라고 했다.

- ○ 자신만의 독특한 방식으로 게임을 하는가?
- ○ 게임 실력을 향상시킬 방법을 찾았는가?
- ○ 다른 참가자들에게 배우는가?
- ○ 재미있게 배우면서 발전할 수 있는 방법을 찾았는가?

- 당신이 본 적 없는 자질이나 능력을 보였는가?
- 게임을 계속하는 이유가 무엇인가?

셜리는 아이의 지루함에 대해 걱정했지만 진짜 중요한 것은 아들이 게임 안에서 어떻게 행동하고 반응하고 자신을 표현하는가였다. 아이는 다른 활동을 할 때는 억지로 시켜야만 움직이더니, 게임을 할 때만큼은 스스로 몰입하고 발전하고 나아지려는 강한 내재적 동기를 보여줬다. 이는 아주 훌륭한 출발점이었다. 엑스박스는 이미 아들의 일상에 자리 잡았고, 그 안에서 아이는 뚜렷한 흥미와 관심을 드러냈다. 셜리는 게임의 존재를 인정하고 아이를 관찰하는 여유를 가졌다. 그 결과 그동안 알지 못했던 아들의 새로운 면모를 발견하게 됐다. 그녀의 질문은 자신과 아들 모두가 게임을 더 깊이 이해하도록 이끌었고, 아들은 질문에 답하면서 엄마에게 자신이 몰입한 세계를 설명해나가기 시작했다. 덕분에 셜리는 화면 및 게임에 대해 더 복합적이고 독립적인 관점을 갖게 됐다. 그녀는 무작정 두려움에 휘둘리는 엄마의 역할에서 벗어나 직관적이고 창의적인 부모의 길을 택했다. 이제부터는 거실을 오가며 게임을 하는 아들을 곁눈질하는 대신 아이가 게임에 쏟아붓는 집중력과 노력을 인정하게 될 것이다. 그들에게 비디오 게임은 더 이상 위험한 대상이 아니었다. 오히려 아들의 호기심을 자극하고 모자 간 대화의 물꼬를 트는 계기가 됐다. 이처럼 부모가 열린 마음으로 아이의 세계를 받아들이면 게임은 갈등의 원인이 아니라 소통의 통로가 될 수 있다.

자녀의 위치는 어디인가?

판단력을 신뢰받지 못하는 아이, 아이의 말을 듣는 일이 의미가 없음 ←――――――――――→ 판단력을 지닌 호기심 많고 지적인 아이

여기에는 우리 모두가 새겨야 할 중요한 교훈이 있다. 부모가 자녀에게 시간을 어떻게 써야 하는지 일방적으로 규정해주거나, 자녀가 선택한 활동을 그저 시간 낭비로 치부하는 것은 아이의 판단력과 가능성을 신뢰하지 않는다는 메시지를 전하는 일이나 다름없다.

부모는 진심에서 우러나오는 호기심으로 아이의 세계에 다가가야 한다. 아이의 비위를 맞추거나 본인의 취향이나 기준을 굳이 굽힐 필요는 없지만 무턱대고 아이를 거부해서도 안 된다. 아이의 세계에 들어갈 때는 무엇을 맞닥뜨리게 될지 모르는 탐험가의 자세가 필요하다. 거기서 우리는 전혀 몰랐던 새로운 세계를 발견할 수도 있고, 어쩌면 자신이 옳았다는 걸 확인하게 될 수도 있다. 어떤 결론에 도달하든 그 발견은 반드시 부모와 아이가 직접 마주하는 순간 안에서 외부의 소음 없이 일어나야 한다.

아이를 성장시키는 게임 경험

존 벡John Beck은 막 게임에 몰두하기 시작한 세 아이의 젊은 아빠였다. 그는 대화를 나누자며 아이들을 한데 모았다. 그러고 나서 더 이상 게임하는 데 시간을 낭비하게 두지 않을 것이라고 선언했다. 한 아이가 당황한 표정으로 그를 보며 말했다. "하지만 아빠, 어떤 결정을 내리기 전에는 검토부터 해야 한다면서요." 존은 할 말을 잃었다. 실제로 그가 집에서 입이 닳도록 했던 말이었기 때문이다. 긴 침묵 끝에 그는 아이들의 도전을 받아들였다. 그는 게임의 위험성을 아이들에게 증명하고 싶어 자신의 전문 분야인 설문 조사와 통계 분석으로 눈을 돌렸다. 존은 하버드 대학교에서 사회학 박사 학위를 받았고, 전문 분야인 통계 및 여론 분석을 통해 22세 이상의 사업가 2,500명을 대상으로 게임에 대한 광범위한 설문 조사를 이끌었다. 그는 모든 참가자에게 어린 시절에 게임을 하는 데 얼마나 많은 시간을 썼는지 물었다.[15] 그는 다음과 같이 말했다. "설문 조사를 통계 분석한 결과 전혀 예상치 못한 명확한 결론을 내릴 수 있었습니다. 게임은 아이들의 발달에 극적인 도움이 됐습니다. 그러니까 제 생각과 정반대였던 겁니다. 저는 공식적으로 잘못을 인정하고 아이들에게 게임을 권했습니다."[16]

이 설문 조사와 결과는 존 벡이 미첼 웨이드Mitchell Wade와 공동 저술한 책 『아이들은 괜찮다 : 게임 세대가 일터를 변화시키는 방법The Kids Are Alright : How the Gamer Generation Is Changing the Workplace』의 기초가 됐다. 두 저자는 이 책에서 수천 시간 동안 새로운 상황을 신속하게 분석하고, 끊임없이 변화하는 상호 작용에 적응하고, 빠르고 독립적으로 문제를 해결해온 젊은 세대의 사고방식을 분석한다.[17] 이들은 게임 세대가 이전 세대와는 전혀 다른 현실에서 성장했다고 주장한다. "그들은 가장 중요한 성장기에 수백, 수천 시간 동안 강력한 상호 작용형 미디어 환경에서 살아왔습니다. 이런 경험이 영향을 주지 않을 수 있을까요? 이 경험은 젊은 세대가 무엇을 원하고, 무엇을 받아들이며, 어떤 방향으로 나아갈지를 바꿔놨습니다. 이들이 일하는 방식은 물론, 관리자, 임원, 투자자로서의 면모까지도 기존 세대와 다르게 변할 것입니다."

젊은이들이 수천 시간을 보낸 비디오 게임 세계의 규칙을 다음과 같이 요약해봤다.

○ 유저는 언제나 개인이다. 게임에서 주인공은 늘 자신이며 게임 세계는 유저를 중심으로 움직인다. 유저는 아이템을 고르고 다양한 경험을 주고받는다. 그는 전문가이고 때로는 유일한 생존자다.
○ 게임을 하면서 쌓인 경험은 유저에게 늘 해답이 있다는 확신을 준다. 잠시 막히거나 시간이 오래 걸릴 수 있지만 결국에는 길이 있다. 게임 세계에서는 무작위의 상황에서도 시행착오를 거치면 앞으로 나아갈 수 있다.
○ 게임은 유저가 한계에 도전하게 만들고 같은 게임을 경험한 이들과 관계를 맺게 한다. 이때 중요한 건 국적이나 문화가 아니라 공통의 경험이다. 게임 세계에서 리더는 중요하지 않거나 오히려 악역으로 등장하는 경우가 많다. 유저는 리더에게 기대지 않고 스스로 길을 개척한다.
○ 즐거움을 방해받아서는 안 되며 지루함은 허용되지 않는다.
○ 게임은 경쟁을 기반으로 한다. 다른 유저들과 협력할 때조차도 결국은 어떤 캐릭터나 점수를 상대로 싸우게 된다. 관계는 구조화돼 있으며 유저는 경쟁자인 동시에 동료, 상사, 부하다.

게임 경험은 젊은 세대가 21세기 비즈니스 세계에 적응할 수 있는 밑바탕이 됐다. 그들은 실시간으로 배우고, 경직된 조직 구조에 기대지 않으며, 현실에 안주하지 않고 더 나은 방향을 추구하는 성향을 지닌다. 이에 대한 믿음은 게임을 하는 데 더 많은 시간을 보낼수록 강해지고, 이는 변화의 원동력이 된다.

한편, 게임은 유저들 사이에 비유저들과는 다른 공통된 삶의 태도를 형성한다. 게임 유저들은 자신들의 삶이 편안하고 안전하다고 생각하지 않고, 삶에서 가장 중요한 것은 감정의 모든 스펙트럼을 경험하는 것이라고 믿는다. 그들은 야망이 있으며 어떤 것을 제대로 이루려면 본인 스스로 하는 것이 낫다고 믿는다.

저자들이 놀랐던 점은 어릴 때부터 비디오 게임을 해온 사람들이 그렇지 않은 또래보다 사회성이 좋고, 동료에게 더 충실하며, 더 정교한 의사 결정을 내린다는 결과였다. 가장 결정적인 차이를 만든 요인은 성별, 연령, 교육 수준, 소득이 아니라 바로 '어릴 때 게임을 했는가?'라는 단 하나의 질문이었다. 벡은 이렇게 설명한다. "이들이 비즈니스 환경에서 보이는 태도와 행동의 차이를 설명해준 결정적 요인은 '어릴 때 게임을 했는가?'라는 단순한 질문이었습니다."

아이에게 컴퓨터 좀 그만하고 쓸모 있는 일을 해보라고 말하고 싶다면, 이 연구가 보여준 게임의 장점을 한 번쯤 떠올려보는 게 좋을 것이다.

- ○ 문제를 함께 해결하는 데 능하다.
- ○ 자기 효능감을 강하게 느낀다.
- ○ 계산된 대담한 도전을 두려워하지 않는다.
- ○ 경직된 조직 구조에 기대지 않는다.
- ○ 실전에서 바로 배우고 적응한다.
- ○ 시행착오를 당연하게 여기고 꾸준함의 힘을 체화한다.
- ○ 직업적 완성도를 중요하게 생각한다.

○ 데이터를 믿고 근거를 중시한다.
○ 여러 작업을 동시에 해낼 수 있다.
○ 결과를 자신의 책임이라 여긴다.

게임의 매력

많은 연구자들이 왜 게임에 깊은 인상을 받는지 이해하려면 먼저 게임을 2가지 유형으로 분류할 필요가 있다. 바로 단순한 미니 게임과 복잡한 게임이다.

미니 게임은 몇 시간, 혹은 그보다 짧은 시간 안에 규칙을 익힐 수 있고 하나의 도전 과제와 반복적인 문제 해결로 구성된다. 화면을 뛰어다니는 개미를 손가락으로 눌러 잡는 게임 같은 것이 그 예다. 이런 게임은 유저에게 복잡한 의사 결정을 요구하지 않거나 의사 결정을 요구한다 하더라도 아주 단순한 것이다. 반면, 복잡한 게임은 숙련자가 되기까지 수십 시간이 걸리고 새로운 능력과 전략을 익히지 않으면 다음 단계로 나아갈 수 없다. 게임이 진행될수록 난이도가 높아지고 이에 따라 유저는 게임 외부에서 정보를 조사하거나, 실시간으로 다른 사람들과 협력하거나, 다른 정체성을 설정해 플레이하는 등 다양한 방식으로 대응해야 한다. 복잡한 게임의 가장 중요한 특징은 유저가 게임을 하면서 자신의 실력이 향상되는 것을 경험하고, 지속적으로 높아지는 난도에서 일종의 전문 지식과 통제력을 습득한다는 것이다.

    인간의 만족감은 도전과 가능성 사이의 간극에 달려 있다. 도전은 어렵되 지나치게 좌절감을 주지 않아야 한다. 게임은 정교한 인공 지능을 통해 유저의 실력과 능력에 맞춰 난이도를 끊임없이 조절한다. 복잡한 게임은 의사 결정을 중심으로 구성돼 있는데, 아이들은 특히 자신에게 영향을 미치는 결정을 좋아한다. 이와 같은 게임을 하는 동안 아이들은 신속하게 끊임없이 결정을 내린다. 이 점에서 게임은 매우 흥미로운 사례라고 볼 수 있다. 게임은 유저가 결정을 내리도록 강제한다. 스티븐 존슨이 말했듯, 소설은 상상력을 자극하고, 음악은 강렬한 감정을 불러일으키고, 게임은 결정하고 선택하고 우선순위를 정하라고 요구한다'.[18] 게임은 문제 해결의 공간이다. 게임 속에서 앞으로 나아가려면 반드시 결정을 내려야 한다. 실수하면 그에 따른 결과를 감수해야 하지만 현실과 달리 실패를 두려워하지 않아도 된다.

    아이들이 게임과 씨름하는 모습을 보고 있자면 놀랍기 그지없다. 그들은 몇 번이고 되풀이해서 실패하면서도 지치지 않고 다시 도전하고, 순간적으로 좌절을 견디는 놀라운 능력을 보여준다. 비숱한 장면을 방과 후 활동에서 떠올리기란 쉽지 않다. 새로 시작한 태권도나 체스 수업도 마찬가지다. 단 20분만 힘들어도 아이는 그다음 수업에 가지 않겠다고 할 것이다. 하지만 게임 앞에서는 다르다. 몇 번을 지고 또 져도 아이는 다시 그 게임으로 돌아간다. 어떻게 해서 어려운 게임이 재미있는 경험이 됐을까? 왜 게임에서는 실패조차 즐거움이 되는 걸까?

게임 리뷰에는 미칠 듯이 답답하다거나 난이도가 사악하다는 표현이 등장하는데, 유저들 사이에서는 그럴수록 오히려 좋은 게임으로 인식된다. 한 게임 유저의 아내는 이렇게 말했다. "남편이 어떤 게임을 제일 좋아하는지 소리만 들어도 알 수 있어요. '아 짜증나! 진짜 싫어! 돌겠네!' 하고 소리를 지르면, 아 저건 끝까지 하고 나중에 2탄도 사겠구나 싶어요. 안 그러면 1시간 안에 게임기를 내려놓고요."[19]

내 아들은 몇 주 전부터 포트나이트를 하고 있다. 복잡하기로 유명한 이 전투 게임에서 제법 실력을 키운 아이는 게임하는 걸 보여주겠다며 나를 초대했다. 본인의 게임 캐릭터도 직접 꾸몄단다(알고 보니 내 돈이 들어간 것이었다).

아이가 만든 전사가 낙하산을 타고 전장으로 내려갔다. 아들이 "아빠, 적이 많은 지역으로 갈 거야. 아빠가 지루하지 않게" 하고 말했다. 아이는 관객—아이더러 인내심이 없다고 불평하면서 정작 본인도 집중력이 길지 않은 평범한 어른인 나—을 의식하고 있었다. 아들의 캐릭터가 착지해 주택가 위를 선회했다. 게임 그래픽은 정말이지 너무나 놀라웠다. 아들—정확히 말해, 아들의 캐릭터—은 경계심 가득한 자세로 달리기 시작했다. 어디서든 공격이 들어올 수 있다는 걸 알고 있었기 때문이다. 문이나 벽 뒤에는 각종 자원—건설용 목자재, 의료 장비, 생명력 회복 아이템, 무기 등—이 담긴 상자가 숨겨져 있었다. 아들 앞에 갑자기 적이 나타날 수도 있고, 연대해서 싸우는 팀원이 나타날 수도 있었다. 화면 한쪽에는 각종 통계가 실시간으로 표시됐다. 아들은 동시에 여러 가지를 해냈다. 피난처를 만들고, 장비를 정리하고, 처음 만난 팀원들과 영어로 대화하면서 빠르게 판단하고 반응했다.

흐름을 따라가려 애쓰는 어른인 내가 물었다. "저건 뭐야?" 마치 부자 역할이 뒤바뀐 느낌이었다. 내가 아버지와 거리를 걸으며 "이건 뭐야?" 하고 묻던 어린 시절로 돌아간 것 같았다. 게임 속 전장이 점점 좁아졌다. "저 네모 안으로 들어가야 돼." 아이의 캐릭터가 숨을 헐떡이며 언덕 사이를 달렸다. 아이는 이 게임 경험을 나와 나누는 데 들떠 있었다.

갑자기 총성이 들리고 아이가 긴장된 목소리로 말했다. "살려야 돼." 아이의 캐릭터가 다른 캐릭터에게 특수 회복 물약을 건네며 작은 영웅이 됐다. 잠시 후 아들이 말했다. "아빠, 나 맞았어." 나는 조용히 지켜봤다. 게임이 끝났다는 걸 깨달은 아들의 표정을 보며 성숙하고 공감 어린 말로 아들을 위로할 준비를 했다. "수고했어, 아들…. 괜찮아. 다음에 더 잘하면 되지." 그러자 아들이 나를 바라보며 웃었다. "대박이지, 아빠! 한 판 더 하자."

실패가 두렵지 않은 게임 세상

 사람들은 실패를 찬양하는 이야기를 즐겨 한다. 최근에는 실패를 기념하는 자리를 따로 마련하는 것이 하나의 유행처럼 자리 잡았고, 잘 알려진 성공한 인사들이 나와 자신이 겪은 굵직한 실패를 주제로 연설을 한다. 그러나 사람들은 그들이 정말로 부끄럽거나 민망한 일을 고백한다고 생각하지 않으며, 성공으로 가는 여정의 한 장면이라고 여긴다. 결국 성공했기 때문에 자신의 실패에 대해 공개적으로 이야기할 수 있는 것이다. 그들은 이 실패담을 최대한 섬세하고 유쾌하고 사람들의 관심을 끌 수 있는 방식으로 전달하기 위해 최선을 다한다. 그리고 무대에서 내려오자마자 '내가 잘했나?' 하고 궁금해한다.

우리는 실패에 대한 태도를 바꾸고 싶어 하지만 사실 두려움에 사로잡혀 있다. 그렇기에 게임이 더욱 경이롭게 다가온다. 어떻게 어린이, 청소년, 심지어 어른들까지 게임에서 실패하는 것을 즐기면서 계속하려는 의지를 가질 수 있을까? 어떻게 게임에서 실패하는 것이 게임 연구가 제임스 폴 지James Paul Gee 교수가 정의한 '즐거운 좌절감'을 느끼는 것이 될 수 있을까?[20] 이와 같은 원리가 실제 삶에 적용될 수 있는지 살펴보는 일은 흥미롭지 않을 수 없다. 과연 게임에서의 즐거운 실패 경험이 실제 인생에서의 실패에도 적용될 수 있을까? 게임을 할 때 느끼는 호기심과 즐거움이 학교에서의 학습 경험 사이의 간극을 좁힐 수 있을까?

나는 아들에게 즐거운 실패에 대해 어떻게 생각하는지 물었다. 그러자 아이는 아주 자연스럽게 대답했다. "방에 있으면 몇 번을 실패해도 아무도 모르잖아요. 신경 쓰는 사람도 없고요." 결국 게임 공간이 보다 안전하고 사적이라는 사실이 중요한 건가? 답은 분명해 보였다. 게임은 유저를 공개적으로 드러내지 않고, 게임 세상은 가상이기 때문에 게임 속의 실패는 진짜가 아니라 가짜라는 안도감을 주는 것이다. 하지만 이러한 설명만으로는 어딘가 충분하지 않다. 친구들과 함께하는 네트워크 게임도 있지 않은가.

게임은 그저 게임일 뿐이라는 주장은 게임에서의 실패가 현실에 미치는 영향을 간과하고 있다. 게임 업계의 선도적인 인물인 니콜 라자로Nicole Lazzaro와 나눈 인상 깊은 대화는 이 문제가 헤아릴 수 없을 만큼 복잡하다는 사실을 다시금 깨닫게 해줬다. 그녀는 말했다.

"표면적으로 게임은 현실에 어떤 영향도 주지 않는 안전한 공간처럼 보입니다. 하지만 실제로 삶과 게임은 명확한 경계가 없고 끊임없이 뒤섞여 있습니다. 우리는 삶 속에서도 항상 게임을 하고 있습니다. 가령, 학교에서의 학습 진도는 삶을 위한 일종의 게임이자 연습입니다. 학교 시험은 언젠가 맞이할 아주 중요한 최종 시험을 시뮬레이션하는 것과 같고, 비슷한 맥락에서 학교는 진짜 사회인이 되는 순간을 준비하기 위한 전 단계라 볼 수 있습니다. 우리는 장난과 진지함, 가상과 현실 사이를 끊임없이 넘나듭니다. 농구를 할 때 누군가 지고 속상해하면 '괜찮아. 그냥 게임이잖아'라고 위로하고, 직장에서 일이 잘 안 풀리면 '괜찮아. 그냥 일이잖아'라며 넘기려고 합니다. 하지만 농구 선수에게 경기가 단순한 게임이 아니듯, 반 친구들과 어울리며 사회적 관계를 쌓고자 하는 아이에게는 농구를 하는 게 그저 노는 것이 아닙니다. 이렇게 서로 다른 세계가 뒤섞이면서 모든 경험이 어떤 순간에는 장난처럼 느껴지기도 하고, 또 어떤 순간에는 현실처럼 무겁게 다가오기도 합니다."

라자로의 말은 삶 전반에 대해 흥미로운 생각할 거리를 던져준다. 한편으로는 삶의 모든 경험이 다음 경험을 위한 일종의 시뮬레이션이므로, 이번 시험은 그다음 시험을 위한 연습이고 또 그다음 시험을 위한 연습이라고 생각하면 마음이 한결 편안해진다. 또 다른 한편으로는 현재의 경험 하나하나가 앞으로의 인생에 결정적인 영향을 주므로, 이번 시험이나 면접이 인생의 다음 단계로 나아가는 길을 열어주거나 막을지 모르기 때문에 부담스럽다. 게임은 이러한 편안함과 부담감 사이에서 균형을 맞출 수 있게 도와주는 끊임없는 연습 과정이다. 여기서 중요한 건 얼마나 많이 다시 시도하느냐다.

게임이 선사하는
몰입의 경험

우리는 여전히 게임이 아이들의 관심을 사로잡는 현상, 이른바 '즐거운 실패'를 설명할 답을 찾고 있다. 어떻게 게임은 실패에서 즐거움과 동급에 가까운 기쁨을 느끼게 하는 걸까? 그 경험을 삶에서 일부라도 구현할 수 있다면 얼마나 좋을까? 이와 관련해, 행복과 창의력 연구에 커다란 족적을 남긴 헝가리계 미국인 심리학자 미하이 칙센트미하이Mihaly Csíkszentmiháyli에 대해 살펴보자.

칙센트미하이는 에드워드 드 보노Edward de Bono나 프랭크 배런Frank Baron처럼 매우 창의적이면서 자아실현을 이룬 사람들의 삶을 추적하고 그들의 생활 습관에서 영감을 찾고자 했다. 그는 등산가, 무용수, 과학자, 외과 의사, 그리고 평범한 사람들을 연구하며 이들이 느끼는 가장 보람된 순간에 대해 물었다. 놀랍게도 성별, 나이, 문화와 관계없이 모두 똑같은 답을 내놨다. 이들은 행동하는 순간에 실패에 대한 두려움을 전혀 느끼지 않았다. 이 인터뷰를 토대로 그는 널리 알려진 '몰입'이라는 개념을 정립했다. 몰입은 창의적인 성취나 최고의 성과 후에 느끼는 독특하고 만족스럽고 고양된 감정을 말한다. 이 몰입 상태를 경험하게 해주는 몇 가지 조건이 있다.

- **매 단계의 명확한 목표** : 우리는 몰입 상태에 있을 때 매 순간 해야 할 일이 무엇인지 알고 있다. 즐겁게 느껴지는 활동이나 일은 언제나 명확한 목표를 지닌다. 이는 종종 방향이 불분명한 일상생활과는 다르다.
- **즉각적인 피드백** : 몰입을 하면 관객의 반응, 수술 중 환자의 상태, 등반 과정 등에서 즉각적인 피드백이 주어진다. 그래서 우리의 수행이 성공적인지 아닌지를 분명히 알 수 있다.
- **적절한 도전 수준** : 도전과 능력 사이에는 섬세하고 정확한 균형이 필요하다. 과제는 도전적이고 어렵되, 충분히 해낼 수 있어야 하며 지나치게 좌절감을 줘서는 안 된다. 적당한 난이도는 지루함을 막아준다.
- **방해받지 않는 집중과 몰두** : 몰입 상태에서는 지금 이 순간에만 주의가 집중되며 자의식이 사라지는 듯한 경험을 한다. 이는 좋은 인상을 남기기 위해 끊임없이 신경 쓰는 일상과는 대조적이다.
- **시간에 대한 다른 감각** : 실제 시간에서 벗어나게 된다.
- **활동 자체가 목적** : 다른 목표나 이익이 아닌 오직 그 활동을 경험하는 것 자체가 목적이 된다.

이러한 특성을 모두 갖추면 우리는 실패를 두려워하지 않게 된다. 몰입 상태에서는 감정적으로 그 활동에 깊이 빠져 있기 때문에 실패를 걱정할 시간이나 여유가 없다. 칙센트미하이는 우리가 몰입할 때 자아의 경계를 넘어서 일상 이상의 더 크고 깊은 어떤 것과 하나가 되는 경험에 빠진다고 설명한다. 이는 운동선수가 결정적인 순간에 방해나 압박에서 벗어나 극도의 집중 상태에 도달하면서 느끼는 감정이나, 고층 빌딩 사이를 외줄을 타고 건너는 줄타기 광대가 단 한순간의 집중력 상실이 생명을 위협하는 상황에서 느끼는 감각과 같다. 우리가 박물관에서 눈을 뗄 수 없는 그림을 보거나, 전율을 일으키는 음악을 들을 때도 유사한 경험을 한다.[21] 이 순간 우리는 오로지 경험 자체에만 몰두하고 세상의 모든 소음은 단숨에 사라진다.

게임은 우리에게 영감을 주고 생각할 거리를 던져준다. 게임은 실패조차 즐거울 수 있게 만드는 몰입의 메커니즘을 보여준다. 이제 아이가 어떤 게임을 선택했는지 잘 알고 이해하는 일이 얼마나 중요한지 분명해진다. 우리가 게임을 단순히 아이가 하는 놀이 정도로만 간주하며 구체적이고 깊은 이해 없이 대하는 한, 아이를 이해하거나 지지하거나 아이와 함께하는 일은 가능하지 않다.

나는 아들에게 한 달간 포트나이트를 하며 무엇을 배웠는지 물었다. 이 게임은 대부분의 게임처럼 유저가 단계를 하나씩 완료해야 다음으로 나아가도록 설계돼 있다. 나는 진심에서 우러난 호기심으로 아이에게 물었고, 아이는 게임을 진행하면서 어떻게 더 잘 이해하게 됐는지 설명했다. 우선, 아들은 착륙하는 법을 이해했다. 게임은 캐릭터들이 전쟁 지역에 낙하산을 타고 내리면서 시작되는데, 아이는 캐릭터들의 60퍼센트 정도가 교전 지역에 착지하는 바람에 죽는다는 사실을 발견했다. 다음으로 아이는 경험을 통해 상대보다 더 빠르게 반응할 수 있도록 키 설정을 조정했다. 각 유저는 어떤 키가 어떤 동작을 제어할지 결정한다. 그는 이러한 경험 덕분에 최대의 반응 속도를 내는 키보드 구성법을 배웠다. 아들은 걷지 말고 뛰어야 한다는 것도 배웠다. 그렇지 않으면 저격수들에게 노출되기 때문이다. 그는 틀에서 벗어난 생각으로 경쟁에서 한 수 앞서 생각하는 법—예를 들어, 상대방이 그가 물러설 것이라고 예상한 문을 만든 다음 뒤에서 갑자기 튀어나오는 전략—을 이해했다. 또 아이는 어떤 영역에 탄약과 필수 의료 장비가 더 많이 있는지 알게 됐다. 더욱 날카로워진 감각 덕분에 상대편의 위치, 무기의 종류와 위험도를 파악할 수 있게 됐고, 무기 발사 유형만으로 상대방의 위치를 인식할 수 있게 됐단다. 아이는 지금까지 스웨덴, 네덜란드, 미국, 영국, 스페인, 프랑스, 러시아, 폴란드, 시리아, 이스라엘 출신 아이들과 게임을 했고 이 모든 일은 한 달 사이에 일어났다.

게임은 몰입 상태가 무엇인지 매우 잘 보여주는 사례다. 즉각적인 피드백을 제공하는 매력적이고 화려한 게임들은 도전과 좌절 사이의 정확한 균형을 잡아주는 적정 난이도와 작고 달성 가능한 목표의 연속으로 구성돼 있다. 사실 게임은 몰입 경험을 누구나 쉽게 접할 수 있도록 만든 전례 없는 발명품이다. 게임은 산을 오르거나,

회사를 이끌거나, 생명을 구하는 수술을 하는 사람들만이 경험하던 몰입의 상태를 일상 속에서 누구든지 체험할 수 있게 한다.

게임이 주는 또 하나의 극적인 이점은 무한히 시도하고 실력을 키울 수 있는 가능성을 알게 해준다는 것이다. 실패를 감당하고 다시 도전할 수 있는 정신적 역량을 지닌 사람은 극히 일부에 불과하지만, 게임은 대부분의 유저가 실패를 견디고 다시 시도하게 한다. 이제 우리가 할 일은 하나다. 일, 자녀교육, 인간관계 등 삶의 다른 영역에서도 몰입의 경험을 누리기 위해 노력하고, 아이들이 학교생활에서 이와 비슷한 경험을 하게 해주는 것이다.

칙센트미하이는 몰입이라는 개념을 정립하고 나서 왜 현실에서는 게임과 같은 경험이 쉽게 일어나지 않는지 연구했다. 그는 학교, 직장 등과 같은 일상적인 환경이 몰입의 경험을 제공하는 데 실패한 것은 단순한 실책이 아니라 도덕적 과제이며 인류가 직면한 가장 시급한 문제라고 주장했다.[22] 칙센트미하이에 따르면, 이에 대한 해결책은 현실 세계에서의 일을 일종의 게임으로 바꾸는 능력에 달려 있다. 그는 문화가 일과 놀이 사이를 인위적으로 구분하는 경향이 있다고 했다. 아마도 놀이는 진정한 몰입의 상태를 제공할 수 있는 반면, 일은 행동을 위한 선택 사항이 너무 많거나 적어서 지루하고 판에 박히고 불안한 경험을 제공하기 때문일 것이다.[23] 그는 진정으로 자유로운 사회는 직장 밖에서뿐만 아니라 직장 안에서도 자유를 느낄 수 있을 때 비로소 실현된다고 말한다. 이 말은 간단해 보이지만 실현하기는 매우 어렵다. 게임은 누구에게나 자신이 가치 있는 존재임을 느끼게 해주고, 모든 유저에게 구체적인 피드백을 제공한다. 게임에서는 새로운 무기를 획득하거나, 새로운 경로가 열리거나, 다음 단계로 진입하는 등 성취의 경험이 명확하게 주어진다. 하지만 이렇게 분명한 성취감과 즉각적인 보상을 주는 직장은 현실에서 찾아보기 어렵다.

어느 게임 유저는 말했다. "게임만큼 피드백이 많은 분야는 없어요. 예전에 기타나 피아노를 배워보려고 했는데 재미도 없고 답답하더라고요. 나중에 잘 칠 수 있겠지, 하고 제 자신을 다독였지만 그 과정이 너무 지루하고 힘들었어요." 반면에, 게임은 유저가 접속해 있지 않을 때조차 새로운 아이템 출시, 장비 업그레이드, 보상 누적 등 다양한 방식으로 뭔가가 계속 진행되고 있다는 감각을 제공하며, 이러한 피드백은 유저가 게임에 접속하게끔 유도한다. 이런 일련의 게임 메커니즘은 유저로 하여금 지속적으로 성장하고 있다는 경험을 만들어준다.

몰입을 방해하는 학교 교육

부모로서 우리는 아이가 자라는 내내 교육에 대해 깊은 관심을 갖고 지켜본다. 과연 우리는 아이가 학교에서 진정한 몰입의 경험을 찾도록 도울 수 있을까? 아이들은 점점 더 커져가는 게임 속 경험과 교실에서의 지루함 혹은 좌절감 사이의 간극을 어떻게 메울 수 있을까?

게임의 경험에 가장 가까운 학습 모델은 개인 맞춤형 학습 환경이다. 개인 지도 교사는 각자에게 맞는 학습 경로를 제시하고, 매 순간 즉각적인 피드백을 제공하고, 도전 수준을 정확하게 조절하고, 과제를 작고 명확한 목표 단위로 나눠 제공한다.

내 아들의 수학 과외 교사는 학습 과정을 재미있고 도전적으로 이끌어낸다. 과외라는 밀도 높은 환경 덕분에 아들과 과외 교사는 둘만의 세계에 몰입할 수 있고 실패에 대한 두려움이 적다. 학교 교실의 집단 수업에서 몰입을 만들어내는 훌륭한 교사도 있겠으나 이는 엄청난 도전이 아닐 수 없다. 안타깝게도 일반적인 학교 환경에서는 더더욱 찾아보기 어렵다. 학교생활은 긴장과 불안의 연속이다. 갑작스럽게 교장 선생님이 나타난다거나, 예고 없이 쪽지시험이 발표된다거나, 성적이 나옴과 동시에 엄마 아빠를 실망시킬지도 모른다는 두려움이 뒤따른다. 학교는 단순한 학습 장소가 아니며, 학생뿐만 아니라 교사, 나아가 교장까지 끊임없이 관리 감독 및 평가를 받는다.

이스라엘의 엘리트 정보 부대에서 복무 중인 닐은 이렇게 말했다(닐은 6살 때부터 게임을 했단다). "학교가 싫은 이유는 항상 누군가가 나를 평가하고 있다는 사실 때문이었어요. 물론 게임도 일종의 테스트죠. 하지만 게임은 기회가 무한한 테스트예요. 스트레스를 받는 게 아니라 오히려 기대돼요. 학교에선 한두 번뿐인 시험에 모든 게 걸려 있잖아요. 그런데 게임에선 시험을 볼 시점도, 횟수도 스스로 정할 수 있어요. 예를 들어 90점을 목표로 한다면 그 점수가 나올 때까지 무한히 시험을 볼 수 있는 거예요. 학교 교육의 목표가 지식 전달이라면 왜 시험 기회를 제한해야 하는 거죠? 결과적으로 내용을 이해하는 게 중요한 거 아닌가요?"

흥미로운 관점이다. 학생들이 원하는 점수를 받을 때까지 수십 번이고 시험을 볼 수 있는 상황을 가정해보자. 현실에서 그런 시스템을 구현하는 것은 거의 불가능하다. 시험지를 무한히 제작하고 그에 맞는 채점자를 확보하는 것은 기술적으로 어려운 일이다. 게다가 시스템에는 선별 기능이 필요하다. 누가 우수하고, 누가 부족한지 분류해야 한다. 하지만 이에 대한 해결책은 있다. 예를 들어, 학생이 90점을 받아야 한다고 치자. 단, 모든 시험 과정에서 학생은 자신이 성공하거나 실패한 조건을 스스로 분석하고 정리하는 과제를 수행해야 하고, 이 분석 과정도 별도의 평가를 받는다. 학생은 숫자로 평가받는 것이 아니라 자신의 학습 환경을 얼마나 섬세하게 조정했는지, 스스로를 어떻게 분석했는지, 다음 도전을 위해 얼마나 더 잘 준비했는지로 평가받는다(혼자 배울 때 더 효과적인가, 다른 사람과 함께할 때 더 잘 배우는가? 낮에 더 집중이 잘 되는가, 밤에 더 몰입할 수 있는가? 읽을 때 더 잘 이해하는가, 들을 때 더 잘 흡수하는가?).

배움의 방법을 배우는 게 가장 중요한 과제라는 데 이견을 갖는 이는 없을 터다. 전통적인 시험 형식을 옹호하는 사람들은 '삶은 경쟁이고, 아이들은 바깥세상의 냉혹하고 치열한 현실에 대비해야 한다. 그 현실은 압박과 경쟁, 그리고 끊임없는 비교로 이뤄져 있다'라고 주장한다. 하지만 이 논리는 학생 각자가 스스로에게 질문할 수 있는 시간과 공간—무엇을 잘하는가, 무엇에 진심으로 흥미를 느끼는가, 나의 자연스러운 호기심은 어디로 향하는가, 어떤 분야에서 진짜로 잘할 수 있는가—이라는 가장 중요한 사항을 간과한다. 달리기를 시작하기 전에 어디로 달릴지 아는 것이 먼저 아니겠는가.

다음 상황을 상상해보자. 당신은 두 사람 중 하나에게 인생 전부를 걸고 올인해야 한다. 배팅의 결과는 2배 아니면 다 잃는 것이다. 선택지는 단 둘뿐이니 당신은 운이 좋은 편이다. 두 사람 모두 출발점과 문화적·사회적 배경은 같다. 하지만 큰 차이점이 하나 있다. 한 사람은 자신이 잘하는 것이 무엇인지, 어떤 방향이 자신에게 맞는지 고민하지 않고 대부분의 시간을 그저 열심히 공부하고 연습하는 데 쏟는다. 다른 한 사람은 시간을 들여 스스로에게 질문한다. 무엇에 집중하고, 어떻게 탐색하고, 자신에게 어떤 길이 최적인지 꼼꼼히 분석하고 정하고 난 다음 학습과 연습에 몰두한다. 과연 어느 쪽이 더 성공할까? 당신이라면 누구에게 돈을 걸겠는가?

열심히 일하고 공부하고 지식을 얻고 연습하고 훈련하는 것은 중요하다. 그런데 왜 학교는 아이의 자연적인 성향, 타고난 재능, 정서적인 유대감, 특정한 분야나 방향에서 파생될 수 있는 즐거움이나 의미를 파악하고 육성하는 과정을 무시할까? 이제 누구에게 돈을 걸어야 할지 감이 올 것이다. 나는 그저 당신이 전 재산을 잃지 않길 바랄 뿐이다.

자, 다시 본론으로 돌아가보자. 아이들을 이 험한 세상에 잘 준비시켜줄 수 있는 건 무엇일까? 수백 번의 시험일까, 아니면 실패를 두려워하지 않고 오히려 실패를 즐기는 능력일까? 답은 자명해 보인다. 최근 교육계는 아이에게 맞춤형 관심과 즉각적인 피드백을 제공할 수 있도록 기술 기반 학습 도구를 적극적으로 도입하고 있다. 이론상으로는 올바른 방향으로 나아가는 듯 보인다. 교사는 학습 촉진자의 역할을 맡고, 개별 모니터링을 통해 실시간으로 학생들의 반응을 읽고 응답한다.

하지만 이 장을 읽어온 지금의 우리는 이런 방식만으로는 충분하지 않다는 사실을 안다. 명확한 목표, 즉각적인 피드백, 개인화된 난이도 설정, 이 모든 요소를 갖췄음에도 불구하고, 우리는 여전히 게임이 제공하는 특별한 경험의 핵심 요소를 놓치고 있다. 우선, 아이에게 학습 주제를 선택할 수 있는 자유가 주어져야 한다. 그래야 학습이 아이의 진정한 관심과 자연스러운 성향에 기반돼 이뤄질 수 있다. 최근 교육계에서도 선택권의 중요성을 인식하면서 프로젝트 기반 학습이나 산출된 결과물 중심 학습 같은 방식을 시도하고 있다.

이러한 학습 모델은 1960년대 미국에서 시작됐다. 하워드 버로스 Howard Burrows는 의과 대학의 교육 방향을 바꾸고자 했다. 당시의 의학 교육은 방대한 지식을 주입하고 그 지식을 임상 상황에 적용시키는 방식이었다. 하지만 이는 현실과 너무 동떨어져 있었다. 현실에서는 환자가 증상을 정확히 말하지 못하거나 여러 증상이 동시에 나타났기 때문이다. 버로스는 문제 기반 학습 모델을 제안했다. 학생들에게 완전한 정보를 제공하는 대신, 하나의 상황을 제시한 다음 그에 대해 스스로 질문을 만들고 해결 방법을 설계하도록 했다. 이 방식은 학생들의 지식 확장 능력과 자기 주도적 학습 역량을 키웠다. 결과적으로 학생들은 배워야 할 것을 스스로 정의할 수 있는 능력과 목적에 가장 적합한 자원을 선택해 활용하는 힘을 갖게 됐다.[24]

이스라엘을 포함한 세계 여러 나라의 학교들이 이런 프로젝트 기반 학습을 도입하고자 하지만 현실은 냉정하다. 대부분의 학교는 전통적인 커리큘럼에 1년에 1~2개 정도의 프로젝트를 끼워 넣는 수준에 그친다. 이 정도로는 전반적인 학습 경험을 바꾸기에 턱없이 부족하다.

이 문제의 본질을 제대로 이해하려면 이상적인 학교를 상정해봐야 한다. 이상적인 학교에서 교사는 학습을 돕는 조력자가 되고, 학생들은 학생 한 명 한 명에게 실시간 피드백을 주는 개인 맞춤형 시스템 속에서 각자 관심과 흥미에 따라 자유롭게 다양한 프로젝트를 선택할 수 있다. 하지만 겉보기에 이 모든 조건이 완벽하게 갖춰진다 해도, 여전히 게임이 제공하는 몰입감과 다양성에는 한참 미치지 못한다. 왜냐하면 학교가 시험이라는 구조에 갇혀 있는 한, 아이들이 진정으로 실력을 키우려면 필요할 때마다 충분히 시험을 다시 볼 수 있어야 하기 때문이다. 게다가 아직 언급하지 않은 중요한 게임 요소들이 더 있다. 예상 밖의 놀라움, 풍부한 다양성, 세심하게 디자인된 공간, 세계 각국의 또래들과의 자유로운 소통, 게임을 주제로 재치 있게 토론하는 유튜버들, 국제 대회 및 챔피언들의 박진감 넘치는 경쟁 같은 것들 말이다. 그러니 아이에게 "오늘 학교 어땠어?"라고 묻기 전에 아이의 게임 세계와 학교에서의 경험 사이에 얼마나 큰 간극이 존재하는지 조금 더 깊이 생각해보는 게 어떨까.

뉴욕의 게임 학교

집에서 아이들을 기다리는 화려한 디지털 세계와 현실의 교육 시스템 사이의 간극을 좁히기 위해 뉴욕에 세워진 한 독특한 학교가 있다. 이 학교는 전적으로 게임의 원리와 정신을 바탕으로 설계됐다. 게임이 인간 심리를 잘 이해하고 있다면 게임 디자이너들이 꿈꾸는 학교는 어떤 모습일까?

뉴욕에 위치한 공립 고등학교 '퀘스트 투 런Quest to Learn'에는 커다란 게임 같은 학교로 향하는 학생들 수백 명이 다니고 있다. 이 학교에는 도서관에 숨겨진 비밀 과제를 찾아 암호를 풀거나, 지구의 핵을 관통하는 운송 수단을 연구하는 학생들이 실제로 존재한다.

학생들은 심사 위원단에게 사업 계획을 제시함으로써 대수학을 배우고, 자신들의 아이디어가 최고라는 것을 증명하기 위해 통계 데이터를 활용한다. 정체성을 주제로 한 수업에서는 디지털 프로필을 디자인한다. 또 다른 수업에서는 자신이 영화 제작자라는 가정 하에 열흘간의 영화 제작을 위한 예산과 일정을 정리해 제시하는데, 수학적 모델을 사용해 교통, 음식 조달, 노조법 같은 요소를 포함시킨다. 학생들은 마지막 학기에 스포츠팀 매니저가 돼서 NBA 및 투자자 그룹을 설득하고 특정 농구팀을 자신들이 사는 도시에 유치하는 임무를 과제로 맡는다. 뿐만 아니라 고급 측정 기술 평가를 위해 방정식을 배우고, 경기장을 디자인하기 위해 3차원 기하학을 배운다. "이 학교는 학습을 모험으로 만들어요"라고 말한 한 부모의 피드백이 충분히 이해가 간다.

모든 과제에는 학생들이 포인트 점수를 받고 마스터 레벨로 올라갈 수 있는 도전—일명 '퀘스트'—이 수반되며 레벨이 점수를 대신한다. 만약 아이가 한 퀘스트에서 실패하면 충분한 점수를 벌기 위해 다른 퀘스트를 수행한다. 좋은 게임이 그렇듯, 실패는 더 열심히 노력하고 더 연습하려는 욕구를 자극한다. 이 시스템은 부정적인 긴장감을 긍정적인 긴장감으로 대체하는 것을 목표로 하고, 학생들이 학습에 더 집중하고 성과에 덜 집중하도록 돕는다. 또 학생들에게 성공 가능성을 더 많이 제공해줌으로써 열심히 공부하는 한 누구나 레벨을 올릴 수 있게 한다. 학생들은 새로운 친구를 사귀고 자신의 팀에 그 친구들을 초대할 수 있는 학습 초능력을 광고하는 곳인 전문 지식 교환소에서 지위를 업데이트하기 위해 컴퓨터에 로그인한다.

한편, 게임에서 영감을 받은 특별한 보스 레벨 행사가 학교에서 개최된다. 이는 학생들이 자신의 지식과 기술을 적용하고 복잡한 문제에 해결책을 제안하는 2주짜리 집중 프로그램이다. 보스 레벨은 비디오 게임 세계에서 나온 용어로, 강하고 위협적인 보스를 상대로 유저가 지금까지 게임에서 배운 모든 것을 구현해야 함을 의미한다. 정규 학교 시스템으로 치면 중간고사나 기말고사와 비슷하다. 학생들은 집에서 베티라는 이름의 가상 캐릭터와 의사소통하도록 초대된다. 베티는 학생들보다 지식이 적은 소프트웨어 프로그램으로, 베티를 가르치려면 충분한 인내심을 가져야 한다. 학생들이 더 많이 배울수록 자신들이 축적한 지식을 베티에게 더 많이 전수할 수 있다.[25]

게임 디자이너이자 퀘스트 투 런의 공동 설립자인 케이티 샐런 Katie Salen은 아이들이 집에서 여가 시간을 경험하는 것만큼 흥미로운 경험을 할 수 있는 학교를 설계하는 것을 꿈꿔왔다고 한다. "학생들의 학습 방식이 새롭네요. 희한한 캐릭터 이름과 허구적인 게임 이야기도 포함돼 있고요"라고 내가 말하자 그녀가 다음과 같이 대답했다. "학부모님들 말로는 아이들이 집에 가면 학교에서 있었던 모든 일을 공유한대요. 그런데 이 학교는 색다르고 흥미로운 일이 일어나는 곳이잖아요? 학부모님들은 이런 종류의 학습을 경험한 적이 없으니 아이들은 부모님에게 비밀스러운 세계, 그러니까 부모님들은 모르는 세계를 알려줌으로써 재미를 느끼는 거죠." 부모가

"오늘 학교 어땠어?"라고 물었을 때 오가는 대화를 생각해보자. 아이가 부모가 모르거나 들어본 적이 없는 것을 말할 가능성이 얼마나 되겠는가.

샐런은 말했다. "우린 아이들에게 대화의 리더가 될 수 있는 기회를 줍니다. 비디오 게임에서와 같이 우리는 학생들이 하는 일에 깊게 정서적으로 참여할 수 있는 방법을 찾았고, 그것이 단어 게임이나 역할극을 통해 꽤 간단하게 이뤄질 수 있다는 사실을 발견하고 놀랐습니다."

샐런과 그녀의 동료들은 추가적인 비용 없이 손쉽게 복제할 수 있는 모델을 고안하는 것이 무엇보다 중요하다고 판단했다. 퀘스트 투 런은 공립 학교로서 학생들이 다양한 사회·경제적 배경을 갖고 있다. 사실 가장 흥미로운 변화는 학생이 아니라 교사들 사이에서 일어났다. "우리는 선생님들에게서 인지적 변화가 일어나는 것을 목격했습니다. 교사로서의 개인적·전문적인 정체성이 바뀌고 있었습니다. 단순히 정보를 전달하는 존재에서 학습 환경을 설계하는 존재로, 일종의 게임 디자이너처럼 사고하기 시작한 겁니다. 다시 말해, 교사의 목표는 학생(유저)이 성공하도록 돕는 것이고, 만약 학생이 성공하지 못한다면 그 책임은 경험을 설계한 교사에게 있다는 인식이 자리 잡게 된 거죠. 이런 사고방식이 점차 선생님들에게도 스며들고 있었습니다."[26]

이 특별한 학교에서 우리는 부모로서 어떤 결론을 도출할 수 있을까? 이 학교의 설립자들은 게임에서 영감을 받아 흥미로운 학교를 만들었다. 일반적으로 학교 시스템의 개선에 대해 논할 때는 덜 지루한 학교를 만들자는 식의 피해를 최소화하는 접근법에 머무는 경우가 많다. 반면 뉴욕의 이 학교는 덜 나쁜 선택지가 아니라 아이들의 삶 속의 다른 어떤 경험과 견주더라도 좋은 경험이 되는 것을 목표로 설계됐다. 안타깝게도 현실에서 학교 시스템이 변화하는 속도는 너무 느리다. 이 학교는 학습을 하나의 몰입 경험으로 만든 드문 사례이며, 그런 점에서 무엇이 가능한지 보여주는 중요한 증거가 된다. 다만 이 획기적인 학교조차 학년이 높아지고 대학 입시가 다가오면, 학습 방식이 점차 전통적이고 상상력이 줄어든 형태로 바뀌게 된다. 결국 GED 시험(미국의 고등학교 검정고시 - 옮긴이)이 기다리는 한, 자유롭고 유연한 학습 환경은 한계가 있을 수밖에 없다.

또 한 가지 인상적인 점은 교사를 학습 환경의 설계자로 정의하려는 시도다. 이 관점을 가정에 적용해보면 부모를 삶의 환경을 설계하는 사람으로 생각해볼 수 있다. 우리 집은 어떤가? 가족이 모이는 거실이 텔레비전 중심은 아닌가? 가족이 함께 일하거나 협력할 수 있는 공간이 얼마나 있는가? 편안하게 쉴 수 있는 방식, 취향, 유머 코드, 혼자만의 시간, 서로의 일상 등을 나눌 수 있는 기회가 가정 내에서 얼마나 보장되는가? 사무실의 파티션처럼 서로를 의식하고 배려할 수 있는 공간 설계가 돼 있는가? 함께 음악을 듣거나 책을 읽거나 대화할 수 있는 자연스러운 구조가 마련돼 있는가? 각자 안전하고 편안함을 느낄 수 있는 사적인 공간이 존재하는가? 보통의 가정에서는 2~3군데 공간에서 함께 시간을 보낸다. 그 공간을 어떻게 하면 좀 더 자주, 깊이, 즐겁게 공유할 수 있는 구조로 바꿀 수 있을까?

이 질문은 다음과 같이 게임의 언어로도 바꿔볼 수 있다. "어떻게 해야 집이라는 공간이 가족 모두에게 더 몰입감 있고, 재미있고, 실패를 두려워하지 않는 환경이 될 수 있을까?"

게임에
양육의 답이 있다

지금까지 게임의 영향력과 게임이 아이들에게 미치는 긍정적 효과에 대한 강력한 주장들에 대해 알아봤다. 그런데 정말 놀라운 이야기는 이제부터 시작이다. 게임의 긍정적인 면을 연구하는 이들 외에, 일부 학자와 예술가들은 게임이 세상을 구할 것이라고 믿는다. 그중에서도 가장 유명하고 열정적인 인물 중 하나는 가상 현실 게임 디자이너 제인 맥고니걸Jane McGonigal 박사다. 그녀는 실제 삶을 개선하고 현실 세계의 문제를 해결하도록 설계된 게임에 집중해왔다. 맥고니걸 박사는 인간 존재의 수수께끼를 게임을 통해 풀 수 있다고 믿는다. 그녀에 따르면, 현실은 우리에게 충분한 동기를 부여하지 못하며 우리의 잠재력을 최대치로 끌어내거나 우리를 행복하게 만들기 위한 구조로 설계돼 있지 않다. 사람들이 현실로부터 도피해 게임 속으로 빠져드는 이유는 게임이 거의 모든 면에서 현실보다 나은 경험을 제공하기 때문이다. 그녀는 패러다임의 전환— 게임 설계를 활용해 현실의 문제를 해결해보는 건 어떨까? 실제 삶을 게임처럼 살면 어떻게 될까? 조직이나 공동체를 게임 디자이너처럼 운영하고, 현실의 문제를 게임 이론가처럼 접근하면 어떤 변화가 일어날까?—을 제안했다. 그녀는 말했다. "현실 세계는 정교하게 설계된 즐거움이나 짜릿한 도전, 강력한 사회적 유대감을 가상 환경만큼 쉽게 제공하지 않습니다." 맥고니걸 박사는 마이크로소프트, 맥도날드, 디즈니 등의 회사에서 컨설턴트로 일했고, 세계은행 같은 조직을 위해 여러 가지 게임을 디자인했으며, 개인적으로도 흥미로운 이야깃거리를 많이 갖고 있었다.

그녀는 자신의 저서 『누구나 게임을 한다 Reality is Broken』를 집필하던 중 집에서 사고를 당해 심각한 뇌진탕을 앓게 됐다. 말하는 데 어려움을 겪었고, 몇 달 동안 두통과 어지러움으로 고통받았다. 완전한 회복이 불가능할 수도 있다는 의사의 진단에 그녀는 자신의 상황을 게임처럼 생각하기로 결심했다. 그녀는 어린 시절 좋아했던 텔레비전 시리즈 「뱀파이어 해결사」에서 영감을 받아 회복의 여정을 '기분 나아지기'라는 퀘스트로 바꿨다. 그러고는 자신을 뇌진탕 살해범이라 부르며, 이야기의 주인공이 돼 회복 과정을 하나의 게임처럼 설계하기 시작했다. 맥고니걸 박사는 친구들과 가족을 게임의 협력자로 삼았다. 저명한 심리학자인 동생 켈리는 매일 전화를 걸어 창밖을 보며 경치 즐기기 같은 간단한 과제를 내줬고, 남편은 그녀가 걷는 시간을 조금씩 늘릴 때마다 점수를 줬다. 또한 일주일에 한 번 친구가 찾아와 즐거운 대화를 나눴다. 그녀는 자신의 증상을 악화시키는 요인들을 나쁜 남자로 칭하며 싸워서 물리쳐야 할 존재로 재구성했다. 그리고 그들을 이겨내는 데 도움이 되는 것들을 목록으로 정리했다. 어느덧 회복에 속도가 붙기 시작했고 그녀는 일상으로의 복귀라는 불가능할 것 같았던 꿈을 이룰 수 있었다. 맥고니걸 박사는 자신의 경험을 바탕으로 실제 게임을 제작했고, 이 게임은 지금까지 전 세계 50만 명 이상의 유저가 우울증, 불안, 통증 같은 건강 문제를 해결하도록 돕고 있다. "게임을 하지 않았다면 이렇게 빨리 낫지 못했을 거예요. 물론 그게 정확히 어떤 도움이 됐는지는 잘 모르겠지만요."[27]

맥고니걸 박사는 저서에서 다음과 같이 언급했다. "당신이 게임을 좋아한다면 게임을 하는 데 그토록 많은 시간을 쓴 데 대해 후회하는 마음을 떨쳐버려라. 당신은 시간을 낭비하지 않았다. 진정한 자아에 대해 가르쳐줄 수 있는 풍부한 가상 경험을 쌓아온 것이다. 다시 말해 당신의 핵심 강점은 무엇이고, 당신에게 진정으로 동기부여를 하는 것은 무엇이며, 당신을 가장 행복하게 만드는 게 무엇인지를 알게 된 것이다." 맥고니걸 박사의 이야기가 흥미로운 이유는 세상을 구하겠다는 거창한 비전 때문이 아니라, 그녀가 직접 겪은 개인적 위기를 게임 정신을 통해 극복했다는 데 있다.

많은 사람들이 게임화를 칭찬하지만 실제 현실에서는 여전히 '당근과 채찍'을 예쁘게 포장하는 데 그치는 경우가 많다. 예를 들어 집안일을 잘하면 칭찬 스티커를 주는 것과 같은 방식이다. 뉴욕의 실험 학교 퀘스트 투 런의 공동 설립자 레베카 루포-템퍼Rebecca Rufo-Tepper는 이렇게 말한다. "우리는 '게임화'라는 용어를 의도적으로 피합니다. 그 단어는 점수 시스템이나 외재적 동기만을 떠올리게 하거든요. 우리가 추구하는 것은 단순히 게임을 도입하는 것이 아니라, 게임이 학습자를 몰입하게 만드는 본질적인 원칙을 학교 환경에 반영하는 것입니다."[28] 즉, 게임화를 겉으로만 흉내 내는 것이 아니라 게임의 정신을 학교의 구조와 문화에 녹여내야 진정한 의미가 있다는 말이다. 좋은 게임화란 어른이 아이에게 게임을 건네주고 구경만 하는 것이 아니라, 모두가 함께 몰입하고 도전하며 피드백을 주고받는 구조를 만드는 것이다. 맥고니걸 박사는 말한다. "게임에서는 아주 큰 도전 앞에서도 순수한 희망을 느낄 수 있습니다. 현실에서는 그런 감정을 경험하기 어렵죠." 그녀가 회복 과정에서 게임 정신을 도입했던 것처럼, 우리 역시 일상과 교육 현장에 몰입의 경험을 가져올 수 있어야 한다. 아이뿐만 아니라 부모도 몰입하고 즐길 수 있는 순간이 필요하다.

체크 포인트

- **게임은 다 다르다** : 미니 게임과 복잡한 게임을 구별하는 것이 중요하다. 특히 복잡한 게임은 대체로 역동적이고 도전적이며, 유저에게 유익

한 경험을 제공한다.

- **복잡한 게임의 장점** : 복잡한 게임은 실시간 의사 결정이나 협력 능력 등 현실에서 유용한 다양한 역량을 연습할 기회를 제공한다. 이와 관련해 아이들이 게임에서 무엇을 경험하고 배웠는지 부모가 물어보는 일은 중요하면서도 흥미롭다.
- **부모의 역할** : 어른의 존재는 여전히 중요하다. 하지만 아이를 이끌거나 지도하기보다는 아이의 말을 경청하는 것이 더 효과적이다. 게임 세계는 부모에게 익숙하지 않은 놀이터이기 때문에 아이에게 주도권을 넘겨주는 편이 낫다.
- **게임의 끌림과 의미** : 아이들은 자연스럽게 게임에 끌린다. 그런데 왜 다른 상황에서는 이런 끌림이 잘 일어나지 않을까? 게임에는 명확한 목표, 지속적이고 즉각적인 피드백, 개인에게 최적화된 좌절이 존재한다. 놀라움과 실패를 즐기는 경험이 게임에서는 자연스럽게 일어난다. 실생활에서 이 같은 경험을 어떻게 재현할 수 있을지 아이와 함께 탐색해본다. 실패에 대한 아이의 두려움, 그리고 부모로서의 우리의 두려움을 돌아보고 실패를 즐길 수 있는 환경을 어떻게 만들지 고민해본다.
- **게임은 성찰의 도구** : 게임은 아이들에게 패배와 실패를 직접 경험하게 하고, '내가 뭘 잘못했지? 다음에는 어떻게 해야 하지?'와 같은 자기 성찰의 질문을 자연스럽게 이끌어낸다. 미국의 언어학자 제임스 폴 지는 모든 게임 경험에는 4가지 단계가 있다고 한다.

    - 탐색(가상 공간 살펴보기)

- 가설 설정(행동이나 결정 내리기)

- 재탐색(결과 살펴보기)

- 재고(피드백을 바탕으로 가설 재고하기)

이러한 게임의 사고 구조와 아이 본인이 그 구조를 어떻게 느끼는지 아이와 대화를 나눠보자.

한편, 제인 맥고니걸 박사는 모든 게임이 공통적으로 지닌 4가지 요소를 제시하는데, 이 요소들은 여러 사람이 함께 게임을 즐길 수 있는 공통 기반이 된다.

- 목표(유저가 이루려는 구체적인 결과)

- 규칙(목표를 이루는 데 따르는 제약, 창의력과 전략 유도)

- 피드백(점수, 레벨 등 진행 상황을 즉각적으로 보여줌)

- 자발적 참여(모든 유저는 목표와 규칙에 자발적으로 동의하고 참여함)

○ **아이의 성향 발견과 토론** : 아이들이 게임을 하며 발견한 자신의 성향에 대해 부모와 토론해본다. 현실에서는 드러나지 않는 열정, 호기심, 끈기, 실패 및 패배 후의 빠른 회복력 같은 것들이 게임에서 자연스럽게 나타나는 이유가 무엇인지 고민해본다.

○ **게임 경험의 현실 적용** : 해결해야 할 문제나 따분한 일상에 직면했을 때 아이의 게임 경험을 현실에 어떻게 활용할 수 있을지 생각해본다. 도전, 몰입, 즐거움의 방식을 실생활에도 적용할 수 있을지 아이와 탐구해본다. 맥고니걸 박사의 조언처럼 주변 사람들을 게임 캐릭터로 상상하거나 일상 속 사건을 모험으로 재정의해보는 것도 한 방법이다.

○ **게임과 인터넷의 부정적 측면, 그리고 관찰자로서의 시선** : 어떤 게임은

어둡고 폭력적이며, 별다른 의미나 가치를 주지 않는다. 인터넷 역시 해롭고 파괴적인 면이 존재한다. 하지만 이는 우리 삶의 모든 영역에서 일어날 수 있는 일이다. 부모가 감시자나 통제자가 아닌 호기심 많은 관찰자의 입장으로 시선을 전환하면 지금 아이에게 무슨 일이 일어나고 있는지 더 깊이 이해할 수 있다. 이 태도는 아이와 부모 모두에게 도움이 된다.

부모도
게임 경험이 필요하다

복잡한 게임 하나쯤은 직접 해보자. 직장에서 중요한 결정을 내리기 전에 스스로 확인하는 것처럼 아이들이 좋아하는 것을 기계적으로 부정하거나 제한하기 전에 우리도 먼저 경험해봐야 하지 않을까? 아이들이 그렇게까지 게임에 끌린다는 건 어쩌면 그럴 만한 이유가 있기 때문이다. 조금이라도 직접 게임을 해보면 다음과 같은 중요한 질문들에 대한 답을 찾을 수 있다.

"아이들은 게임을 하면서 자신을 표현하거나 새롭게 발견하고 있을까? 게임에서 기지를 발휘하거나 성장하고 있을까? 게임 덕분에 자신만의 독특한 표현 방식을 찾았을까? 다른 유저들과 협력하고 있을까?"

그리고 우리 자신에게도 질문해볼 수 있다.

"게임이 도전적으로 보이는가? 복잡한가? 여러 레벨과 단계로 구성돼 있는가?"

이렇게 해보면 어떤 경우든 2가지 중요한 사건이 발생한다. 아이들과 특별한 시간을 보내게 되고, 아이들의 세계에 대해 진심으로 관심과 존중을 표현하게 된다. 그리고 해보지도 않고 거부하지 않는다는 중요한 원칙을 몸소 실천해 보일 수 있다.

6장

헬리콥터 대디와 타이거 맘

내가 텔레비전 앞에 널브러져 있는데 아들이 방으로 들어오더니 농구를 하러 나갈 수 있냐고 묻는다. "지금 나가봤자 코트에 사람들 많을 텐데 괜히 힘들게 가지 말자." 나름대로 논리적인 핑계다. 나는 이대로 눌러앉아 계속 쉬고 싶다. "사람 없어." 아들이 대답한다. "이 시간에? 설마." 나는 대화를 끊으려 한다. 그러자 아들이 스마트폰 화면을 보여준다. 지정한 장소를 스캔해서 얼마나 붐비는지 알려주는 앱이다. 농구장은 거의 비어 있다. 나는 말없이 텔레비전을 몇 분 더 본다. 그러자 아들이 자신의 스마트폰으로 텔레비전의 볼륨을 줄인다. "아빠, 안 올 거야?" 아들은 내 손안의 리모컨이 무색하게 본인의 스마트폰으로 텔레비전을 통제한다.

잠시 어린 시절의 이야기를 해본다. 어느 토요일 아침, 아버지가 새로 산 냉장고의 박스를 뜯고 있었다. 우리 가족은 아버지가 포장을 조심스레 벗기고 사용 설명서를 펼치는 모습을 지켜봤다. 그림, 도표, 복잡한 설명으로 가득 찬 200쪽짜리 책자였다. 아버지는 사용 설명서를 한 장 한 장 읽어나갔다. 마치 참선에 몰두한 스님처럼 집중하고 공들여 전자 기기의 사용법을 익혔다. 새 냉장고에 손을 대기까지는 며칠이 걸렸다.

최근에 새 푸드 프로세서를 샀을 때 그 기억이 떠올랐다. 아이들은 제품이 도착하자마자 온갖 기능을 익히기 시작했다. 간혹 시행착오도 겪으면서 말이다. 가족 중 누구도 내가 집에 돌아올 때까지 언박싱을 기다리지 않았고, 새 기계를 언제 사용해볼 거냐고 묻지 않았다. 푸드 프로세서가 도착한 그날 오후, 이미 온갖 종류의 과일 셰이크가 만들어졌고 가능한 조합은 전부 시도돼 있었다. 아이들은 유튜브에서 설명 영상을 손쉽게 찾아냈다. "이걸로 맛있는 거 진짜 많이 만들 수 있어, 아빠. 잘 샀어." 아들은 그렇게 말하고는 자기 방으로 사라졌다. 나는 더 이상 아무도 의지하지 않는, 적어도 예전만큼은 그렇지 않은 주변인으로 그 자리에 홀로 남았다.

대부분 이런 상황에 익숙할 것이다. 부모는 종종 자신들이 자라온 세상과는 전혀 다른 세계에 아이를 대입시키려 애쓰는, 어딘가 우스꽝스럽고도 불안한 입장에 놓이곤 한다. 신문에는 매일같이 사라지는 직업, 극적인 인수 합병 소식, 투잡을 뛰는 사람들의 인터뷰, 학위를 요구하지 않는 유명 기업, 노래하고 글 쓰고 병간호를 하고 호텔을 운영하다 의사 국가 고시까지 통과하는 로봇, 젊은이 몇 명이 만든 알고리즘 하나에 존재 자체가 위협받는 은행과 보험사에 관한 기사들이 실린다. 이제는 노트북 하나만 있으면 깡마른 다윗도 어떤 골리앗이든 쓰러뜨릴 수 있다.

어느 순간부터 부모의 본능적 직감은 오작동하기 시작했다. 아이에게 걷게 하고 싶었던 길은 수많은 갈래로 흩어지고, 그 갈래들은 점점 더 복잡하게 퍼져나간다. 부모는 이제 어디로, 어떻게 아이를 이끌어야 할지 자신이 없다. 양육이란 과업은 점점 더 어렵고 복잡해졌지만 여기에 쏟을 수 있는 시간은 오히려 줄어들고 있다. 지난 수십 년간 자기 계발이라는 이상은 더욱 강조됐고, 대부분의 가정에서 부모는 각자의 커리어를 쌓으면서 동시에 자아실현을 꿈꾼다. 부모는 조부모의 도움을 바라지만 조부모 역시 강연을 듣거나 친구를 만나러 카페에 간다.

우리는 숨 가쁘게 하루하루를 보내며 아이에게 무엇이 옳은 일인지 끊임없이 고민하는 가운데 본능적인 판단을 자주 의심하게 된다. 삶의 속도는 점점 빨라지고 올바른 양육에 대한 상반된 조언은 사방에서 쏟아져 정신이 아득해진다. 아버지의 단 한 번의 눈빛만으로 상황이 종료되던 시절은 어디로 갔을까? 지금은 오히려 아이의 한 번의 눈빛에 부모가 벌떡 일어나는 시대다.

이런 변화 속에서 많은 연구자들이 '부모 권위의 상실'이라는 주제를 본격적으로 논의하기 시작했다. 과거에는 부모가 지식을 통제하고 시간의 흐름을 좌우했지만, 지금의 부모는 당연히 주어지던 권위를 더 이상 갖고 있지 않다. 이 새롭고 수평적이고 기술 기반의 세계에서 부모는 잃어버린 권위를 어떻게 다시 세울 수 있을지 방법을 찾아야 한다.

나는 어떤 유형의
		부모인가

    1966년, 심리학자 다이애나 바움린드Diana Baumrind는 지금까지 고전으로 평가받는 일련의 논문을 발표했다. 그녀는 양육 방식을 3가지로 분류했고, 이는 오늘날에도 양육 방식과 그에 따른 결과를 논의할 때 출발점으로 활용된다. 이 분류를 이해하면 자신이 어떤 유형의 부모인지 파악할 수 있을 것이다.

    첫 번째 양육 방식은 허용적 양육이다. 허용적인 부모는 자녀에게 부드럽고 따뜻한 태도를 보인다. 자녀에게 요구하는 것이 거의 없으며 특정한 행동에 대해 기대하는 바가 많지 않다. 자녀가 스스로를 통제하도록 자녀에게 맡긴다. 애정이 많은 양육 환경을 제공하지만 실제로 자녀의 삶에 관여하는 정도는 비교적 낮다. 연구에 따르면, 허용적인 부모 밑에서 자란 아이들은 자존감이 높은 편이지만 학교생활에 큰 흥미를 보이지 않는 경우가 많다. 일부 연구에서는 이러한 양육 방식이 자녀의 음주, 약물 남용, 범죄 행동 위험 증가와 관련이 있다는 결과도 나왔다.[1] 한편, 허용적 양육이 높은 창의력과 상관관계를 보인다는 일부 연구도 있다.[2]

바움린드의 스펙트럼에서 허용적 양육의 반대편에는 두 번째 양육 방식인 권위주의적 양육이 있다. 이러한 부모는 대체로 매우 엄격하다. 자녀를 지도하는 자신의 역할을 융통성 없이, 때로는 감정 없이 수행한다. 자녀의 판단력을 과소평가하며 자녀의 삶 전반을 통제하려 한다. 이 양육 방식은 부모가 명확하고 경직된 규칙을 정하고 자녀가 그 요구에 무조건 따를 것을 기대하는 것이 특징이다. 규칙을 어기면 처벌을 받으며 규칙의 이유가 명확히 설명되지 않는다. 이러한 부모는 따뜻한 감정을 드러내는 일이 드물며 자녀를 통제하기 위해 조작이나 기만도 서슴지 않는다. 연구에 따르면, 권위주의적 부모 밑에서 자란 아이들은 자존감이 낮고, 사회적 기술이 충분히 발달하지 않으며, 행복감 척도에서 스스로를 낮게 평가하는 경향이 있다. 반면, 이들은 훈련이 잘돼 있고 성실하며, 극단적인 수준이 아니라면 비행 청소년이 될 위험이 낮은 편이다.[3] 그러나 이 양육 방식이 극단에 이를 경우 아이가 주의력 결핍 장애로 이어질 수 있으며[4] 우울 성향을 보일 가능성을 크게 높이는 요인이 될 수 있다.[5] 이런 양육 방식은 창의력을 억제한다.[6]

혹시 스스로가 두 유형 중 어디에—일부라도—해당하는지 알 수 있겠는가? 이 2가지는 양육 태도의 정반대에 위치한 상당히 극단적인 모델이다.

허용적 양육과 권위주의적 양육 사이에는 바움린드가 정의한 3번째 양육 방식이 있다. 이 방식은 수십 년 동안 이상적인 양육 모델로 간주돼왔으며, 앞선 2가지 방식의 요소를 조합하고 조정한 형태다. 이 모델의 명칭은 다소 혼란스럽게 들릴 수 있다. 이상적인 양육 방식을 '권위 있는 양육'이라 부르기 때문이다.

권위주의적 양육처럼 권위 있는 양육도 자녀가 따라야 할 명확한 규칙을 기반으로 한다. 하지만 명칭만 유사할 뿐 공통점은 여기까지다. 권위 있는 부모는 자녀에게 훨씬 더 많은 애정과 자율성을 부여한다. 감정적인 조작을 하지 않고 자녀의 행동에 직접적인 방식으로 영향을 준다. 자녀가 실망스러운 행동을 하거나 규칙을 어기더라도 과도하게 처벌하지 않는다. 자녀에게 자신감을 심어주고, 아이의 말을 경청하고, 아이의 요구와 필요에 민감하게 반응한다. 이러한 부모는 자녀가 자기주장을 할 줄 알고, 긍정적인 사회관계를 형성하며, 협동적이고 자기 통제력을 갖추길 기대한다.

바움린드가 권위 있는 양육 모델을 제시한 이후, 많은 연구들이 이 방식의 결과를 분석해왔다. 연구 문헌 전반에서 비교적 널리 합의된 사실은, 권위 있는 양육이 가장 효과적인 양육 방식이라는 점이다. 권위 있는 부모 밑에서 자란 아이들은 행복감 척도에서 높은 점수를 받고, 학교 성적이 우수하며, 장차 풍요롭고 만족스러운 직업 경로를 가질 것으로 기대된다. 뿐만 아니라 재정적으로 성공할 가능성도 더 크다. 이들은 불안, 외로움, 우울감, 사회적 위축 등의 감정에 휩쓸릴 가능성이 현저히 낮다.[7] 자존감이 높고,[8] 새로운 환경에 잘 적응하고, 창의력이 뛰어나고, 정신 건강이 좋은 편이다.[9] 흥미로운 연구 하나는, 권위 있는 부모에게 입양된 아이들이 심리적 회복 탄력성을 갖게 됐고, 이전에 겪었던 건강 및 발달상의 문제를 빠르게 극복했다는 결과를 보여준다.[10] 권위 있는 양육은 부모에게 성공적인 양육을 위한 일종의 비법을 제시하는 듯하다. 다시 말해, 이 균형 잡힌 방식은 경계와 자유 사이의 황금 경로를 제시함으로써 아이들이 발달하고 성장할 수 있는 환경을 만들어준다.

어떤 논의에서나 그렇듯, 우리는 다시금 양극 사이에 서게 된다. 정반대의 명제를 오가며, 한 선택지가 다른 하나를 부정하는 구조 속에 놓인다. 그리고 기다렸다는 듯 양극단의 장점을 조합한 제3의 이론이 등장한다. 권위 있는 양육이 바로 그것이다. 여기서 잠깐, 문제가 이미 해결됐는데, 왜 우리는 여전히 위기를 느끼는 걸까? 왜 이토록 고통스럽고, 혼란스럽고, 죄책감이 드는 양육에 대해 끝없이 이야기하는 걸까? 원래대로라면 권위 있는 양육 방식이 모든 해답을 제공하고 부모의 마음이 놓이게 해줘야 했다. 자유와 규칙을 균형 있게 조합한 올바른 방식이니까 말이다. 과연 무엇이 잘못된 걸까?

오늘날 우리가 겪는 어려움의 주된 원인 중 하나는 아이와 부모 사이의 관계를 뒤흔든 기술 기반의 새로운 세계다. 이 세계의 디지털 원주민인 아이들은 손가락 몇 개만으로 여러 나라의 친구들과 실시간으로 메시지를 주고받으며 앞서 달려나가고 있다. 반면, 아이들의 말마따나 부모는 디지털 이주민에 가깝다. 제자리걸음을 한다고 느끼고, 즐거움은 고사하고 늘 지쳐 있고, 신경이 곤두서 있다. 뭐가 옳은지, 어느 학교가 좋은지, 어떤 방과 후 활동이 중요한지에 대한 단편적인 정보만 여기저기서 긁어모은다. 분명 의도는 좋은데 양육에 관해서 스스로의 직관을 믿고 따르지 못한다.

이번 장에서는 새로운 양육 방식으로의 전환을 다룬다. 끊임없이 변화하는 새로운 세계에 맞춰 부모 역할에도 버전 업데이트가 필요한 시점이다. 그 출발점으로 양육에서 가장 중요한 고민 지점인 자유와 규칙 사이의 균형에 대해 살펴볼 것이다.

딜레마에서 시작해
딜레마로 끝나는 양육

　올바른 양육이라는 질문은 결국 자유와 규칙 사이의 딜레마에서 시작하고 끝난다. 이 딜레마의 한편에는 자녀에게 명확한 경계를 설정해주고, 권위를 드러내며, 안전하고 책임감 있는 틀을 만들어줘야 한다는 요구가 있다. 반면 다른 한편에는 자녀에게 더 많은 자유를 주고, 스스로를 발견할 수 있는 공간을 제공하며, 자녀의 감정을 존중하라는 조언이 자리한다. 이처럼 상반된 조언 사이에서 우리는 누구의 말을 믿어야 할까? 이 둘 사이에는 늘 뭔가 빠진 듯한 기분을 안고 살아가는 책임감 강한 부모들이 있다. 행복한 순간은 드물고, 지치고 걱정이 많다. 결국 이야기는 또다시 자유와 규칙 사이의 문제로 되돌아온다. 그리고 그 속에서 끊임없는 고민과 갈등이 생긴다. 아이가 자유롭고 행복하게 자라게 하려면 더 허용적인 태도를 가져야 할까, 아니면 오히려 더 제한하고 통제해야 할까? 혹은 구체적인 목표를 설정하고 질문을 바꿀 수도 있다. 만약 우리의 목표가 세상을 탐험하며 거침없이 나아가는 걱정 없고 독립적인 아이로 키우는 것이라면, '아이에게 얼마나 많은 자유를 허용해야 하는가?'라는 질문을 우리 스스로에게 던져야 한다.

최근 수십 년 동안 전 세계적으로 다양한 양육 모델이 등장했다. 그중에 하나가 헬리콥터 부모Helicopter parenting다. 헬리콥터 부모는 아이 주위를 맴돌며 늘 가까이에서 아이를 지켜본다. 필요하지 않은 순간에도 굳이 개입하고, 조언하고, 도와주고, 보호할 준비가 돼 있다. 이들은 자녀교육에 과도하게 개입하고, 끊임없이 감독하고, 교사에게 자주 연락한다.[11] 또 다른 과잉보호 양육 방식으로는 제설차 부모Snowplow parenting 또는 잔디깎이 부모Lawnmower parenting가 있다(어느 기후권에 사느냐에 따라 명칭이 달라진다). 이들은 자녀보다 한 발 앞서 움직이며, 아이의 앞길을 미리 치우고 고르게 다듬는다. 아이가 어떤 장애물도 맞닥뜨리지 않도록 모든 것을 미리 제거해준다. 이를테면, 아이를 특정 팀 선발에 꼭 들게 하거나, 교사를 회유하거나, 아이가 모르는 사이에 뒤에서 압력을 가한다.[12] 하지만 이러한 과잉보호는 부모의 권위를 회복해주지 않는다. 오히려 정반대의 결과를 낳는다. 이런 부모는 자칫 아이의 전담 하인으로 전락할 수 있다.

한편, 타이거 부모도 있다. 이 표현은 예일대 로스쿨 교수이자 두 딸의 엄마이며, 회고록 『타이거 마더』로 베스트셀러 작가 반열에 오른 에이미 추아Amy Chua가 만든 용어다. 추아 교수는 아이들이 어릴 때 텔레비전, 게임, 친구 집에서 자기, 친구 초대, 외박 등을 전면 금지했다. 그뿐 아니라 주말과 공휴일, 방학을 포함해 하루 6시간씩 악기 연습을 시켰다. 지금은 20대가 된 그녀의 딸들은 하버드와 예일을 졸업했고, 그 당시 힘들긴 했지만 가족끼리 즐거운 시간을 보낼 수 있었고 무엇보다 독립하는 법을 배웠다고 말한다. 추아 교수는 도가 지나치고 후회되는 점도 많기에, 자신의 양육 방식이 항상 효과적인 것은 아니었음을 인정한다(동양식 교육의 위력에 대해서는 조금 뒤에 다시 살펴볼 것이다).

주목할 만한 또 하나의 모델은 이스라엘의 저명한 심리학자 첸 나르디Chen Nardi 박사가 제안한 상어-돌고래-정어리 모델이다. 첸 박사와 리브카 나르디Rivka Nardi 박사는 해당 주제로 여러 권의 책을 함께 집필하며 이 모델을 체계화하고 확장시켰다. 이 모델은 부모가 갈등, 감정, 어려움에 대처할 때 취하는 3가지 유형의 반응 양식을 설명한다. 우리는 정어리처럼 행동할 수 있다. 도망치고, 숨고, 타인을 기쁘게 하려 하고, 세상 모든 사람이 자신보다 강하다고 느끼고, 갈등을 회피한다. 반대로 상어처럼 행동할 수 있다. 공격적이고, 호전적이고, 힘의 논리가 다른 사람과 통하는 유일한 언어라고 믿는다. 또한 돌고래가 될 수도 있다. 공감하고 섬세하고 사랑을 주고받되, 자기희생을 전제로 해서는 안 된다.[13]

국제적으로 널리 인정받는 또 하나의 흥미로운 모델은 하임 오메르Haim Omer 교수의 비폭력 저항과 새로운 권위 이론이다. 지난 20

여 년간 오메르 교수는 권위 있는 어른의 말이 더 이상 자동으로 위엄을 갖지 않는 시대에 걸맞은 새로운 권위 모델을 정립해왔다. 이 새로운 권위는 책임감과 자기 통제를 강조하는 단호하고 조용한 존재감 위에 세워진다. 즉, 즉각적인 반응보다는 자기 억제와 지연된 개입을 지향한다. 오메르 교수의 말을 빌리자면, 쇠가 식었을 때 단호히 내리친다.[14]

유럽에도 흥미로운 양육 방식들이 등장했다. 대표적인 것이 바로 '프랑스식 양육'이다. 이 방식은 아이에게 엄격한 경계를 설정하되, 아이에게 모든 관심을 쏟지 않고 와인을 곁들이며 여유를 즐긴다는 원칙에 기반을 둔다. 이에 대한 대표적인 책으로는 『프랑스 아이처럼』이 있다.[15] 저자는 미국 출신 저널리스트 파멜라 드러커맨Pamela Druckerman으로 가족과 파리로 이주한 뒤 프랑스 양육 문화를 직접 체험하며 책을 집필했다.

이 책에서 그녀는 한 레스토랑에서의 경험에 대해 실었다. 당시 18개월이던 딸은 파스타와 흰쌀밥 외에는 아무것도 먹지 않으려 했는데, 바로 옆 테이블의 프랑스 아이들은 생선과 채소를 먹으며 부모와 대화를 나누고 있었다. 프랑스 부모에게는 어린이용 음식이라는 개념 자체가 없다. 공원에 나갈 때 드러커맨은 장난감과 간식으로 가득 찬 가방을 챙기지만, 평균적인 프랑스 엄마는 공 하나만 들고 나가 친구와 느긋하게 대화를 나눈다. 프랑스에서는 아이를 작은 어른으로 여긴다. 그러므로 아이는 공공장소와 사회적 상황에서 예의 바르게 행동하도록 교육받아야 할 존재다. 프랑스 부모는 아이가 슈퍼마켓 바닥에 드러눕고 소리치는 행위를 결단코 자기표현으로 받아들이지 않는다.

그렇다면 당신은 어떤 유형의 부모인가? 프랑스식? 허용적? 권위주의적? 헬리콥터? 잔디깎이? 타이거? 이처럼 다양한 양육 방식이 존재한다는 사실은 사람들이 뭔가 다른 것, 좀 더 올바른 것, 특히 현대적인 것을 끊임없이 찾고 있음을 보여준다. 이제는 균형 잡힌 권위 있는 양육 방식도 새롭게 위치를 정의하고 자신감을 회복할 필요가 있다.

오늘날의 양육 방식에서 반드시 바꿔야 할 것이 하나 더 있다. 바로, 양육을 더 개인적이고 직관적인 방식으로 전환하는 일이다. 우리의 삶은 개인 맞춤형 의료 서비스, 퍼스널 뱅킹, 개인 트레이닝, 개인 맞춤형 페이스북 프로필·구글 검색 결과·아마존 및 넷플릭스 추천 등에서 볼 수 있듯, 더욱 개별적이고 개인화된 행동 방식을 강조하는 쪽으로 나아가고 있다. 어디서든 우리의 행동과 취향이 기록되고 식별되며, 내비게이션조차 정확한 시간에 '집으로 갈까요?' 하고 묻는다. 이는 모두 시스템이 개인화됐기 때문이다.

강연장에서 부모가 질문을 하거나 양육에 대한 조언을 구하면 나는 같은 질문을 부모에게 되돌려준다. 부모는 자신이 생각하는 것보다 훨씬 많은 것을 알고 있다. 상황을 파악하고, 본능적으로 감지하며, 자신이 지닌 세계관에 대해 깊이 있는 질문을 던질 수 있다. 그리고 그 과정을 통해 마침내 자신과 아이에게 꼭 맞는 해법을 이끌어낼 수 있다. 어쩌면 이것이 오늘날 새로운 양육이 지향해야 할 진짜 목표일지도 모른다. 이는 모든 아이에게 일률적으로 적용되는 정답이 아니라, 각 아이에 맞춰 설계된 개별화된 양육 방식, 더 나아가 부모와 아이가 함께 만들어가는 관계 중심적이고 유동적인 양육의 형태일 것이다.

나는 강연장에서 질문을 던진 젊은 아버지에게 되물었다. "이 문제를 직접 해결하려고 시도해봤나요? 집에서 어떤 이야기를 나눴나요?" 그가 지난 한 주 동안 직장에서 해결한 복잡한 문제들을 떠올려보라. 그 모든 문제를 잘 해결하던 사람이 왜 집안 문제만큼은 해결하지 못한다고 느끼는 걸까? 물론 연구자들이 밝혀낸 사실이나 사상가들이 남긴 통찰, 훌륭한 작가들의 제안은 충분히 살펴볼 만한 가치가 있다. 다른 나라의 교육 방식이나 다양한 양육 모델에 관심을 갖는 일도 중요하다. 나 역시 내가 알고 있는 내용을 기꺼이 나누고 싶다. 그렇다 하더라도 다음 단계부터는 부모와 자녀 스스로가 진짜 해답을 만들어가야 한다.

보통 부모는 학교에서 아이를 진심으로 이해하고, 섬세하게 대화해주며, 아이를 있는 그대로 바라봐주는 교사를 갈망한다. 그런데 정작 본인은 너무 많은 일을 하느라 바쁘다. 교육하고 돌보고 보호하고 가르치고 삶을 준비시키고, 그 와중에 반성하고 개선하느라 지금 이 순간도 부모로서 존재하는 법을 잊고 산다. 스스로가 할 수 있고, 하고 싶고, 해야 하는 방식으로 부모가 되는 일조차 외면한다. 지금의 부모들은 자기 자신을 돌아보고, 자기 방식대로 부모가 되는 가능성마저 포기한다. 너무 지쳐서 스스로 생각할 힘도, 가정 문제를 해결할 여유도 없다. 그 결과, 늘 그래왔듯 누군가가 정답을 알려주거나 정확한 방법을 제시해주길 기다린다.

우리는 부모가 되는 법에 대한 숙제를 받고, 마치 교재의 문제를 풀 듯 양육을 따라 하려고 한다. 이런 분위기에서 미디어 속 짧은 조언들은 대부분 아이와 갈등이 생겼을 때 어떤 말투를 써야 하는지, 어떤 단어를 골라야 하는지, 무엇을 허용하고 무엇을 금지해야 하는지에 집중한다. 이제는 교사가 아니라 양육 전문가가 정답을 제시한다. 모든 질문에는 명확하고 획일적인 해답이 존재하는 듯한 분위기가 형성된다. 살기 바쁘다 보니 부모는 점점 더 전문가가 시키는 대로만 하고 빨리 끝내고 싶다는 유혹에 빠진다. 그러나 이런 선택은 오히려 더 강력한 번아웃과 깊은 피로로 이어진다. 하루 일과를 마치고 집에 도착한 부모에게 집은 또 다른 직장이 돼버린다. 그리하여 집에서 긴장감 넘치는 일련의 작업들이 다시 시작된다. 현대의 부모에게 집은 더 이상 재충전의 공간이 아니라 겨우 견뎌내는 마지막 관문이다.

이 모든 게 바로 지금 우리에게 나타나고 있는 기이한 양육 방식이다. 다음 일정, 다음 약속, 다음 할 일을 향해 달려가는 와중에 육아는 겨우 끼워 넣는 일이 됐다. 부모는 집에 들어선 순간부터 마침내 쉬게 될 때까지의 시간을 최대한 줄이려고 애쓴다. 그러다 보니 아이와 보내는 시간이 버겁고, 어떻게든 빨리 끝내고 싶다는 생각만 앞선다.

이처럼 외부의 해답과 명확하고 안심되는, 이른바 '레시피'를 바라는 마음은 한 가지 질문을 불러일으킨다. 부모인 우리가 스스로 사고하지 않는데 과연 독립적인 아이로 길러낼 수 있을까? 다른 누군가가 써놓은 설명서에 따라 그대로 행동하면서 아이를 독창적이고 창의적이며 문제를 해결할 줄 아는 어른으로 키울 수 있을까?

주목받는
동양의 교육

　서로 다른 문화를 경험하고 외부인의 시선에서 자신을 돌아보는 일은 우리에 대해 더 깊이 이해할 수 있는 계기를 마련해준다. 나는 되도록이면 한 달에 한 번꼴로 해외에 나가 새로운 사람들을 만나고 새로운 장소에 가보려고 한다. 가끔 아주 짧은 일정으로 회의 몇 개만 마치고 같은 날 밤 비행기로 돌아온다. 그럴 때면 나는 마치 기업가가 된 듯한 기분이 든다. 비행기에서 내리자마자 각 분야를 선도하는 이들을 만나러 간다. 계약이나 거래를 하는 건 아니지만 그 대신 서로 아이디어를 주고받는다. 우리는 이 시간을 진지하고 목적이 분명한 비즈니스 미팅으로 여긴다.
　최근에 가보고 싶었던 중국을 여행했다. 그중에서도 내가 가장 기대한 곳은 중국 남부 항저우의 샹그릴라 호텔 로비였다. 인구 900만의 이 도시는 50년 전쯤 그곳에서 태어난 한 사람 덕분에 세계적인 명성을 얻었다. 천장에는 우아한 샹들리에가 달려 있고, 대규모 행사가 열리는 대형 홀에는 고급 카펫이 깔려 있다. 호텔 직원들은 손님을 집에 있는 듯 편하게 해주기보다 왕처럼 대접한다.

르네상스의 거장 레오나르도 다빈치의 고향 빈치, 엘비스 프레슬리의 고향 투펠로처럼 항저우에도 이 지역 출신의 대표 인물이 있다. 바로, 거대 온라인 유통 기업 알리바바 그룹의 창업자 마윈Jack Ma이다. 그의 인생을 바꾼 사건이 바로 이 호텔 로비에서 벌어졌다. 12살 마윈은 영어를 배우기 위해 이 호텔 로비를 찾았다. 정식 영어 수업을 받을 수 없는 소년이 영어를 배우려면 어떻게 해야 할까? 그는 외국인 관광객이 드나드는 이 호텔에 원서를 냈다. 1980년대에 그곳은 외국인들의 만남의 장소였다. 마윈은 5년 동안 나날이 늘어가는 영어 실력으로 외국인 손님들을 안내했다. 마윈은 이때의 경험을 통해 학교나 부모에게서 들은 것과 전혀 다른 것들을 배웠다. 여기가 바로 그의 독특한 사고방식이 싹트기 시작한 지점이다.

마윈은 특유의 유쾌한 말투로 자신의 화려한 실패 목록을 늘어놓는 걸 좋아한다. 알리바바 창업자의 인생 이야기는 아주 비현실적으로 들린다. 일례로 마윈은 하버드 비즈니스 스쿨에 열 번 지원해 모두 탈락했고, 중국에 있는 대학교 3곳에 지원했는데 입학에 번번이 실패했다. 그는 학위를 받기 전에 30군데에 이력서를 냈고 전부 불합격했다. 5명 중 4명을 뽑는 경찰 채용 면접에서는 그가 1명의 탈락자였다. KFC에 지원했을 때 25명이 면접을 봤는데 유일하게 불합격한 사람도 그였다.

세계적인 성공 신화의 주인공이 정작 자신이 자란 도시의 제도권 기준에는 미치지 못했다는 사실은 우연일까? 혹은 틀에 맞지 않는 사람만이 기존의 틀을 깨고 새롭게 만들 수 있는 걸까?

비범한 성공을 이룬 사람들의 삶에는 대체로 비범하고 독창적이며 사람을 끌어당기는 서사가 깃들어 있다. 나는 가끔 이런 상상을 해본다. 이들이 삶의 어느 순간부터 일부러 괴짜 같고 예외적인 경험들을 수집한 건 아닐까? 훗날의 전기에서 이야깃거리가 될 만한 경험을 일부러 준비하듯 말이다. 하지만 어쩌면 비범한 삶은 애초에 그 사람의 기질과 분리될 수 없는지도 모른다. 낯선 것에 대한 끊임없는 호기심, 틀을 벗어난 행동, 유별난 경험을 향해 계속해서 튀어오르는 기질 자체가 그들의 성공을 만들어낸 것 아닐까?

다시 마윈의 인생 이야기로 돌아가자. 마윈은 몇 년간 영어 교사로 지낸 후 31살이 됐을 때 중국 무역 대표단의 통역사로서 시애틀 출장에 동행했다. 미국인 주최 측은 그에게 인터넷에 연결된 컴퓨터를 보여줬다. 마윈이 검색 엔진에 중국이라는 단어를 입력했는데 놀랍게도 아무런 결과가 없었다. 마윈은 말했다. "저는 시애틀에서 인터넷의 존재를 우연히 알게 됐고, 이것이 미래에 세상을 바꿀 것이라고 생각했습니다. 그전에는 컴퓨터를 만져본 일조차 없었습니다."

그는 꿈으로 가득했던 미국 방문을 마치고 돌아왔다. "저는 친구 24명을 제 아파트로 초대했어요. 친구들에게 2시간 동안 인터넷에 대해 설명했는데 그중 23명이 잊어버리라고 했어요. 오직 친구 하나만이 말했죠. '해보고 싶으면 해봐. 잘못되면 다시 돌아가면 되지 뭐.' 밤새 고민한 결과는 '그래도 하고 싶다'였어요. 대부분의 사람들은 저녁 시간에 환상적인 생각을 품었다가도 아침에 자고 일어나면 평소대로 일하러 가잖아요."[16]

알리바바는 공동 창업자들이 각자 집에서 가져온 물건을 온라인에 올려 서로 구입하면서 시작됐다. 일단 사이트에서 거래가 활발한 것처럼 보이게 하기 위해서였다. 첫 한 달 동안 마윈은 사이트 방문자들이 올린 모든 물건을 구입하자고 고집했다. 결국 공동 창업자들이 함께 지내던 아파트는 가구로 가득 차 발 디딜 틈조차 없었다. "창업자들이 18명이었는데, 다들 돈이 없었어요. 하지만 누군가 100만 달러를 주겠다고 하고, 누군가 신뢰를 주겠다고 한다면 저는 후자를 택할 거예요. 저는 저를 믿어준 사람들을 선택합니다…. 그 18명은 저를 믿었어요."

마윈이 처음 사업을 시작했을 때 사람들은 그가 미쳤다고 했다. 「타임」지에 처음 등장했을 때의 별명도 '크레이지 잭'이었다. 이에 대한 마윈의 반응은 이러했다. "저는 미쳤다는 말이 좋아요. 그런데 우리는 미쳤지만 바보는 아니에요. 우리가 뭘 하고 있는지는 알고 있거든요. 만약 모두가 제 생각에 동의하고 제 아이디어가 좋다고 생각한다면 그건 실패할 거란 뜻이나 마찬가지입니다."[17]

물론 이런 극단적인 사례는 조심스럽게 다뤄야 한다. 하지만 마윈의 이야기는 많은 생각할 거리를 던져준다. 나는 호텔 로비에서 혼자만의 영어 수업을 만들어가던 12살 소년을 떠올린다. 그리고 스스로에게 묻는다. 아이들에게 꿈을 실현하는 법을 가르칠 수 있을까? 꿈꾸는 방법 자체를 가르칠 수 있을까? 스스로 길을 찾아 나서는 창의적 자생력을 키워줄 수 있을까? 만약 불가능하다면 교육 시스템의 역할은 도대체 무엇일까? 정해진 틀을 깨뜨린 그의 성공이 단지 우연일까? 애초에 어떤 제도에도 자신을 끼워 맞추지 않으려 했던 사람이기에 가능한 결과는 아니었을까?

마윈처럼 대단한 성취를 이루는 사람은 드물지만, 우리가 시도해볼 수 있는 가능성의 영역은 여전히 넓고도 다양하다. 그런데 왜 세상을 기쁨과 호기심으로 누비는 사람은 소수에 불과하고, 대부분은 불안한 얼굴로 다음 할 일을 향해 서둘러 움직이는 걸까? 왜 낯선 경험에 기꺼이 뛰어들고, 실패를 담담히 받아들이고, 장난감 가게에 들어선 아이처럼 세상을 돌아다니는 사람은 드문 걸까? 반면 정해진 규칙과 기준이라는 틀에 매달린 채 두려움에 움츠러드는 사람은 왜 이렇게 많은 걸까? 부모인 우리는 아이가 자신 있게 세상을 향해 날개를 펼 수 있도록 도와줄 준비가 돼 있을까? 과연 우리는 얼마나 많은 책임을 스스로 감당하고 있고, 얼마나 많은 부분을 학교가 대신해주길 헛되이 기대하는 걸까?

마윈의 이야기는 12살 소년이 독학으로 컴퓨터를 조립하거나 모차르트와 바흐를 연주했다는 것이 아니다. 진짜 핵심은 12살의 나이에 스스로 배우는 법을 터득한 소년에 관한 이야기라는 점이다. 그렇다면 우리는 아이에게 이런 자력 학습의 능력을 길러주기 위해 얼마나 노력하고 있는가? 또는 집 안의 규칙을 지키게 하는 일에 얼마나 많은 에너지를 쏟고 있는가?

이번 여정의 다음 목적지는 중국의 부모들과의 만남이었다. 그곳에서 나는 이상한 풍경을 목격했다. 아시아 교육은 모범적인 모델로 평가받으며 국제 학업 성취도 평가에서 늘 상위권을 차지한다. 그런데 대도시에 사는 중국 부모들은 자국의 교육 시스템에 대해 깊은 불신을 드러냈다. 내가 만난 부모들은 35세에서 45세 사이로 전문직 종사자들이었다. 특히 인상 깊었던 건 어머니들이었다. 그들은 교육 경로를 하나하나 날카롭게 분석하고, 세세한 부분까지 꼼꼼히 따지며, 상당한 자산을 자녀교육에 쏟아부었다. 또 그들은 아이를 중국 교육 시스템의 그늘에서 벗어나게 하기 위해 안간힘을 쓰고 있었다. 그들은 자신이 어린 시절에 겪었던 교육 경험에 대해 들려줬다. 끊임없는 시험과 숙제, 압박과 고통 속에서 다른 아이들을 이기고 다음 단계로 올라가기 위해 몸부림쳤던 기억들을 말이다. 이제 그들은 그런 엄격한 규칙의 교육을 더 이상 신뢰하지 않는다. 대신 더 행복하고 자유로운 교육을 자녀에게 시켜주고 싶어 한다.

오후에 호텔 로비에서 준과 그녀의 11살 아들을 만났다. 아들은 초등학교 6학년이었다. 아이는 호텔에 도착하자마자 아이스크림 코너에 푹 빠졌다. 준은 아들의 하루 일과를 설명해줬다. 학교는 오후 4시 30분에 끝나고, 버스를 타고 5시에 집에 도착한다. 30분 정도 쉬고 나면 곧장 숙제 마라톤이 시작되고, 저녁을 먹고 다시 숙제를 하다 보면 밤 9시가 된다. 초등학교를 졸업하면 명문 중학교 입학을 위한 시험을 치러야 하고, 좋은 내신을 받기 위한 압박은 더욱 커진다. 준은 아들에게 좋은 교육을 제공하되 동시에 행복도 보장해주고 싶어 했다. 그래서 내년에 가족 모두가 캐나다로 이주할 계획이란다. 아들이 초등학교 3학년 때부터 이주를 준비해왔고, 수년간 영어와 배드민턴 수업에 돈을 들였다. 경쟁과 갈등을 좋아하지 않는 아이를 위해 연착륙을 준비하는 것이다.

나는 상하이에서도 비슷한 부모들을 만났다. 대개는 자녀를 위해 서양식 교육으로 전환하려는 시도를 하고 있었다. 크리스틴의 큰딸은 중국의 공립 학교에 다녔는데, 그녀와 남편은 같은 실수를 반복하지 않겠다고 다짐했다. 그래서 전 재산을 털어 상하이의 다른 구역에 작은 아파트를 구입했다. 그곳에는 보다 자유로운 분위기의 명문 초등학교가 있기 때문이다. 중국 법에 따르면 해당 지역에 5년 이상 주택을 소유해야 자녀를 그 학교에 입학시킬 수 있다. 현재 생후 18개월인 아들이 5년 후 그 학교에 입학할 수 있도록 모든 준비를 마친 상태다.

상하이에서 만난 또 다른 부모 셰리 아미아는 5살 아들을 영국계 사립 학교에 보내는 것이 꿈이다. 학비는 연간 4만 달러다. 부부가 감당하기 어려운 액수지만 이 목표를 위해 둘째를 갖지 않기로 했다. 중국의 산아 제한 정책이 해제된 이후에도 모든 자원을 한 아이에게 집중하기로 결심한 것이다.

그녀를 포함한 여러 부모들이 한목소리로 주장하는 것은, 지역 교육 시스템의 경직된 틀에서 어떻게든 아이들을 빼내려 한다는 점이었다.

그런데 정작 서양에서는 동양식 교육에 열광한다. 교육학자 용자오Yong Zhao는 이렇게 썼다. "서구의 언론, 정치인, 교육자들은 동양식 교육이 우수한 모델이라고 결론 내렸다. 그들은 경쟁에서 이기려면 서구가 중국처럼 돼야 한다고 믿는다."[18] 2016년, BBC는 「우리 아이들이 중국식 교육에 견딜 수 있을까?Are Our Kids Tough Enough? Chinese School」라는 다큐멘터리 시리즈를 제작했다. 중국에서 온 교사들이 영국 학생들을 대상으로 중국식 교육 방식을 적용한 것이다. 수업 중 대화 금지, 질문 금지, 교복 착용, 아침 체조 등이 포함된 강도 높은 규율이었다. 예상대로 학생들은 첫날부터 적응에 큰 어려움을 겪었고 일부는 눈물을 보이기도 했다. 하지만 이 실험은 단순한 리얼리티 쇼로 끝나지 않았다. 같은 해 영국 정부는 8천 개 초등학교에서 중국식 수학 교육 방식을 도입하겠다고 발표했다. 예산은 4,100만 파운드(약 5,430만 달러)였다.

상하이의 한 쇼핑몰을 걷다가 내가 말했다. "사람이 정말 많네요." 그녀가 한숨을 쉬며 대답했다. "네, 어디를 가도 너무 많죠." 가끔 이곳이 인구 2,100만 명에 달하는 대도시라는 사실을 잠시 잊어버린다. 그러다 아주 사소한 일이 생기면—열차 2대가 동시에 도착하거나, 버스가 조금만 늦게 와도—순식간에 끝없는 줄이 생기고 거리에는 인파가 몰려들어 몸을 제대로 움직이기 힘들어진다. 그제야 상하이가 얼마나 거대한 도시인지 다시 실감하게 된다. 어느 날 아침, 상하이역에 도착해 플랫폼에 잠시 멈춰 서서 도착했다는 메시지를 보내고 있었다. 조용히 문자를 쓰고 있는 사이 기차가 천천히 움직이기 시작했다. 그런데 문자를 다 보내고 고개를 들었을 때도 그 길고 긴 기차는 아직 플랫폼을 다 빠져나가지 못하고 있었다.

이곳에서 고등 교육은 일종의 생존 수단이다. 수많은 사람들 속에서 삼켜지지 않고 자신만의 차별성과 고유함을 만들어낼 수 있는 기회로 받아들여진다. 그렇기 때문에 개성을 잃은 채 그림자 같은 존재로 전락할지 모른다는 두려움은 매우 현실적이고도 위협적일 수밖에 없다.

공항으로 향하는 길에 중국에서 본 장면들을 하나씩 되짚어본다. 그러면서 자유와 규칙이라는 이 장의 주제를 다시금 생각한다. 중국의 국민 영웅 마윈과 자녀를 지켜내려 애쓰는 중국의 어머니들도 떠올린다. 그들에게서 우리는 무엇을 배울 수 있을까?

엄마들 이야기부터 시작해보자. 나는 중국에서 자녀의 자유를 지키기 위해 호랑이처럼 싸우고 있는, 이른바 타이거 맘들을 만났다. 교육학자 용 자오는 아시아의 성취 중심 교육 시스템이 세계에 제공할 수 있는 것은 과거가 아니라 미래라고 한다. 그리고 교육은 창의력, 소통, 협력, 고차원적 사고에 초점을 맞춰야 한다고 주장한다.[19] 그러나 실제 현장에서 마주한 현실은 이런 이상과 여전히 거리가 멀고, 교육과 규율, 그리고 우리가 자녀에게 바라는 삶에 대해 불편한 질문을 던지게 만든다.

내가 만난 중국의 부모들은 자신들이 겪었던 광기를 상쇄시키기 위해 더 많은 자유와 여유를 보장하는 교육을 선택했다. 부모가 되면 어린 시절에 자신이 겪었던 부당함을 바로잡고 싶어지는 듯하다. 아마도 자신의 아이만큼은 같은 일을 겪게 하고 싶지 않기 때문일 것이다. 나의 아버지는 극심한 가난 속에서 부모 없이 자랐다. 그래서 내가 학교에 갈 때면 늘 그냥 챙겨두라며 용돈을 쥐여주곤 했다. 정해진 용돈이라는 개념은 없었고, 아버지의 셔츠가 걸린 안방에 가서 셔츠 앞주머니에 손을 넣으면 언제나 돈이 들어 있었다. 학기가 끝날 무렵이면 어머니는 늘 같은 식당을 예약해두고 나를 데려갔다. 성적과는 아무 상관없이 말이다. 그러고는 식사 자리에서 이렇게 말했다. "성적 때문에 여기 온 거 아니야. 전혀 상관없어." 나는 오랜 시간이 흐른 뒤에야 그 뜻을 알게 됐다. 어머니는 어린 시절에 사랑을 받기 위해 끊임없이 애써야 했기에, 나에게만큼은 조건 없는 사랑을 전하고 싶었던 것이다. 내가 만난 중국의 부모들 역시 마찬가지였다. 그들은 자신들이 겪었던 어린 시절을 자녀에게만큼은 물려주지 않겠다고, 더 자유로운 삶을 주겠다고 스스로에게 다짐하고 있었다.

오토바이를 원하는 아이

16살 청소년이 오토바이를 사서 타려고 한다. 면허는 2주 후면 나오고 오토바이를 살 돈도 모아둔 상태다. 걱정이 된 부모가 어떻게 하면 아이의 마음을 돌릴 수 있을지 조언을 구해온다. 나는 강연에서 이 상황을 제시하고 청중에게 기발한 아이디어를 제안해보라고 한다. 보통 처음으로 나오는 답변은 '겁주기'다. 한 여성이 재활 병원에 데려간다고 한다. 내가 공포 분위기 조성 전술이라고 하니 청중이 웃는다. 뒤이어 오토바이를 포기하면 차 키를 주겠다는 제안이 나온다. "이번엔 뇌물이군요"라고 하자 또다시 웃음이 터진다. 대부분 가장 먼저 등장하는 해법은 겁주기와 뇌물이다. 다시 말해 우리가 학교에서 익숙하게 접했던 당근과 채찍 방식이다. 내가 청중에게 묻는다. "이 두 방법이 모두 통하지 않는다면 어떻게 할 건가요?" 이쯤 되면 사람들은 진지해지고 생각에 잠긴다. 어떤 이는 오토바이가 얼마나 위험한지 자세히 설명한다고 답한다. 나는 이를 '끈질기게 설득하기'라고 부른다. 부모는 이런 방식을 선호하지만 아이들에게는 별 효과가 없다. 양심에 호소하거나 감정적으로 부담을 주는 방식도 있으나, 아이들은 이런 접근을 어릴 때부터 너무 많이 경험해서 내성이 생겨 있다. 오토바이를 고장 내거나 몰래 치워버리겠다는 말도 나온다. 이건 일종의 '사보타주', 즉 파괴 전략이다. 가장 기발한 아이디어 중 하나는 부모가 똑같은 오토바이를 사서 아이가 가는 곳마다 따라다니겠다는 것이다. 똑같은 오토바이를 탄 부모가 자신을 뒤쫓고 있다는 사실을 알게 됐을 때 아이가 받을 충격을 상상해보자. 나는 이를 '민망하게 만들기'라고 부른다. 조금 섬뜩한 방식이긴 하다. 버락 오바마 미국 전 대통령도 비슷한 방법을 쓴 적이 있다. 그는 아내 미셸과 함께 딸들에게 말했다. "너희 중 한 명이 타투를 하면 우리도 똑같은 타투를 똑같은 자리에 하고 가족 타투라며 유튜브에 올릴 거야." 이 말 한마디로 딸들은 타투를 깨끗이 포기했다.

'오토바이를 사려는 아들을 어떻게 설득할 것인가'라는 질문을 던지고 청중과 다양한 아이디어를 탐색하는 과정은 어느 나라에서든 놀라울 만큼 비슷한 방향으로 전개된다. 이는 우리가 부모로서 얼마나 경직된 사고에 머물러 있는지를 보여준다. 아이에게 어떤 행동을 그만두게 하려 할 때 우리가 사용하는 해결 방식은 매우 제한

적이다. 몇 분 동안 진지하게 생각해봐도 오토바이를 포기하게 만들 수 있는 그럴듯한 대안이 좀처럼 떠오르지 않는다. 왜일까? 우리는 이런 연습을 해본 적이 없고, 유연하고 독창적인 사고를 기를 기회도 없었기 때문이다. 결국 우리는 늘 비판하던 교육 시스템처럼 행동하게 된다. 아이의 성향이나 상황을 고려하지 않고 누구에게나 똑같은 방식으로 접근하는 것이다.

부모들에게서 들어본 다른 아이디어들도 있다. 오토바이를 사겠다는 아이를 더욱 부추기기(역심리 전략), 비슷한 자극을 줄 수 있는 다른 대안 제시하기(비슷한 아드레날린을 느낄 수 있는 활동), 아예 오토바이를 탈 수 없는 눈 오는 나라로 이사 가기(엄청난 투자), 실용적인 면 강조하기(친구를 1명밖에 태울 수 없음), 가장 좋은 보호 장비 사주기(차선의 선택 전략), 오토바이를 싫어하는 여자 친구 소개해주기(목적이 수단을 정당화하는 방식), 오토바이 사고 체험 시뮬레이션이 가능한 실험실에 데려가기(없으면 만들기…), 혹은 그냥 단호히 금지하는 방식도 있다. 자, 이제 생각해보자. 당신의 아이에게는 어떤 방식이 가장 잘 맞을까?

강연을 하다 보면, 나라면 이런 상황에서 어떻게 할 건지 질문을 받는다. 이미 눈치챘겠지만 정답은 없다. 하지만 정말 궁지에 몰린다면 내가 꺼낼 최후의 수단은 '민망하게 만들기' 전략일 것이다. 아빠가 자기 몰래 똑같은 오토바이를 타고 뒤따라온다는 사실을 알게 되는 순간 아이는 다시는 오토바이를 타고 싶지 않을 것이다. '오토바이를 타고 싶어 하는 아이' 연습은 우리가 얼마나 제한된 방식으로 양육에 임하는지를 보여준다. 겁주기와 뇌물같이 지루하고 예측 가능한 방식뿐이다. 흥미롭지도 않고 사고의 폭도 좁다. 결국 아이에게 보여주는 건 유연성 없는 생각의 틀이다. 한번은 딸과 딸의 친구들에게 선생님이나 부모가 아이들에게 협력을 요구할 때 어떤 말을 하는지 물어본 적이 있다. 그러자 이런 말들이 쏟아져나왔다. "다 조용히 해! 다 조용히 해! 다 조용히 해!"(목소리가 점점 커짐) "계속 떠들면 벌점 줄 거야." "계속 떠들면 수업 내용으로 발표 준비해오라고 한다!" "일주일간 화면 금지야. 다음엔 제대로 행동해라." 한 아이는 자기 오빠가 받은 벌에 대해 알려줬다. "초코 쿠키 3일 금지." 그 자리에 있던 모두가 고개를 끄덕이며 그건 정말 심한 벌이라고 말했다.

내 초등학교 때 미술 선생님은 학생들에게 "내가 화난 눈을 보이게 하지 마"라고 말하곤 했다. 그 수업은 지하 교실에서 외부 세계와 단절된 채 진행됐고, 우리는 아무 목적도 없이 몇 시간씩 짚 바구니를 만들었다. 지금도 아이들과 함께 공예 수업에 가게 되면 가슴이 철렁 내려앉는다. 한번은 선생님이 정치 지도자를 찰흙으로 빚어보라고 해서 만들었는데, 우연히도 내 조형물이 골다 메이어 총리와 비슷하게 나왔다. 칭찬을 받았음에도 내심 걱정이 됐다. 다시는 이런 기적 같은 우연이 일어나지 않을 것 같았기 때문이다. 그래서 이후 한 달 정도 선생님이 화난 눈을 보이게 하지 않으려고 일부러 더 모범적으로 행동했다.

이후 학교에서도, 군대에서도 나는 당근과 채찍 방식에 익숙해졌다. "다 너희에게 달려 있어. 4학년이든, 10학년이든, 1소대든…"

당신도 아마 비슷한 기억을 갖고 있을 것이다. 그렇게 당근과 채찍을 경험하며 자란 우리 부모들은 이제 그 방식을 그대로 아이들에게 물려주고 있다. 수많은 양육 모델이 논의되고 있음에도 오늘날의 양육 방식은 결국 하나의 중심 모델로 수렴된다. 바로 '얌전히 잘하면, 그때는…'이라는 조건부 양육이다.

자기 통제력과 정서적 성숙

　창의적인 사고를 하려면 먼저 우리의 사고를 가로막는 장애물과 벽부터 살펴봐야 한다. '생각의 틀을 깨라'는 말은 진부하지만 여전히 유효하다. 이를 위해서는 먼저 양육에 있어 우리가 당연하게 여겨온 기본 전제나 믿음을 확인할 필요가 있다. 앞서 언급했듯, 많은 부모들이 좋은 어머니란 퇴근하고 아이 곁에 있어 주는 사람, 좋은 아버지란 아이가 잠들기 전에 집에 돌아오는 사람이라는 공식을 마음속에 품고 있다. 자유와 규칙, 올바른 양육 방식에 대한 우리의 신념 역시 대부분 어린 시절 가정에서 받은 영향이나 인생에서 중요한 영향을 준 인물들로부터 형성된다.

　이번에는 그 시작점을 훨씬 더 멀리, 아주 오래전으로 되돌려 의식의 기원, 인류의 첫 장면이라 할 수 있는 아담과 이브의 이야기로 가보자. 아담과 이브의 이야기를 간단히 정리하면 다음과 같다. 아담과 이브는 한순간의 자제력을 잃은 대가로 에덴동산에서 쫓겨난다. 이는 '실수에 대한 대가'라는 개념을 가장 극단적으로 보여준다. 금지된 과일을 먹은 그들은 단 한 번의 충동을 억누르지 못한 결과로, 불멸과 자연과의 조화로운 삶을 박탈당하고 불안과 고통, 죽음의 공포가 가득한 세상으로 내몰린다.

고전 속에는 이러한 '충동 억제 실패의 대가'가 자주 등장한다. 예를 들어 그리스 신화에서 오르페우스는 독사에 물려 죽은 연인 에우리디케를 구하기 위해 저승으로 내려간다. 음악적 재능이 뛰어났던 오르페우스는 리라를 연주해 저승의 왕 하데스와 그의 아내 페르세포네의 마음을 움직인다. 이에 하데스는 에우리디케를 보내주신 대신 지상에 도달하기 전까지 절대 뒤돌아보지 말라는 조건을 내건다. 오르페우스는 앞서 걷고 에우리디케는 그의 뒤를 따라 올라온다. 하지만 오르페우스는 궁금증을 억누르지 못하고 지상에 다다르자마자 뒤를 돌아본다. 순간 에우리디케는 영원히 사라진다. 하데스는 인간의 본성을 너무도 잘 알고 있었던 것이다.

또 다른 예는 이카로스와 그의 아버지 다이달로스의 이야기다. 이들은 감옥에서 탈출하기 위해 밀랍과 깃털로 날개를 만들어 날아오른다. 다이달로스는 이카로스에게 해에 너무 가까이 가지 말라고 경고하지만, 젊고 혈기왕성한 이카로스는 날아오르는 기쁨에 사로잡혀 아버지의 경고를 무시한다. 태양의 열기에 밀랍이 녹아버린

이카로스는 바다로 추락해 익사하고 만다.

성경에도 비슷한 이야기가 나온다. 롯의 아내는 마지막으로 한 번만 소돔을 돌아보고 싶은 유혹을 참지 못해 결국 소금 기둥이 된다. 이런 식의 교훈은 동화 속에서도 반복된다. 예를 들어 빨간 망토 소녀는 엄마 말대로 곧장 가지 않고 길을 벗어나다가 늑대에게 잡아먹힌다. 어른이 정한 길을 벗어나면 끔찍한 일이 생긴다는 메시지다. 이처럼 자제력을 잃거나 호기심을 참지 못해 대가를 치르는 이야기들은 셀 수 없이 많다. 그리고 그런 대가는 항상 지나치게 혹독하다. 즉, 인간은 충동을 통제하지 못하는 존재라는 메시지가 반복되고, 결국 그런 본능은 파국으로 이어진다는 식이다.

지그문트 프로이트 Sigmund Freud는 『문명과 그 불만 Civilization and its Discontents』에서 인간 안에 잠재된 위험, 즉 언제든 자제력을 잃고 폭주할 수 있는 가능성에 대해 말한다. 그의 주장은 우리가 만든 유일한 사회 시스템은 엄격한 규칙에 기반하며, 규칙이 없으면 사람들은 서로를 통제하지 못하고 공격하게 될 거라는 전제를 담고 있다. 그래서 각자 자신 안의 욕망을 억누르고, 다른 사람들 역시 그 욕망을 포기했다고 믿으며 살아간다. 문화와 규칙은 이렇게 서로에게 안전과 예측 가능성을 보장한다. 프로이트는 다음과 같이 설명한다. "문명화된 인간은 행복의 일부를 포기하는 대신 안전함을 얻었다. 그래서 우리의 행복은 태생적으로 제한돼 있다."[20]

신화와 성경 이야기, 동화와 우화를 훑어본 이유는 우리가 얼마나 위협적인 문화적 기억을 내면에 품고 있는지를 보여주기 위해서다. 이는 자유와 규칙이라는 주제를 마주할 때마다 의식적이든 무의식적이든 떠오르는 불길한 기억이다. 여기에 더해, 최근 수십 년 사이 자기 통제력 상실이나 만족 지연 실패에 대한 두려움을 과학적으로 뒷받침하는 영향력 있는 연구들도 등장했다.

그중에서 월터 미셸Walter Mischel의 마시멜로 실험은 신화적인 지위에 오른 연구다. 1960년대, 오스트리아 출신의 심리학자 미셸은 미국 스탠퍼드 대학교에서 아이들의 자제력에 대해 연구하다가 뜻밖의 발견을 하게 된다. 원래는 아이들이 언제부터 만족을 미룰 수 있는지 알고자 했지만, 결과적으로 훨씬 더 큰 주제를 건드리게 된 것이다.[21] 실험은 이렇다. 4살 아이들 앞에 달콤한 마시멜로를 하나 올려두고, 이것을 당장 먹지 않고 기다리면 나중에 하나를 더 주겠다고 한다. 자제력이 강한 아이들은 실험자가 돌아올 때까지 무려 15분을 참아냈다.

몇 년 뒤 저녁 식사 자리에서 미셸은 마시멜로 실험에 참여했던 세 딸에게 당시 함께 실험에 참여했던 또래 친구들의 근황을 물었다.[22] 딸들의 말을 들으며 그는 깜짝 놀랐다. 자제력을 발휘했던 아이들이 나중에 학업 성취도 면에서 훨씬 뛰어났다는 사실이 반복적으로 드러났기 때문이다. 실험 당시 마시멜로를 참지 못했던 아이들은 이후 학교와 가정에서 문제 행동을 보였고 SAT 점수가 낮았으며 친구 관계나 집중력, 스트레스 상황 대처 능력에 어려움을 겪었다. 반면 유혹을 견뎌낸 아이들은 자아 인식 수준이 높고 삶의 다양한 문제에 더 잘 대처했으며 인내심이 강하고 회복 탄력성, 자신감, 책임감이 뛰어났다. 당연히 학업 성취도도 높았다. 특히 놀라운 점은 SAT 점수에서 큰 차이가 났다는 것이다. 마시멜로 실험에서 끝까지 잘 참아낸 아이들은 그렇지 못했던 아이들보다 언어 영역 점수가 평균 210점이 높았다. 이 실험이 던진 결론은 강렬했다. 성공을 예측하는 데 있어 높은 IQ보다 자제력이 더 유의미한 지표라는 것이다.[23, 24]

그렇다면 부모로서 우리는 이 모든 결론에서 무엇을 받아들여야 할까? 아이의 미래를 위해 더 강한 자기 통제력을 기르도록 훈련시켜야 할까? 그렇지 않으면 어떻게 될까? 충동적이고 고집스럽고 불안하고 자신감 없고 질투심 많고 압박에 쉽게 무너지는 아이가 될지도 모른다(물론 이는 가능한 결과 중 일부에 불과하다).

미셸은 말한다. "우리는 세상을 통제할 수 없지만 세상을 바라보는 방식은 통제할 수 있다." 월터 미셸만이 이런 주장을 하는 건 아니다. 그는 최근 수십 년간 만족 지연 능력, 의지력, 감정 조절, 끈기, 장기적인 노력, 결단력 등에 대해 영향력 있는 담론을 이끌어온 뛰어난 연구 집단의 일원이다.[25] 이들은 한목소리로 말한다. "자제하라. 끝까지 버텨라. 의지를 키워라. 결단력을 보여라. 자기 조절 능력을 길러라." 한마디로 정서적으로 성숙한 어른이 되라는 것이다. 이를 위해 부모는 아이의 성장 과정에서 자기 통제력과 정서적 성숙을 반드시 가르쳐야 한다는 무거운 책임을 짊어지고 있다.

한편, 예의 바르고 성숙한 아이를 키우는 것만큼 중요한 일이 있다. 바로 아이가 자기 목소리를 내고 창의력과 즉흥성을 자유롭게 표현할 수 있게 해주는 것이다. 이제 계산적이고 조심스러운 태도를 내려놓고 우리 자신부터 어떻게 하면 더 직관적이고 진정성 있게 살 수 있는지 고민해볼 때다.

창의적인 부모

 부모로서 우리가 지닌 가장 큰 강점은, 세상일은 결코 완전히 예측하거나 통제할 수 없다는 사실을 이미 알고 있다는 것이다. 살면서 맞닥뜨리는 선택의 순간에 고통스러운 내적 갈등을 겪는 이유는, 현실을 통제할 수 있다는 착각과 현실에 영향을 미치는 요소를 고려하고 계산할 수 있다는 믿음 때문이다. 물론 선택지를 신중히 따져보고 깊이 있는 논의를 나누는 일은 중요하지만, 잠시 관점을 달리해볼 여유도 필요하다. 어차피 우리가 제대로 된 선택을 했는지 여부는 시간이 한참 흐른 뒤에야 알 수 있다. 부모는 이러한 깨달음을 갖고 자녀가 중요한 선택의 순간에 놓여 있을 때 곁에서 함께한다. 부모 역할의 정점은 바로 여기에 있다. 아이의 인생에서 중요한 갈림길에 적절한 방식으로 개입하고, 문제 해결에 적극적으로 참여하고, 미래에 대한 결정을 함께 내리는 것이다.

창의적인 부모는 자신을 온전히 드러낸다. 즉, 책임 있는 어른이라는 하나의 역할로 자신을 제한하지 않는다. 이런 부모는 아이 앞에서 생각을 말로 표현하고, 아이의 직관에 깊이 공감하며, 문제를 해결할 때 기존 방식에 머무르지 않고 새로운 길을 모색하려고 한다. 아이는 다음에 어떤 길을 선택할지 고민하면서 삶의 문제 해결 방식을 익히는 기회를 갖는다. 여러 가능성을 따져보고, 정보를 찾아보고, 세부적인 내용을 살피고, 스스로 생각하고, 불확실한 상황과 마주하는 과정을 통해 아이는 삶을 준비한다. 조언을 구하되 자기만의 직감을 놓지 않고, 시간을 두고 결정을 미루기도 하고, 때로는 오랫동안 고민을 이어가기도 한다. 중요한 건 이 모든 과정을 두려워하지 않고 호기심을 갖고 감당하는 태도다.

며칠째 잠도 제대로 자지 못한 채 회사 문제를 해결하려 애쓰는 젊은 스타트업 창업자를 떠올려보자. 그들은 이런 태도를 어디서 배웠을까? 이렇게 오랫동안 고민하고 시행착오를 반복하는 방식을 누구에게서 익혔을까? 분노와 좌절은 해답을 찾는 과정에서 누구나 겪을 수 있는 감정이다. 부모는 이런 감정에 쉽게 놀라지 않고 아이가 끝까지 시도할 수 있도록 지켜봐야 한다.

삶의 기로에서 아이의 결정을 함께 고민할 때 유연한 사고를 바탕으로 한 양육은 큰 힘을 발휘한다. 그 안에는 삶의 경험, 직감, 질문하고 탐색하는 능력, 문제를 해결하는 힘이 작용한다. 여기에 한 가지 분명한 진실—정답은 없으며 지금 이 시점의 자신에게 더 맞고 정확한 길이 있을 뿐이라는 사실—을 이해하는 태도가 포함된다. 아이가 자기만의 관점을 키우는 일이 중요한 이유는 여기에 있다.

내과 의사인 내 친구는 자신의 인생에서 17년을 의학을 공부하는 데 바쳤다. 내가 지금까지 그가 공부하는 데 쓴 시간을 계산하자 미소를 지으며 말했다. "근데 이건 시작에 불과해. 나는 정규 과정을 마치고 나서 훨씬 더 많은 기간을 공부에 투자했어. 끝이 없다." 의사들이 평생을 공부한다는 개념은 거의 자명하다. 그럼 보험 업계가 완전히 바뀌고 있다는 것을 감안하면 보험 설계사라고 다를 수 있을까? 은행원은 어떨까? 최신 과학 기술 분야 전문가는? 인테리어 디자이너? 판매원? 이 시대에 학습을 멈출 여유가 있는 사람이 있을까? 같은 맥락으로 육아나 관계에 대해 배움을 멈춰도 된다고 생각할 수 있을까? 사람은 끊임없이 배우며 살아간다. 단 한 번의 교육이나 수업으로 삶에 대비가 됐다거나 부모 준비가 끝났다고 말할 수는 없다.

사람들은 부모가 되는 법을 아무도 가르쳐주지 않는다는 말을 반복하며 놀라곤 한다. 마치 올바른 육아법을 알려주는 교과서나 워크북이 있어야 한다는 듯 말이다. 오랜 시간 동안 우리는 시험 문제에는 하나의 정답이 있다고 배워왔다. 하지만 실제 삶에서는 그렇지 않다는 걸 서서히 깨닫게 된다. 어떤 질문에는 분명한 정답이 없기에 우리는 망설이며 길을 잃기도 한다. 아이를 유치원에 1년 더 다니게 해야 할까? 악기 연습을 하도록 압박해야 할까, 아니면 그냥 놔

뒤야 할까? 친구들을 만나라고 해야 할까? 고등학교 선택은 어떻게 도와야 할까? 어디까지 개입해야 할까?

질문을 하나 하겠다. 당신의 자녀가 갑자기 도로로 뛰어든다. 그럴 때 정중하게 말해야 할까? 주변에 조언을 구해야 할까? 아니면, 그냥 아이를 향해 달려가야 할까? 이런 유의 질문에 대해서는 명확한 답이 있다. 질문이 아닌 행동만 필요한 경우도 있다. 아이가 도로로 뛰어들었을 때 우리는 누가 가르쳐주지 않아도 자연스럽게 소리를 지른다.

많은 부모 교육 프로그램은 아이에게 어떻게 말해야 하는지, 어떤 말투와 표정을 써야 하는지를 다룬다. 미디어 속 전문가들은 단호하게 말하라고 조언하며, 보통은 '이렇게 하는 게 맞다'고 직접 시범을 보인다. 흡사 연기 수업 같다. 하지만 그럴수록 우리는 스스로에게 물어야 한다. 우리는 어떤 역할을 연기하는 걸까? 누가 우리에게 그 역할을 맡기고 있는 걸까? 양육은 어떤 공연의 역할이 아니다. 연습을 거쳐 완성해야 하는 연기도 아니다. 우리는 배우가 아니라 부모로서의 자신을 드러내야 한다. 언제 목소리를 높이고, 언제 단호하게 말해야 하는지에 대한 지침 속에 정작 '나'는 어디 있는가? 부모가 된다는 것은 정해진 대본을 외우는 일이 아니다. 늘 새로운 장면을 만나며 그때그때 직접 써나가는 일이다.

부모가 창의적인 해결책을 생각해냈다고 하면, 나는 즉시 2가지를 확신하게 된다. 하나는 그들이 문제에 대해 깊이 고민했다는 것이고, 다른 하나는 스스로에게 맞는 해답을 찾았다는 것이다.

양육에는 몇 가지 수준의 진정성 있는 행동 방식이 있다.

- **의문의 여지가 없고 논의할 필요도 없는 경우** : 어떤 결정은 논의의 여지가 없으며 단호하게 즉시 실행된다. 도로로 뛰어들면 안 되고, 다른 사람을 때리면 안 되며, 콘센트에 손가락을 넣으면 안 된다.
- **"말이 안 되는데? 설명해봐. 내가 뭘 놓쳤어?"** : 아이가 부모가 보기엔 말도 안 되고 비논리적이며 심지어 의심스러운 요구를 할 때다. 물론 위험하지는 않은 경우다. 이런 상황에서는 아이가 자신의 논리를 펼칠 수 있도록 최대한 여지를 남겨주는 것이 중요하다.
- **"그건 네 역할이고 나는 그냥 질문하고 생각하게 하려는 거야."** : 부모는 결정에 개입하지 않지만 질문을 던지고 아이가 다시 생각해보도록 유도한다. 이런 상황이야말로 아이가 진짜로 듣고 받아들이는 순간이다. 겉으로는 반응이 없어 보이지만 그들은 스펀지 모드가 된다. 몇 주 전 대화에서 부모가 했던 말을 갑자기 그대로 인용하는 경우도 있다. 저명한 가족 및 양육 연구자인 엘렌 갈린스키Ellen Galinsky는 3년간 1,000명이 넘는 아이들을 연구하며 아이들이 실제로 무슨 생각을 하는지, 부모는 그걸 어떻게 오해하고 있는지 분석했다. 그 결과 놀랍게도 청소년들이 어린아이들보다 부모와 보내는 시간이 부족하다고 더 많이 느끼는 것으로 나타났다.[26]
- **문제 해결형 부모** : 인생의 갈림길이나 중요한 선택 앞에서 부모와 아이가 머리를 맞대고 현실이 던지는 과제를 풀어가는 것이야말로 앞서 언급한 창의적인 양육의 가장 복잡하고 도전적이며 흥미로운 지점이다.

양육의 목적은 아이가 앞으로 마주할 문제들을 스스로 해결할 수 있다는 믿음을 갖도록 자신감과 자존감을 길러주는 데 있다. 동시에 집 안에서 일어나는 다양한 문제 해결의 순간들을 아이에게 최대한 많이 보여주며 본보기가 돼주는 일도 포함된다.

정말 모를 땐
어떻게 해야 할까

내 부모의 방식을 본받고 싶지 않을 때, 실수할까 봐 두려운 마음이 들 때는 어떻게 해야 할까? 어떤 말을 하면 안 되고, 어떤 행동을 하지 말아야 하는지 등에 관한 것들 말이다. 특히 어떻게 해야 아이에게 해를 끼치지 않을 수 있는지는 가장 중요한 문제다. 부모가 스스로에게 던지는 '잘 모를 때는 어떻게 해야 하지?'라는 물음은 상당히 흥미롭다. 모든 걸 알고 있는 사람, 혹은 언젠가는 모든 걸 알게 될 사람이 실제로 있다는 전제를 담고 있기 때문이다. 우리는 '충분히 모를 때는 어떻게 해야 할까?'라고 질문을 바꿔야 한다. 사실, 우리는 언제나 그런 상태에 놓여 있다. 그렇다고 해서 전적으로 백지상태로 양육을 시작하는 것은 아니다. 우리는 인생 경험과 건강한 직감을 갖고 있고, 최소한의 감도 있다. 부모가 되는 것은 처음일 수 있지만 부모와 자식의 관계는 본질적으로 사람과 사람 사이의 관계다. 누구나 기본적인 존중을 받고 싶어 하고, 자신의 이야기를 들어주길 바라며, 진지하게 다뤄지길 원한다. 가장 안 좋은 상황은 실수할까 봐 두려워 문제를 조심스럽게만 다루고, 다른 사람들이 어떻게 하는지 눈치만 보는 것이다. 실수에 대한 두려움으로 자신을 드러내지 못하는 부모는 더 큰 대가를 치르게 될 수 있다.

우리는 언제나 새로운 정보와 영감을 찾고, 시야를 넓히며, 생각을 정리하기 위해 도움을 구해야 한다. 수년간 이 주제를 연구한 학자들이 제안한 핵심 원칙과 일반적인 법칙은 분명히 중요하다. 이 책에서도 그런 내용이 이미 여러 차례 소개됐고 앞으로도 계속 등장할 것이다. 하지만 우리는 이미 알고 있다. 인생의 다른 모든 일과 마찬가지로 진짜 배움과 이해는 일반적인 통찰을 자신만의 이해로 바꿨을 때 이뤄진다. 그리고 그것은 반드시 실수를 거친 뒤에야 가능하다.

보통은 젊은 부모들이 더 크게 불안해한다. 경험이 부족해서 더 많은 실수를 저지를 것이고, 결국 첫째 아이가 그 대가를 치를 거라고 생각하기 때문이다. 과연 그럴까? 나는 잘 모르겠다. 물론 경험은 큰 장점이다. 하지만 젊고 경험이 없는 부모에게도 분명한 강점이 있다. 그들은 더 활기차고, 더 많이 움직이고, 더 민감하게 반응할 수 있다. 무엇보다 여전히 새로운 도전에 대한 호기심과 열정을 지니고 있다. 직장 생활에 비유하자면, 경력이 많은 사수가 일은 잘할지

언정 신입 사원의 본능적인 흥분과 설렘은 가질 수 없는 것과 같다.

자, 솔직해져보자. 어떤 사람은 타고났고, 어떤 사람은 아무리 애를 써도 잘 못한다. 양육은 음악이나 수학처럼 일종의 재능이다. 테니스 실력이 부족하다면 복식 경기에 나가는 것이 현명하듯이, 부모 역할을 충분히 잘해내기 어렵다면 자신이 어떤 위치에 서야 하는지, 누구와 함께해야 하는지 찾아야 한다. 함께하는 배우자, 지지해주는 환경, 좋은 멘토가 필요할 수도 있고, 어떤 경우에는 한발 물러서서 다른 사람이 앞에 서도록 하는 편이 나을 때도 있다. 하지만 이런 자질은 부모의 나이와 전혀 상관없다. 중요한 건 변화하고 적응하고 자기 자신을 인식할 수 있는 능력이다.

부모들은 종종 자신들이 가장 두려워하는 것을 조용히 털어놓는다. "저는 불우한 가정에서 자랐어요. 그게 아이에게 똑같이 되풀이될까 봐 무서워요." 체화된 패턴은 결코 가볍게 볼 수 없기에 그런 두려움은 지극히 자연스럽다. 나 역시 복잡한 가정에서 자랐고 부모가 되고 나서 어린 시절에 배운 실수를 반복하기도 했다. 이런 난제에 맞서는 한 가지 방법은 부부가 각자의 성장 배경에서 긍정적인 요소가 무엇인지 돌아보는 것이다. 그런 다음 각자가 잘하는 부분에 대해 집에서 책임을 맡는다. 이 과정은 자신의 어린 시절을 되짚어보게 하며, 무엇이 중요했고 어떤 점이 기억할 만한 가치가 있었는지 이해하는 데 도움이 된다. 부모의 희생, 본보기가 되는 삶의 태도, 겸손, 무조건적인 지지, 일상의 습관, 옷차림이나 위생, 미적 감각, 공부 습관, 건강한 생활 습관 등 어떤 가정에서든 좋은 점이 하나쯤 있기 마련이다. 아무리 자기중심적이거나 불안정한 부모이더라도 감사할 만한 뭔가는 있다.

어린 시절의 가정에서 어떤 태도나 방식을 흡수하고 내면화했는지 돌아보자. 지금의 양육에 그 영향이 어떻게 드러나고 있는지도 생각해보자. 그 안에 긍정적인 요소가 있다면 그 부분은 당신이 자신 있게 이끌 수 있는 영역이 될 수 있다. 부부 모두 제대로 된 본보기를 배우지 못했다고 느끼는 부분이 있다면 잠시 멈춰서 생각하는 시간이 필요하다. 종합적인 육아 조언 대신 특정 분야에 대한 상담을 받아보는 것도 좋은 방법이다. 당신과 배우자 모두가 어린 시절에 익히지 못해 지금까지도 불안하게 느끼는 양육의 영역은 계속해서 배워나가야 할 부분이라고 생각하면 된다. 이렇게 접근하면 유일한 정답을 제시하는 외부 전문가에게 전적으로 의지하는 것보다 훨씬 더 능동적인 배움의 흐름을 만들 수 있다. 이 일련의 과정을 번거롭게 여기지 말자. 우리는 스스로를 가꾸기 위해 끊임없이 노력해야 할 책임이 있다. 그리고 우리에게 잘 맞고 진정으로 영감을 줄 수 있는 사람을 만나는 데에는 어느 정도의 운이 필요하다. 그런 사람은 분명 존재하지만 한 번의 시도로 만나기는 쉽지 않다.

내가 자란 동네에서는 고등학교 3학년이 될 때까지 심리 상담을 받아본 적이 없으면 이상한 사람 취급을 받았다. 내 첫 심리 상담을 떠올리면 지금도 웃음이 난다. 상담 내내 이름 얘기뿐이었기 때문이다. "하깃이랑 같은 반이야? 다나도?" 상담사는 그렇게 내 친구들이 전부 자신의 내담자라는 사실을 아무렇지 않게 흘렸다. 상담이 끝날 무렵 그는 나에게 '존재론적 공허함'을 앓고 있다고 진단했다. 그리고 덧붙이기를 이미 예약이 꽉 차 있어서 나를 봐줄 시간이 없다고 했다(물론 그 예약은 다 내 친구들로 채워져 있었다). 나는 제발 내 존재론적 공허함을 치료해달라고 간청했다. 지금도 나는 그의 말을 곱씹으며 집으로 향하던 내 모습을 선명히 기억한다. 나는 좋은 동네에서 자랐다. 그 동네의 큰길 끝에는 아이들에게 함부로 상처를 주던 위험한 돌팔이 상담사가 있었다. 문제는 누구나 비슷한 위험에 노출될 수 있다는 것이다.

자신을 돌아보는 데 심리 치료가 꼭 필요한 것은 아니다. 대신 끊임없이 성장하는 인간이 되기 위한 능력을 기르는 과정이라고 생각해볼 수 있다. 외부의 도움이 전혀 필요하지 않는 사람은 거의 없다. 그런 점에서 양육은 매우 흥미롭다. 우리는 아이를 통해 그동안 외면하거나 제대로 들여다보지 않았던 감정과 성향을 불쑥 마주하게 된다. 아이를 키우는 과정은 우리 안의 불분명한 행동 방식을 건드리고, 뚜렷하지 않은 생각과 감정, 감추고 있던 약점, 억눌러온 두려움을 끌어올린다. 이것이야말로 양육이 지닌 마법 중 하나다. 우리는 아이를 통해 지금의 자신, 그렇게 살아온 이유, 그리고 한때 꿈꿨지만 끝내 닿지 못한 모습까지 직면하게 된다.

아이에게
하지 말아야 할 말

　한번은 부모 대상 강연 중 한 여성이 손을 들고 말했다. 그녀는 늘 압박감을 느끼며 살아간다고 했다. 나는 왜 그런지 이해해보려 했다. 방금까지 1시간을 들여 우리가 양육에 덧씌우는 끝없는 압박을 조금은 내려놓자고 이야기한 참이었기 때문이다. 그런데 그녀는 고집스럽게 물었다. "아이에게 절대 하면 안 되는 말은 뭐예요? 돌이킬 수 없는 상처를 남기지 않으려면 어떻게 해야 하죠?" 나는 그 여성에게 짧은 상상 연습을 제안했다. 지금 이 자리에서 30년쯤 뒤로 훌쩍 건너뛰어보자. 어느 근사한 카페를 골라 자리에 앉는다. 당신은 커피를 마시고 있고 맞은편에는 당신의 자녀가 앉아 있다. 대학생이거나 이미 졸업한 성인이다. 그 아이가 당신이 부모로서 했던, 혹은 하지 않았던 어떤 일에 대해 불평을 늘어놓으며 당신을 책망한다. 이건 일종의 의식 같은 것이고, 아마 끝나지 않을지도 모른다. 최근에도 나는 쉰다섯쯤 돼 보이는 여성이 어머니를 질책하는 장면을 봤다. 어릴 적 생일 파티에서 관심을 받지 못했던 일을 무려 45년이 흐른 뒤에도 이야기하고 있었다. 어차피 부모는 죄책감을 안고 살아갈 운명이라는 걸 알았으니 이제 아이에게 하지 말아야 할 말에 대해 이야기해보자.

가장 먼저 떠오르는 이름은 심리학자 캐롤 드웩Carol Dweck이다. 그녀는 잘 알려진 연구를 통해, 아이의 능력이나 지능을 칭찬하는 것보다 노력에 대한 칭찬이 더 효과적이라는 사실을 보여줬다. 이 연구에는 중학교 1학년 학생 400명이 참여했다. 아이들에게 간단한 퍼즐을 풀게 한 뒤 아이들을 두 그룹으로 나눴다. 한 그룹의 아이들은 '아주 똑똑하구나' 하며 지능을 칭찬받았고, 나머지 그룹의 아이들은 '열심히 했구나' 하며 노력에 대한 칭찬을 받았다. 이후 아이들에게 더 쉬운 퍼즐과 더 어려운 퍼즐 중 하나를 선택하게 했다. 지능을 칭찬받은 아이들 가운데 절반 이상은 쉬운 퍼즐을 골랐다. 도전을 피한 것이다. 반면 노력에 대한 칭찬을 받은 아이들 가운데 90% 이상은 더 어려운 퍼즐을 선택했다. 이 아이들은 똑똑하지 않아 보일까 봐 두려워하지 않았다. 이 설명은 매우 흥미롭고 설득력 있다. 노력은 자신이 통제할 수 있다고 느끼기 쉽지만, 지능은 즉각적으로 조절하기 어렵기 때문이다.[27]

하지만 꼭 짚고 넘어가야 할 점이 있다. 양육은 단지 어떤 말을 하느냐만으로 결정되지 않는다. 우리의 태도, 말투, 애정, 관계, 그리고 그 관계가 어떤 신뢰 위에 세워져 있는지가 함께 작용한다. 아이에게는 누군가가 진심으로, 계산이나 조작 없이 자신을 믿어주는 경험이 중요하다. 그리고 그것은 부모인 우리에게도 마찬가지로 중요한 일이다. 모든 연구 결과에는 참고할 만한 점이 있지만, 설령 그런 연구를 알지 못하더라도 사랑과 신뢰로 아이를 대하는 부모는 아이에게 심각한 해를 끼치지 않는다.

우리는 창의적 양육의 기초를 하나씩 그려나가고 있다. 처음에는 이 개념이 꽤 피곤하고 버겁게 느껴질 수 있다. 많은 노력과 정성을 쏟아야 하는 양육이라니 말만 들어도 숨이 턱 막힌다. 단지 기분 탓이 아니다. 실제로 그런 감정을 느끼는 부모들이 많다. 하지만 새로운 언어를 배울 때처럼 익숙해지고 나면 그것이 온전한 기쁨으로 돌아올 것이다.

창의적 양육은 삶에 대한 하나의 태도로서 일상 속에 자연스럽게 자리 잡기까지 반복과 연습이 필요하다. 솔직히 말해보자. 집에서 아이와 보내는 시간이 당신에게 활력을 주는가? 에너지가 충전돼 세상 밖으로 나갈 힘이 생기는가? 아니면 현실은 즐거움, 만족감, 평온함이 거의 없는 지치고 초조한 일상의 연속인가?

이제는 좀 더 자유롭고 유쾌하게, 때로는 스스로도 놀랄 만큼 유연하게 아이를 대할 수 있는 양육 방식이 필요하다. 그런 의미에서 창의적 양육은 아이의 말에 진심으로 귀 기울이고, 아이와 함께 배우며, 그때그때 상황에 맞춰 길을 찾아가는 가능성을 열어준다. 여기에는 아이에게 관심 있는 척 예의를 차리며 접근하는 어른의 모습이 없다. 대신, 급변하는 세상 속에서 부모와 아이가 함께 배우며 성장하는 세대 간 배움의 공간이 존재한다. 부모의 역할은 규칙을 지키게 하고 권위를 세우는 데서 벗어나, 아이와 함께 주변을 관찰하고, 생각하며, 문제를 해결해나가는 태도를 키워주는 방향으로 옮겨가고 있다. 하지만 많은 부모들이 아이의 창의력과 상상력에 감탄하면서도 정작 아이에게서 배우거나 아이와 함께 고민하는 데는 여전히 소극적이다.

가치 중심의
양육

 아들이 7살이 됐을 때 내가 중요하게 여기는 가치 중 하나를 존중해달라고 부탁했다. 바로 외국어를 배우는 일이었다. 앞으로 이 부분에 있어 어느 정도 압박을 줄 거라고 미리 예고했고, 언젠가는 아빠한테 고마워하게 될 거라는 고전적인 클리셰도 태연히 내뱉었다 (나는 부모로서 하루에 한 번만 클리셰를 쓰기로 정했지만 그 약속을 지키는 건 늘 쉽지 않다). 예를 들어 아들이 영어 노래를 들을 때 그냥 흥얼거리지만 말고 가사를 정확히 알아야 한다고 단호하게 말했다. 아무리 백 번을 들어도 여전히 의미 없는 소리만 중얼거리는 건 용납할 수 없었다.
 지금도 우리 둘 다 또렷이 기억하는 일이 있다. 차에서 반복해서

틀던 노래의 가사를 외우라고 내가 끈질기게 잔소리를 한 적이 있었는데, 그 곡은 특히 어려워서 아들이 몹시 짜증을 냈다. 그런데 결국에는 그 노래를 처음부터 끝까지 따라 부를 수 있게 됐고, 그 순간 우리가 함께 느낀 뿌듯함은 지금도 생생하다. 그 일을 계기로 아들은 노래를 그냥 듣기보다 가사에 집중하는 습관을 들일 수 있었다. 어릴수록 언어 습득에는 분명한 이점이 있다. 이제 영어는 아들의 평생 친구가 됐다. 이 일은 나에게도 남다른 의미가 있다. 나는 영어를 배우기 위해 애썼고, 영어를 통해 더 넓은 세상과 연결되기를 간절히 바랐다. 우리는 흔히 부모의 못다 이룬 꿈을 아이에게 강요하지 말라는 말을 듣는다. 하지만 모든 일반론이 그렇듯, 이 역시 곱씹어보고 때로는 해체해볼 만한 여지가 있다. 부모는 자신의 가치와 신념을 양육에 담을 수 있고, 담아야 한다. 영어는 아들이 살아갈 세상으로 나아가는 데 꼭 필요한 열쇠 중 하나다. 잘 알다시피 어른이 돼서 새로운 언어를 익힌다는 건 결코 쉬운 일이 아니다.

　어느 순간부터 나는 아들과 스크린 타임을 두고 다투는 대신, 하루에 31분을 넘긴 이후부터는 영어로만 자막 없이 시청하자고 제안했다. 이 부분은 내가 단호하게 고집할 거라고 분명히 밝혔고, 대신 시청 시간에는 더 이상 제한을 두지 않겠다고 약속했다. 그렇게 1년도 채 지나지 않아 아들은 영어를 유창하게 말하게 됐다. 지금은 제3 외국어를 고르는 중이며, 그 언어도 같은 방식으로 배워볼 예정이다.

　우리 집에서 언어를 배우는 일은 도로에 뛰어들지 않기, 전기로 장난치지 않기와 거의 동등한 수준으로 중요하다. 언어 학습은 우리 가족의 DNA와도 같은 가치이며, 아이 교육에 있어 절대 잊지 말자고 스스로 다짐한 신념이기도 하다. 그렇기에 우리는 이 가치를 실천하는 데 있어 억지로 애쓰지 않는다. 오히려 매우 자연스럽게 습관처럼 이어오고 있다. 다만, 이런 방식으로 적용할 수 있는 핵심 가치는 2~3가지를 넘기기 어렵고, 넘겨서도 안 된다. 특히 가족 모두에게 진심으로 중요하지 않은 가치라면 더욱 그렇다.

규칙 중심의 양육과 달리, 가치 중심의 양육은 무엇이 왜 중요한가를 스스로에게 명확히 정의하도록 요구한다. 자녀교육이라는 기술적인 영역에 집중하는 대신, 인간으로서 세상에 대해 어떤 태도를 지니고 있는지 ─ 그것이 진정한 나의 가치인지, 아니면 불안과 두려움에서 비롯된 자동 반응인지 ─ 스스로 성찰해보는 과정이기도 하다.

그렇다면 규칙과 가치는 어떻게 구별할 수 있을까? 규칙은 대개 어른이 아이에게 일방적으로 적용하는 금지 사항으로, 정작 어른인 자신은 지키지 않는 경우가 많다. 도로에 뛰어들지 않기나 전기로 장난치지 않기처럼 부모가 확신하는 영역에서는 판단이 분명하고 행동도 즉각적이다. 반면, 가치는 아이와 어른 모두의 행동을 이끄는 나침반과 같다. 이제 한 걸음 더 나아가 보자. 우리 집에서 의심 없이 지켜지고 있는 핵심 가치는 무엇인가? 가정에는 몇 가지 규칙이 필요하지만, 그보다 먼저 우리가 진심으로 믿고 실천하는 가치를 바탕으로 행동 원칙을 세워야 한다. 규칙이 지나치게 많아지면 양육의 본질은 흐려지고 양육이 줄 수 있는 풍요로움도 점차 줄어든다.

한 부모가 수학적 사고를 자녀에게 꼭 물려줘야 할 최고의 가치라고 확신한다고 해보자. 이 부모가 마주한 흥미로운 과제는, 일상과 생활 습관을 통해 수학적 사고의 정신을 자연스럽게 드러내는 방식을 찾아내는 것이다. 교육자로 널리 알려진 스즈키 신이치는 아이에게 가능한 한 최고의 환경을 준비하라고 말한다. 이를 위한 실천 방법은 다양하고도 무궁무진하다.

- ○ 아이 방을 수학적인 테마로 꾸미기
- ○ 부모와 아이만의 비밀 언어로 숫자 암호 만들기
- ○ 주유할 때 휘발유 가격을 킬로미터 수와 연료 탱크 용량에 따라 계산하기
- ○ 가정의 현금 흐름에 대해 아이의 의견 구하기
- ○ 아이의 생일까지 남은 날짜 계산하기
- ○ 집에 가기 위해 올라야 할 계단 개수 맞히기
- ○ 발걸음 수로 집에서 가장 큰 방 측정하기
- ○ 마당을 한 바퀴 도는 시간을 재서 기록 세우기
- ○ 어떤 길이 집에 더 빨리 도착하는지 비교해서 증명하기
- ○ 다양한 아티스트의 음악을 듣고 누가 수학자일지 추측하기
- ○ 수학을 흥미롭게 소개하는 유튜브 채널 찾기

초기에 충분히 고민해두는 것만으로도 나중에 불필요한 감정 소모나 갈등, 관계의 훼손을 줄일 수 있다. 양육도 마찬가지다. 서로를 지치게 하는 운영 및 유지 관리자 역할에만 매달리지 말고, 양육의 공간을 창의적인 공동 프로젝트를 실현하는 놀이터로 바꿔보자. 물론 이를 위해서는 제2의 천성이 될 때까지 반복과 연습이 필요하다. 핵심은 새로움과 열정, 에너지에 집중하는 것이다. 그 과정에서 스스로를 웃어넘길 수 있는 여유, 기발한 해법과 영감을 찾아 나서는 태도가 큰 힘이 된다.

이번에는 또 다른 중요한 가치를 생각해보자. 이를테면 나눔이다. 우리는 평소에 생각과 감정을 나누고, 서로에게 진심 어린 관심을 보이고 있을까? 대가족이 모인 자리에서 아이들이 부모와 함께 앉아 있는 모습을 떠올려보자. 평소 집에서는 감정을 나누라고 아이를 독려하면서도, 정작 가족 모임에서는 그 누구와도 진지한 대화를 나누지 않은 채 식사를 마치는 경우가 많다. 오랜 시간 공들여 준비한 잔칫상 앞에서도 서로를 향한 진정한 관심은 좀처럼 보이지 않는다.

만약 나눔이 정말 중요한 가치라면, 그 정신이 드러날 수 있도록 모임의 형식도 달라져야 한다. 예를 들어 참석자들이 각자 아직 이루지 못한 꿈을 종이에 적어 접고 식탁 가운데에 모은다. 무작위로 한 장을 뽑아 읽고 모두가 그 글의 주인을 맞혀본다. 이후 그 사람이 직접 자신의 이야기를 들려준다. 단순한 놀이 하나만으로 밋밋했던 식사 자리가 서로에게 진심으로 귀를 기울이는 깊은 시간으로 바뀔 수 있다. 아이들은 이런 경험을 통해 친구나 가족이 함께하는 자리에서는 개인적인 이야기를 나누는 것이 자연스럽고 중요한 일이라는 것을 배운다. 그 결과 다음 모임에서는 단순히 재밌었다고 말하는 대신, 자신이 느낀 감정과 경험을 더 풍부하게 나눌 가능성이 높아진다.

다시 말하지만 부모이자 가족으로서 우리가 중요하게 여기는 몇 가지 가치를 일상 속에서 더욱 창의적이고 즐거운 방식으로 진심을 담아 표현하는 것이 중요하다. 우리의 목표는 창의적 양육이라는 비전이 실제 삶에서 구체적으로 실현되도록 하는 것이다.

규칙 중심의 양육 방식을 고수한다면 설령 규칙이 5~6개뿐이라 하더라도 아이의 창의력이 자랄 수 있는 가능성이 쉽게 꺾일 수 있다. 존 데이시John Dacey 교수는 양육 방식, 규칙의 개수, 아이의 창의력 수준 사이의 상관관계를 밝히기 위한 흥미로운 연구를 진행했다. 연구에 참여한 가족들은 부모 또는 자녀 중 한 사람이 소속 분야나 학교에서 창의력 면에서 상위 5%로 평가받은 경우였다. 연구팀은 이들의 실제 창의적 성취를 전문가 심사단을 통해 평가하고 점수를 매겼다. 부모의 경우 출간물, 수상 경력, 논문 등을 기준으로 창의력 수준을 측정했고, 자녀는 다양한 분야에서의 두드러진 성취를 기준으로 평가받았다. 창의력 점수가 특히 높았던 아이들의 사례는 다음과 같다. 학교 발레 공연의 안무를 창작하고 주인공으로 활약한 13세 소녀, 여러 학교 동아리를 조직하고 유치원생을 대상으로 하는 여름 캠프를 운영한 11세 소년, 대형 출판사에서 아동 도서를 3권이나 쓰고 그림까지 그린 20세 청년, 지역 과학 전시회에서 수학 분야의 혁신적인 접근법으로 하버드 장학금을 받은 18세 소년 등이 있었다. 연구는 이처럼 높은 창의력을 보인 가족과 일반 가정을 분석했다.

이 연구에서 가장 주목할 만한 발견은 창의력이 높은 아이들의 부모 대부분이 기존과는 다른 독특한 양육 방식을 사용하고 있었다는 점이다. 데이시 교수는 일반적으로 알려진 3가지 양육 유형—권위 있는, 허용적인, 권위주의적인—을 언급하며, 이번 연구를 통해 새로운 네 번째 유형의 양육 방식이 드러났다고 주장한다. 이 새로운 유형은 아이의 행동에 깊은 관심을 가지되, 이를 규제하거나 감시하는 규칙은 거의 두지 않는 방식이다. 데이시 교수의 조사에 따르면, 창의적인 가정의 부모는 자녀의 행동과 관련해 평균 1개의 규칙을 갖고 있었는데, 반면에 일반적인 가정의 부모는 평균 6개의 규칙을 두고 있었다.[28] 데이시 교수는 한 전화 인터뷰에서 말했다. "우리는 창의력과 관련한 두드러진 성취가 없는 아이들을 대조군으로 삼았고, 그 아이들의 부모는 9가지 규칙을 가지고 있었어요. 그것도 아주 구체적이죠.[29] 담배 피우지 말라거나 밤 10시에는 자라고 하는 것들 말입니다. 그에 비해 창의적인 아이들의 부모는 '내가 규칙이 있었던가' 하며 당황하더군요. '잠깐만요. 규칙이 하나쯤은 있겠죠…' 하고요. 하지만 그들이 공통적으로 강조한 건 아이가 사회에 크게 기여하는 사람이 됐으면 한다는 거였어요." 데이시 교수는 한 아버지의 말을 예로 들었다. "'나는 내 아들이 멋진 인간이 됐으면 좋겠어요'라고 했어요. 그들은 '마약은 안 된다' 같은 구체적인 말을 하지 않았고, 오히려 '내 아이는 자기주도적이라 믿는다, 내버려두면 알아서 잘 판단한다'는 식이었어요." 이들 부모는 아이를 2가지 방식으로 이끌었다. 바로 대화와 실패였다. 그들은 아이가 실제로 실패해보면서 어떤 행동이 적절한지 스스로 판단할 수 있게 된다고 믿었다. 또한 이들 가정에서는 처벌도 거의 이뤄지지 않았다. 연구에 참여한 창의적인 청소년들은 부모가 실망했다는 것만으로도 행동을 바꾸기에 충분한 동기가 됐다고 말했다.

또한 데이시 교수의 연구는 아이의 창작 활동에 부모가 어떻게 반응해야 하는지에 대한 결론을 뒷받침한다. 그는 말했다. "이는 연구에서 우리가 얻은 가장 중요한 교훈 중 하나입니다. 아이가 '엄마, 이거 잘했지?' 하면서 그림이나 조각 같은 작품을 보여줄 때 '와, 정말 멋지네! 내가 본 것 중 최고야!'라고 반응하는 건 창의력 발달에 도움이 되지 않아요. 창의적인 아이를 키운 부모들은 질문을 다시 아이에게 돌려줍니다. '넌 어떻게 생각해?' 하며 평가를 부모가 아닌 아이 스스로 해야 한다는 걸 아이가 이해하도록 도와주는 거죠."

우리를 지치게 하고 자기 삶을 돌볼 여유조차 허락하지 않는 소모적인 양육 방식을 언제까지 계속해야 할까? 이제는 우리가 양육에 대해 가진 인식을 돌아보고, 사고방식의 근본적인 전환을 고민해야 할 때다. 양육은 우리 삶에 새로운 관점과 다양한 역할을 더해주는 매우 역동적인 무대가 될 수 있다. 양육은 우연히 떠맡게 된 임시직이 아니다. 창의적 양육은 우리 자신에 대해 더 깊고도 넓은 이

해에 도달할 수 있도록 돕는 자기 성장의 과정이다.

다음 단계로 넘어가기 전에 질문!

양육이 자신의 성장에 도움이 된다고 느끼는가? 부모로서 자신에게 놀란 적이 있는가? 물론 정신없고 바쁘고 스트레스 가득한 일상 속에서 이런 질문은 자칫 거슬리거나 공허하게 들릴 수 있다. 하지만 미리 귀띔해주자면 당신은 앞으로도 꽤 오랫동안 부모로 살아가야 한다. 그러니 잠시 멈춰 생각해보고 그 시간을 준비해보자.

질문 하나 더! 지금의 양육 방식은 진정성이 있는가? 아니면 눈치를 보며 뭐가 옳은지, 어떤 방식이 일반적인지 살피느라 조심하고 있지 않은가?

이 주제에서 가장 중요한 질문! 당신의 양육은 규칙 중심인가, 가치 중심인가? 규칙이 전혀 필요 없다는 뜻은 아니지만 규칙에만 몰두하는 양육은 부모를 극도로 지치게 만든다. 우리가 진심으로 믿는 가치가 무엇인지 기억하고, 그것을 중심에 두는 것이 가정의 분위기를 이끄는 데 훨씬 효과적이다. 규칙은 억지로 지켜야 하기에 힘들지만, 가치는 내면에서 자연스럽게 흘러나오고 그것을 실현해가는 과정은 즐겁기까지 하다.

잠시 생각해보자. 당신이 무의식적으로 반복하고 있는 규칙은 무엇인가? 혹시 그 규칙들이 정말 중요한 문제들로부터 우리를 멀어지게 만들고 있는 건 아닐까?

7장

창의적 양육을 위한 4가지 도구

도구 1
없어도 되는 것 찾기

 토요일 아침이다. 아이들과 침대에 누워 있고, 개는 꼬리를 흔들며 주변을 어슬렁거린다. 블라인드 사이로 햇살이 스며들고, 모든 게 평화롭고 완벽해 보인다. 마치 미국 시트콤에 나오는 가족 같다. 1시간 후면 딸의 반 친구 생일 파티에 가야 한다. 오늘만큼은 가족끼리 단란하게 보내고 싶지만 그럴 수 없다.

 토요일마다 다른 아이의 생일이 돌아온다. 그런데 생일 파티가 더 이상 예전 같지 않다. 파티 장소는 풍선, 과자와 간식, 시끄러운 진행자, 몇 시에 데리러 오면 되는지 묻는 부모들, 그리고 초콜릿 케이크로 가득하다.

 목표는 분명하다. 똑같고 뻔한 생일 파티를 만드는 것이다. 생일은 점점 개인적인 축하가 아닌, 여러 명이 함께하는 집단 행사로 바뀌고 있다. 아이들끼리 비교하거나 질투할 일이 없도록 하려는 의도일지 모르지만 그 결과 한 사람 한 사람의 특별한 날은 점점 희미해진다. 우리는 생일을 일종의 의식처럼 대한다. 남들이 하는 방식을 그대로 따라야 한다는 압박감 속에서 풍선, 초콜릿 케이크, 답례품이 빠져서는 안 되는 필수 요소가 된다. 혹여 하나라도 빠지면 뭔가 잘못될 것 같고 기존의 형식을 벗어나면 안 될 것만 같다. 이런 태도는 때때로 지나치게 집요해 보인다. 아마도 너무 바쁘고 지쳐 있기 때문에 이런 고정된 형식을 따라가는 게 더 편하다고 느끼는지도 모른다. 아니면 에너지를 덜 쓰기 위한 선택일 수도 있다. 하지만 그 의도는 애초부터 빗나갔다. 생일 파티는 여전히 긴장과 기대, 흥분과 계획으로 가득하고 전혀 수월하지 않기 때문이다.

우리에게 익숙한 논리 방정식으로 표현하자면 다음과 같다.

[기본 전제] 즐거운 생일 파티 = 풍선 + 음악 + 장식 + 답례품 + 초콜릿 케이크 + 진행자

[결과] 이 중 하나라도 바꾸면 즐겁지 않은 파티가 된다. → 모든 아이는 같은 것을 좋아하고 원하고 취향도 똑같다. → 우리 아이 역시 다른 아이들과 똑같이 자라고, 똑같은 것을 원하고 꿈꾼다. → 우리는 독립적으로 생각하지 못하고 자신만의 취향이나 감각이 없는 아이를 키우고 있는 셈이다.

별로 좋은 결론은 아닌 것 같다. 그렇지 않은가?

생일은 아이의 존재와 정체성을 기념하고, 아이의 고유한 개성에 맞게 특별하고 개인적인 축하를 해주는 날이다. 즉, '나는 누구일까? 나는 어떤 점에서 특별하고 남들과 다를까? 나는 무엇을 좋아하고, 무엇을 좋아하지 않을까?'를 생각해보는 날인 것이다. 그런데 왜 우리는 화려한 케이크와 파티 진행자를 준비하고 친구들을 잔뜩 초대하면서 똑같은 레퍼토리의 생일 파티를 하는 걸까?

아이의 생일을 1년에 하루쯤은 진심으로 원하는 게 무엇인지 돌아보는 기회로 삼아본 적이 있는가? 반드시 따라야 하는 관습이나 유행이 아니라 우리 가족이 진짜 바라는 방식으로 말이다.

그렇다고 지레 부담을 가질 필요는 없다. 나는 언제나 작은 것부터 시작하는 것을 추천한다. '어떻게 하면 삶을 창의적이고 개성 있고 진정성 있게 살 수 있을까?'와 같은 같은 거창한 인생 질문은 잠시 접어두고 대신 이렇게 물어보자. '어떻게 하면 생일을 좀 더 특별하고 개인적인 방식으로 축하할 수 있을까?'

먼저 생일 파티에 반드시 있어야 한다고 생각하는 목록을 적어보자.

- 파티 장식
- 과자와 간식
- 즐길 거리나 액티비티
- 케이크

앞의 리스트에서 하나를 지워본다. 그럼 이 항목은 생일 파티에서 제외된다. 장식 없는 생일 파티, 진행자 없는 행사, 혹은 (마음의 준비를 단단히 해야겠지만) 케이크 없는 축하도 가능하다. 이렇게 하나만 바꿔도 새로운 아이디어가 샘솟기 시작한다. 그리고 그 변화는 보다 색다르고 개성 있는 축하로 이어질 가능성을 열어준다.

물론 반드시 어떤 요소를 생략하지 않아도 된다. 대신 그것을 더 창의적으로 표현하는 방법이 있다. 가령, 케이크를 선택했다고 치자. 보통 생일 파티에서 케이크는 마지막에 등장한다. 한 엄마가 케이크를 자르면 아이들이 줄을 서서 한 조각씩 받아간다. 그러다 가끔 어떤 아이가 케이크를 만든 아이 엄마에게 "너무 맛있어요"라고 말하면 어른들은 "어머, 저런 말도 할 줄 알아?"라든가, "똘똘하네. 사회성 좋아"라며 의미를 부여한다. 별것 아닌 칭찬 한마디에 어른들이 과하게 반응하는 모습은 웃기면서도 생일 파티의 익숙한 풍경처럼 보인다. 이 케이크 의식을 좀 다르게 구성해보자.

- 파티 시작과 동시에 케이크를 낸다. 특별한 날인데 뭐 어떤가? 케이크를 꼭 마지막에 먹어야 할 이유는 없다.
- 이번 파티의 콘셉트는 케이크 천국으로 먹을 건 케이크뿐이다.
- 아이들이 다 함께 초대형 케이크를 만든다. 기네스북에 도전할 수 있을 정도로 크고 특별한 케이크를 목표로 한다.
- 케이크의 시점에서 펼쳐지는 짧은 스탠드업 코미디가 이어진다. 이 파티에 대해 케이크는 어떤 생각을 하고 있을까?

- 케이크는 잠긴 상자 속에 들어 있다. 상자를 열려면 생일을 맞은 아이에 대한 퀴즈를 맞혀야 한다. 일종의 케이크 탈출 게임이다.
- 생일을 맞은 아이가 직접 케이크를 나눠주며 파티 참석자 한 명 한 명에게 짧게나마 마음을 담은 인사를 건넨다.

조금만 발상을 바꾸면 우리가 당연하다고 여기는 것에 새로운 가능성이 열린다. 케이크의 모양, 케이크를 나눠주는 방식, 촛불을 켜고 끄는 순서까지 전부 다르게 해볼 수 있다. 익숙한 것 중 하나를 골라 엉뚱하고 신선한 방식으로 바꿔보자. 그 순간 생일 파티는 더 이상 똑같은 형식의 반복이 아닌 그 아이만의 특별한 기억이 된다.

생일 파티를 좀 더 개인적인 방식으로 진행한다는 게 아이 중심적인, 일종의 과잉 연출로 흘러가야 한다는 뜻은 아니다. 이를테면 아이를 주제로 만든 영상, 아이에게 바치는 연설, 아이 이름이 새겨진 풍선, 아이를 위해 작곡된 노래, 아이를 기념하는 아빠의 문신 같은 것들 말이다. 취향의 문제를 떠나 개인적인 생일이란 그 아이의 고유한 성격과 세계관을 드러내는 자리가 돼야 한다. 10살짜리 아이에게도 세계관은 있다. 생일을 어떤 방식으로 축하하고 싶은지, 어떤 분위기의 행사였으면 좋겠는지, 몇 명을 초대하고 싶은지에 대한 자기만의 의견이 있다.

창의적 사고 수업에서 아이들에게 이렇게 묻는다. "생일에만 있었던 특별한 일을 하나 떠올려보자." 각자 종이에 예전 생일 중에서 기억에 남는 특별한 일을 적는다. 잠시 후 "하나, 둘, 셋!" 하고 외치면 아이들은 동시에 자신이 쓴 내용을 들어 보인다. 같은 내용이 2장 이상 나오면 탈락이다. 대부분의 답이 비슷하게 나와서 생각보다 어려운 과제다. 이어서 아이들에게 다음 생일에 해보고 싶은 독창적인 아이디어를 생각해보게 한다. 아이들은 다시 종이에 적고 똑같은 아이디어가 하나도 나오지 않을 때까지 모두가 내용을 공유한다. 이렇게 구체적인 방식으로 진행되는 활동은 아이들로 하여금 자신의 생각을 펼치게 하는 데 도움이 된다. 분위기를 잘 이끌어주면 깊은 자기표현이 가능해진다.

또 다른 활동에서는 아이들을 4개 조로 나눈다. 각 조는 무작위로 한 아이에 대한 이야기를 하나씩 뽑는다. 각 조는 그 아이의 생일을 기획하는 이벤트 제작사가 되고, 해당 아이의 생일 파티가 충족해야 할 조건들이 담긴 목록을 받는다. 조별로 생일 파티를 계획하기 시작하면 교사는 중간중간 지시 사항을 바꾸기도 한다. 교사가 "예산은 무제한이에요!"라고 하면, 아이들은 각자 행사를 위해 예산을 편성한다.

예산이 있든 없든 상상력은 얼마든지 뻗어나갈 수 있다. 무제한 예산의 상상 속 파티든, 전혀 돈을 쓸 수 없는 조건이든 어느 쪽이 더 낫다고 단정하기는 어렵다. 오히려 예산이 적을수록 우리가 익숙하게 떠올리는 선택지를 빠르게 지워버리고, 완전히 새로운 방식으로 생일을 기획하게 만든다.

텔아비브 야르콘 공원 근처에 살던 시절, 주말이면 늘 비슷한 풍경을 보곤 했다. 누군가는 아침 6시에 가장 먼저 공원에 도착해 나무 사이 자리를 맡고 풍선을 매달아 자기 구역을 표시했다. 그러고는 가족과 손님들이 도착하길 기다렸다. 오후가 되면 공원 곳곳에서 똑같은 생일 파티가 동시에 열렸다. 복사해서 붙여 넣기라도 한 듯 거의 구별되지 않는 파티들이 줄지어 펼쳐졌다. 언뜻 보면 현대 미술 작가가 개인성의 환상을 비판하려고 만든 설치 미술 작품 같기도 했다. 작가는 일부러 똑같은 생일 파티 현장을 나란히 세워두고 우리에게 묻는 것 같다. "정말 모두가 다른 사람 맞나요?" 아이의 생일을 준비할 때 아이만의 취향과 독립적인 사고를 살리는 일은 그 자체로 큰 의미가 있다.

도구 2
'1+1'의 창의적 공식

나는 창의적 양육을 주제로 한 특별 워크숍에서 갈릿을 만났다. 여섯 차례에 걸친 세션 동안 갈릿과 다른 참가자들, 그리고 나는 부모로서 겪는 문제들을 하나의 경영 과제로 보고 창의적인 방식으로 해결해보려 했다. 물론 말처럼 쉽지 않았다. 하지만 각자 자신만의 창의적인 해결책을 찾아냈을 때 모두가 짜릿하고 뿌듯한 감정을 느꼈다. 갈릿은 딸과의 잠자리 문제를 공유했다. 아이가 잠자리에 들려고 하지 않아 매일 밤 다툼이 반복됐고, 대화는 어느새 눈물과 짜증이 오가는 지치고 고된 싸움이 돼버렸다. 우리는 창의적 사고의 관점에서 이 문제를 다시 들여다봤다. 그중 '1+1'이라는 아주 기본적인 도구를 활용했다. 서로 익숙한 2가지를 뜻밖의 방식으로 조합해 새로운 결과물을 만들어내는 방법이다. 예를 들어 의자와 그네가 만나 흔들의자가 되고 칼과 포크가 만나 스위스 군용칼(일명 맥가이버 칼, 다양한 종류의 날들이 여러 개 달리고 접을 수 있는 작은 칼 – 옮긴이)이 된 것처럼, 1+1은 단순한 합이 아니라 전혀 새로운 뭔가가 되는 셈이다. 이를 바탕으로 우리는 다시 아이의 잠자리 문제로 돌아갔다.

첫 번째 단계에서는 문제를 일종의 공식처럼 표현해봤다.

(1) 아이가 잠자리에 들고 싶어 하지 않는다. + (1) 어떤 사물
= 아이가 기분 좋게 잠자리에 든다.

여기서의 목표는 서로 관련 없어 보이는 요소들을 결합해 평소에는 떠올리지 않는 방향으로 사고를 확장하는 것이다. 나는 참가자들에게 이 문제와 전혀 논리적으로 연결되지 않는 사물을 아무거나 6개 떠올려보라고 했다. 참가자들이 제안한 것은 자전거, 비행기, 호루라기, 드레스, 금속 탐지기, 돈이었다. 그중 3개를 남기기로 했고 호루라기, 금속 탐지기, 자전거가 선택됐다. 그다음으로 가장 덜 관련 있어 보이는 것을 고르자고 제안했다. 모두가 금속 탐지기를 고르는 데 동의했다. 우리가 고르는 사물이 낯설고 무관할수록 이 활동을 통해 실용적인 아이디어가 나올 가능성은 더 커진다. 금속 탐지기는 아이의 잠자리 문제와 충분히 동떨어진 사물이라 새로운 방식의 사고를 끌어내기에 적합했다. 우리는 금속 탐지기에서 연상되는 것들을 떠올려봤다. 보안, 보호, 삐삐 소리, 옷 가게, 쇼핑몰, 공

항, 해변에서 동전 찾기 등 다양한 이미지가 이어졌다. 그리고 공식을 다시 바꿨다.

(1) 아이가 잠자리에 들고 싶어 하지 않는다. + (1) 금속 탐지기
= 아이가 기분 좋게 잠자리에 든다.

15분쯤 지나자 침실을 중심으로 한 이착륙의 세계가 탄생했다. 침대는 도착해야 할 나라가 되고 그 나라에 가기 위해 우리는 침대로 향한다. 그냥 잠자리에 드는 게 아니라 하나의 모험을 시작하는 것이다. 이제는 가족 여행 계획도 침대에서만 논의할 수 있다. '잠자리에 들어야지, 늦었어' 같은 익숙한 대사는 '굿나잇항공 2130편 탑승 마지막 호출입니다, 21시 30분 정각 탑승입니다'라는 말로 바뀐다. 다음 날 입을 옷은 탑승 전에 부쳐야 할 수하물이고, 아침에 일어나기는 장거리 비행 후 도착하는 것이다. 가끔 갈릿은 딸에게 아침에 작은 선물을 주면서 이렇게 말한다. "단골 탑승 고객이라 좌석이 업그레이드됐거든." 모녀가 공항 세계관을 받아들이고 나자 그들 사이에는 상상력과 유머가 깃든 하나의 언어가 생겨났다. 지루하고 반복되는 일상이 놀이처럼 흥미로운 의식으로 바뀌었다. 이 활동의 목적은 자동적인 사고에서 벗어나 우리 스스로 새로운 일상과 방식을 발명해보도록 돕는 것이다. 무작위로 선택한 사물은 우리를 낯설고, 다르고, 연상적이며 뜻밖의 사고 방향으로 데려가는 매개가 된다.

이 도구의 목적은 결국 한 가지다. 조금 다르게 생각해보는 것이다. 가족이 함께 문제를 해결하며 그 해결의 주인공이 자연스럽게 가족 안에서 기억되는 상황을 상상해보자. "우리는 다나 덕분에 샤워 방식이 달라졌고, 오데드 덕분에 아침에 일어나는 방식이 바뀌었고, 아빠의 아이디어 덕분에 매주 산책을 하게 됐어요." 이렇게 쌓인 경험들은 지루하고 반복되는 일상에 맞서는 가족만의 유산이 된다. 가족 전체가 이른바 문제 해결팀이 되는 것이다. 가족마다 나름의 소소한 문제들—"심심해." "아침에 일어나기 싫어." "차 타고 오래가는 동안 뭐 하지?" "시험을 앞두고 너무 긴장돼." "애들이 핸드폰만 봐."—이 있다. 우리가 사소한 문제를 해결하는 방법은 자녀에게 문제 해결의 모델로서 역할을 한다. 1+1 도구는 숙달되면 어마어마한 효과를 발휘한다.

자주 반복되는 또 다른 문제인 형제자매 간의 다툼을 생각해보자. 이 또한 공식에 한번 넣어본다.

  (1) 형제자매가 계속 싸운다. + (1) 어떤 사물
  = 더 이상 싸우지 않는다.

예상 가능한 해결책에서 벗어나기 위해 문제와 전혀 관련 없는 사물 5가지를 떠올려봤다. 내가 이 활동을 진행했던 그룹에서는 더러운 수세미, 커피 머신, 유리병, 소라 껍데기, 손톱깎이를 제안했다. 그중 아이들의 삶과 가장 거리가 멀어 보이는 커피 머신을 선택했다. 우리는 먼저 커피 머신에서 연상되는 것들을 정리했다. 커피 빈을 갈 때 나는 소리, 종류별 분류, 맛별 분류, 미리 준비해두고 버튼 하나만 누르면 되는 점, 커피 특유의 향, 개인화, 주기적인 청소 필요, 농도의 차이, 디카페인, 최고의 커피를 두고 벌이는 논쟁, 어떤 커피를 마실지 고민하는 시간 등이 나왔다. 다양한 내용이 쏟아지면서 문제를 전혀 다른 방향에서 바라볼 수 있게 됐다.

커피 머신이 내는 소리를 형제자매가 싸울 때 나는 소리와 같다고 보고, 커피 머신의 소음이 일정 기준에 도달하면 멈추는 점을 어떻게 응용할 수 있을지 생각해봤다. 우리는 소음 측정기를 떠올렸다. 실제로 간단한 앱도 있다. 아이들이 싸우기 시작하면 소음 측정기를 켜고 소음 허용치를 넘긴 사람이 지는 방식이다.

또 하나 떠오른 것은 미리 준비해두고 버튼만 누르면 작동되는 시스템이었다. 커피를 만들 때는 캡슐을 고르고, 색상으로 농도를 구분하거나, 우유를 데우는 등의 사전 준비 과정이 있다. 이 점에서 우리는 해결책을 미리 준비해두는 방식을 생각해냈다. 싸움이 발생할 때를 대비해 미리 여러 개의 해결책을 종이에 적어 접어두고 색색의 풍선 안에 넣는다. 언쟁이 발생하면 하나의 풍선을 터뜨리고 안에 든 해결책을 따른다. 가령 이런 내용이 적혀 있다. "엄마나 아빠를 호출한 뒤 상대의 입장을 맡아 설명하고 더 타당하다고 설득한 쪽이 이긴다." 부모에게 상대방 입장을 얼마나 잘 설명했는지에 따라 승부가 갈리는 것이다.

또 다른 해결책은 자신의 입장이 드러나지 않도록 양쪽 주장을 객관적으로 정리해 영상으로 만드는 것이다. 영상을 가족 단체 채팅방에 공유하고 적어도 2명 이상이 누구의 입장인지 맞히지 못하면 이긴다. 서로의 입장에 서서 생각해보는 순간 싸움의 날카로움이 어느 정도 사라진다.

이렇게 낯선 사물을 매개로 삼으면 예상치 못한 창의적인 방향으로 사고가 튀고 어느새 현실적인 해결책이 손에 잡히기 시작한다.

도구 3
창의적 의식 만들기

매일 아침 6시 15분이면 아내는 정확하게 눈을 뜨고 벌떡 일어난다. 이런 면에서 아내는 나보다 훨씬 낫다. 그녀는 잠에서 서서히 깨어나는 법이 없다. 방금 전까지만 해도 곤히 자고 있었는데 어느새 침대 밖으로 나가 부엌, 욕실, 아이들 방, 컴퓨터, 커피 머신, 옷장을 쉼 없이 누빈다. 속도는 점점 빨라진다. 6시 45분쯤 되면 이미 280가지 정도 되는 일을 마친 아내가 질문이며 해야 할 말들을 쏟아낸다. "일어났어?" "이 닦았어?" "가방 챙겼어?" "아직 침대야?!" "늦었어!" "오늘은 기다릴 시간 없어." "서둘러!" 그러고는 마지막에 꼭 이렇게 외친다. "에얄! 나 좀 도와줄래요? 빨리!"

나는 비몽사몽한 눈으로 멍하니 깨어나 이래 봬도 잘 움직일 수 있다는 걸 증명하려 애쓴다. 그런데 언제나 그렇듯 아침은 어제와 똑같은 말들로 시작된다. 마치 어제라는 날이 없었던 것처럼 말이다. 마치 누군가 인기 프로그램「하루를 시작하는 가족」의 대본을 나눠주고, 대사를 토씨 하나 바꾸지 말고 6년, 8년, 10년 동안 그대로 따라 하라고 한 것 같다. 아주 단조로운 로봇처럼 우리는 매일 똑같은 아침, 똑같은 언쟁, 똑같이 피곤한 흐름 속으로 들어간다. 앞으로 하루를 몇 번이나 더 이런 식으로 시작할까? 몇 번이나 더 텔레비전 앞에 나란히 앉고, 같이 밥을 먹고, 함께 잠자리에 들까? 이 의식은 거의 달라지지 않고 수백 번씩 반복된다. 이대로 계속하면 유연한 사고를 기를 기회는 얼마나 될까? 우리가 아침에 일어나는 방식과 출근하고, 이동하고, 문제를 해결하는 방식은 일상의 창의력을 작동시키고 실천하는 능력에 영향을 준다.

하버드 의대의 루스 리처즈Ruth Richards 교수는 '일상 창의력'이라는 개념을 만든 연구자 중 한 명이다. 그녀에 따르면 일상 창의력은 변화하는 환경에 유연하게 적응할 수 있는 '표현형 가소성'을 뜻한다. 우리 모두 이 창의력을 갖고 있지만 실제로는 그 잠재력만큼 키우지 못하고 있다.[1] 리처즈는 창의적인 행동을 하면 우리가 더 역동적이고, 자각적이고, 방어적이지 않고, 관찰력이 향상되고, 협력적이고, 용감해진다고 말한다. 뿐만 아니라 회복 탄력성이 높아지고, 지금 이 순간에 더 존재하게 되고, 동시에 세상과 더 깊이 연결된다고 한다.[2] 몇 년이고 똑같은 일과와 습관을 반복하며 사는 사람과, 매주 혹은 며칠마다 자신의 행동을 조금씩 조정하고 새로운 관점이나 방식을 실험해보는 사람을 비교해보자. 시간이 지날수록 후자의 삶은 점점 더 개인화되고, 일상적인 훈련을 통해 유연한 사고와 뇌의 가소성이 길러진다. 이는 인간 진화의 전통을 따라 변화에 적응하고 유능함을 획득해가는 과정이다. 리처즈는 일상 창의력이 보편적이고, 생존을 위해 필수적이며, 동시에 삶에 더 깊은 의미를 부여한다고 강조한다. 과학자는 연구실을 나선다고 해서 창의력이라는 불을 끄지 않고, 예술가도 작업실 밖이라고 창의적인 사고를 멈추지 않는다.[3] 우리는 직장에서 주도력, 기지, 창의력을 발휘하는 사람답게 집에서도 똑같이 행동해야 한다. 그렇다면 당신의 가정에서 유머는 중요한 가치인가? 기지와 문제 해결 능력은 아이뿐만 아니라 당신 자신에게도 길러주고 싶은 가치인가? 변화에 대응하고 집안일에 적극적으로 참여하는 것을 중요하게 생각하는가? 1~2주에 한 번쯤은 온 가족이 방식을 바꿔서 아침을 맞이하는 일이 얼마나 의미 있는지에 대해 생각해보자.

    우리는 아침을 새롭게 시작하기 위한 다양한 아이디어를 시도해봤다. 하루는 가족 모두가 게임 쇼에 출연한 것처럼 행동하기로 했다. 각자 쪽지를 하나씩 뽑고 거기에 적힌 하지 말아야 할 일을 그날 아침에 집을 나설 때까지 지키는 것이다. 가령 흰색 물건 만지지 않기, 부엌에 들어가지 않기, 말하지 않고 몸짓으로만 대화하기 등과 같은 식이다. 이런 제한이 생기면 서로 다른 방식으로 협력하게 될 수밖에 없다. 분위기를 살리기 위해 배경 음악도 깔아준다. 물론 아침을 창의적으로 시작하자는 아이디어를 낸다는 게 항상 쉽지만은 않다. 아이들은 마음에 들지 않으면 "아빠, 그거 진짜 별로야. 다시 생각해봐"라고 거침없이 반응하기 때문이다.

한편으로, 기가 막힌 아이디어가 나오면(그리 쉽지 않지만) 모두가 '열정'으로 불타오른다. 그렇다. 아침에 일어나는 일에 대한 열정 말이다. 쉽게 공감하기 어려울 수 있다는 건 안다. 하지만 정말로 그런 순간이 찾아올 때가 있다. 아침 기상에 대해 여러 가족들과 이야기하면서 얼마나 많은 사람들이 이 문제로 골머리를 앓고 있는지 알게 됐다. 몇몇 가족은 아침에 준비하는 시간을 최소화하기 위해 아이들이 다음 날 입을 옷을 미리 입고 잔다고 했다. 나로서는 다소 황당한 소리였지만, 엄마들은 아침 루틴이 주는 스트레스를 조금이라도 줄이기 위해 뭐든 해보려 한다고 말했다. 이는 분명 창의적으로 해결해야 할 문제다. 그래서 아침에 조금이라도 더 기분 좋게 일어날 수 있도록 다 같이 시도해볼 만한 아이디어를 정리해봤다.

- **대체 왜 일어난 거야?!** : 하루 동안 마주하는 무의미한 순간을 공유한다. 웃긴 이야기일수록 좋다.
- **일어나길 잘했어** : 하루 중 기대되는 순간을 공유한다. 떠오르는 게 없는 사람은 쓰레기를 버리거나 설거지를 해야 한다.
- **1분간 진심으로** : 매일 아침 1분 동안 삶에서 중요한 사람들을 떠올리며 마음속으로 짧은 메시지를 전한다.
- **할 일 재생 목록** : 아이들과 함께 아침에 할 일을 정리하고 좋아하는 노래를 더해 재생 목록을 만든다. 한 곡이 끝날 때까지 한 가지 할 일을 끝

내는 게 목표다. 옷 입기, 아침 만들기, 이 닦기 등이 있다. 춤추고 노래 하면서 하면 더 효과적인데, 에너지가 확 살아나기 때문이다.

- **모닝 올림픽** : 매일 아침 새로운 경기를 연다. 제일 먼저 옷 입기, 제일 맛있는 아침 만들기, 이 닦기 팀 플레이, 빨래통에 잠옷 던지기 등이 있다. 단, 다른 할 일을 다 끝내야 경기에 참가할 수 있다.

- **꼭 일어나야 돼?** : 일주일 중 하루는 아이들이 제시간에 일어나지 않아도 되는 날로 한다. 단, 나머지 날엔 반드시 제시간에 일어나야 한다. 아이가 몇 차례 지각해서 선생님한테 잔소리를 듣고 나면 알아서 일찍 일어난다.

- **고통받는 아티스트** : 아이에게 아침에 일어나는 것이 얼마나 별로인지, 그리고 그것에 어떻게 대처하는지 설명하는 유튜브 비디오를 만들어 보게 한다. 혹은 '아침은 진짜 구려'라는 제목의 멋진 뮤직 비디오를 제작해봐도 좋다.

- **아트 아카이브** : 매일 아침 준비하는 모습의 셀카 4~5장을 찍는다. 한 달 또는 1년 뒤에 타임 랩스로 만들어보면 색다른 예술 작품이 된다. 끈기 있는 사람들에게 강력하게 추천한다.

- **좋아하는 캐릭터처럼 일어나기** : 아침에 일어날 때 각자 좋아하는 캐릭터가 된다면 어떨까? 그 캐릭터라면 어떻게 행동할까?

- **앱 활용하기** : 관련 앱에서 아이디어를 얻거나 그 앱을 직접 사용한다. 스마일 클락을 예로 들면, 당신이 핸드폰을 보고 미소를 지어야만 알람을 끌 수 있다. 미션 알람 클락도 있다. 스마트폰 화면의 물건을 옮기거나, 목표물을 맞추는 등 미션을 수행해야만 알람이 꺼진다. 낯선 사람이

모닝콜을 해주는 와키라는 앱도 있는데, 평소에 외국인들과 대화를 해보고 싶었다면 시도해보자.

이러한 시도는 별거 아닌 거 같아 보여도 아침의 집 안 분위기와 가족의 협력 방식을 완전히 바꿔놓을 수 있다. 일어나기 싫은 하루를 조금은 기대되는 하루로 바꾸는 데 필요한 것은 약간의 아이디어와 용기다.

도구 4
맨 처음에 하거나,
맨 나중에 하거나

혹시 다음과 같은 상황에 익숙한가? 한참 전에 예약해둔 최고급 호텔에 도착했는데 사람들로 바글바글하다. 수영장은 발 디딜 틈이 없고, 식당도 만석이고, 어디를 가든 인파투성이다. 수건은 다 떨어져 있고, 핫도그, 아이스크림, 슬러시 같은 간식을 먹으려면 반드시 줄을 서야 한다. 키즈 클럽에서 운영하는 초콜릿 컵케이크 만들기 프로그램도 대기 표를 받아야 가능하고, 겨우 자리를 잡아도 파라솔 담당 직원을 기다려야 한다. 누구나 이런 상황을 한 번쯤은 겪어봤을 것이다.

가끔은 우리가 너무 자동적으로 살아가는 것처럼 보일 때가 있다. 공원에서 생일 파티하기, 주말 나들이를 갔다가 토요일 오후에 교통 체증을 뚫고 귀가하기, 집 근처에서 방과 후 수업 듣기, 다들 베스트셀러라고 하니 『그레이의 50가지 그림자』 읽기, 금요일 아침에 브런치 배달시키기, 명절 전에 세차장 줄 서기 같은 것들 말이다. 가끔은 이런 틀에서 벗어나 다른 방식으로 시도해보면 어떨까?

나는 가족과 어떤 장소를 방문할 때 오픈하자마자 가거나 사람들이 거의 다 빠져나가고 조용해진 시간에 가는 걸 좋아한다. 어느 토요일, 아이들이 가고 싶어 했던 트램펄린 파크에 갔다. 단, 조건이 하나 있었는데, 오픈 시간인 오전 9시에 도착하는 것이었다. 새 물건을 사면 특유의 냄새가 나지 않는가. 이와 비슷한 맥락으로, 어떤 장소에 오픈하자마자 가면 그곳이 마치 우리만을 위해 열린 것 같은 기분이 든다. 고작 30분이지만 오롯이 우리만을 위한 시간을 가질 수 있었다. 텅 빈 주차장에 차를 대고, 입장하니 수십 개의 트램펄린, 각종 놀이 시설, 알록달록한 매트리스가 가득했다. 실내 공간은 충격 흡수 매트로 둘러싸여 있고, 연식 농구 코트와 볼 풀이 있었다. 일찍 일어난 두 아빠와 어린아이들, 체조 선수 같아 보이는 소녀 2명도 있었다. 정원이 5명인 디스코 팡팡에서는 정각이 되면 댄스 음악이 울려 퍼지면서 자외선 조명이 반짝거렸다. 출입 팔찌를 받았지만 어차피 우리밖에 없어서 굳이 찰 필요가 없었다. 모든 게 우리만을 위한 듯 아늑하고 친밀했다. 물론 완벽한 계획은 없기 마련이라 문제가 하나 생기긴 했다. 슬러시가 준비되기까지 무려 10분을 기다려야 했다. 그걸 빼면 이곳은 그야말로 우리 가족만의 천국이었다.

문제는 우리 모두가 『아비야의 여름 Aviya's Summer』(아비야의 엄마가 아비야를 위해 생일 파티를 준비했는데 아무도 나타나지 않는다는 내용으로, 히브리어권 베스트셀러이자 영화로도 만들어진 작품)을 보고 자랐다는 데 있다. 그래서 우리는 늘 걱정한다. 아무도 오지 않으면 어떡하지? 결혼식에서 아무도 춤추지 않으면, 혹은 신나는 분위기, 그러니까 '흥'이 없으면 어떡하지? 당신은 새해맞이 행사처럼 수백 명이 한데 모여 숨조차 제대로 못 쉬면서 폭죽과 컨페티로 뒤덮여야만 진짜 신나는 것처럼 여겨지는 데 익숙해져 있다. 하지만 가끔은 그런 자동 재생 인생에서 벗어나 버전 업그레이드를 해볼 필요가 있다. 남들이 몰리는 시간이 아닌 때나, 꼭 가야 하는 곳 목록에 없는 장소에 들러보자. 그렇게 한번 시도해보면 생각지도 못했던 마법 같고 황홀한 경험이 펼쳐질 수 있다.

　기본값을 선택한 사람들이 하나둘 도착해 줄을 서기 시작하면, 우리는 이미 충분히 놀고 지친 몸으로 행복하게 자리를 뜬다. 그들은 시간의 4분의 1을 줄 서는 데 쓰고, 또 다른 4분의 1은 복잡한 공간에서 이리저리 움직이느라 보낸다. 그들은 자신들이 오기 전이 진짜 즐거웠다는 사실을 모른다. 기본 설정대로 사는 삶은 편안하고 유혹적이지만 천천히 퍼져가는 바이러스와 같다. 이 굳어버린 삶의 틀에서 벗어나는 유일한 방법은 일상의 작은 습관부터 바꾸는 것이다. 사실, 철학적으로 보자면 나 역시 그 틀 안에 살고 있다. 완전히 다른 외딴섬 같은 삶은 현실에 존재하지 않는다. 어쩌면 나의 이런 반항은 조금 유치하게 보일지 모른다. 그래도 줄 덜 서고, 짜증 덜 내고, 새로운 것에서 풍겨오는 상쾌한 냄새를 조금 더 맡을 수 있다면 그것만으로 충분한 가치가 있다. 나는 기본값 바깥에서 벌어지는 작은 경험들이 결국 우리 삶 전체에 깊은 의미를 더한다고 믿는다. 사전에 계획되고 정해진 궤도를 따라가는 삶, 여가 시간까지 잠식하는 습관들은 우리의 의식, 나아가 영혼을 형성한다. 인파로 가득한 공간과 끝없이 이어진 대기 줄은 긴장, 피로, 짜증을 유발하는 우리의 경직된 사고방식과 자동으로 반복되는 일상을 보여준다. 정해진 흐름대로만 살아가는 삶은 우리를 무기력하게 만든다. 작은 선택 하나라도 달라져야 비로소 삶이 내 것이 돼간다.

나는 강의에서 종종 헤르몬산 가는 길 교통 체증 테스트를 소개하곤 한다. 헤르몬산은 겨울에 눈이 내리는 이스라엘 유일의 산이다(이스라엘은 대부분이 사막이고 햇볕이 뜨거운 나라니까). 눈 덮인 헤르몬산이 개방됐다는 소식이 들리면 이스라엘 전역에서 인파가 몰려든다. 당연히 매년 엄청난 교통 체증이 반복된다. 그래서 어떤 사람들은 새벽 4시 45분에 일어난다. 남들보다 먼저 나서서 교통 지옥을 피하기 위해서다. 하지만 문제는 그보다 15분 앞선 4시 30분에 25만 명이 똑같은 생각을 하고 똑같이 조용히 길을 나선다는 것이다. 결과적으로 모두가 7시간 반 동안 같은 도로에 갇힌다. 그런데 이 교통 체증은 예측 불가능한 우연이 아니라 누가 봐도 예상 가능한 결과다. 내가 생각하기에 구직 면접에서 반드시 물어야 할 질문이 하나 있다. "지난 5년간 헤르몬산 교통 체증에 갇힌 적이 몇 번이나 있나요?" 한 번이라면 괜찮다. 그럴 수 있다. 하지만 두 번이라면 좀 의심스럽다. 결론을 잘 내려 하지 않는 사람일 수 있다. 만약 자기 의지로

세 번이나 헤르몬산 교통 체증에 갇혔다면 즉시 관계를 끊고 도망쳐야 한다. 설령 그 사람이 똑똑하고 잠재력이 뛰어난 사람일지라도 그 선택이 보여주는 경직된 사고방식을 기억해야 한다. 이건 단순히 교통 체증에 관한 이야기가 아니라, 한 인간의 사고방식이 얼마나 고정돼 있는지를 상징하는 이야기다.

요컨대 창의적 양육을 위한 4가지 유용한 도구는 다음과 같다.

- **도구 1 없어도 되는 것 찾기** : 가족 행사나 경험을 새롭고 독창적으로 기획하고 싶다면 꼭 있어야 한다고 여겨지는 요소들의 목록을 떠올려보고 그중 하나 이상을 과감히 지워보자. 혹은 절대 빠질 수 없다고 생각하는 핵심 요소―예컨대 케이크 같은 것―를 다른 방식으로 표현해보는 것도 좋다. 이도 어렵다면 예산을 갖고 놀아보자. 무제한 예산일 때, 소액일 때, 예산이 전혀 없을 때 각각 어떤 모습이 될지 상상해보자. 의외로 이 과정에서 가장 창의적이고 잊지 못할 기획이 탄생할 수 있다.

- **도구 2 '1+1'의 창의적 공식** : 문제가 생겼을 때 '1+1=새로운 것'이라는 공식을 적용해보자. 예측 가능한 방식이 아닌, 연상과 조합을 통해 문제에 접근하면 육아도 더 유연하고 즐겁고 창의적으로 바뀐다. '1(문제) + 1(연상을 불러오는 사물) = 새로운 접근(해결의 실마리)'을 기억하고, 집에서 문제가 생기면 이 공식을 직접 실험해보자.

- **도구 3 창의적 의식 만들기** : 하루를 형성하는 작은 행동들이 결국 우리의 의식과 사고방식을 만든다. 그래서 고정되고 경직된 루틴을 창의적인 의식의 시간으로 바꾸는 일이 중요하다. 혁신은 늘 작은 변화에서 시

작된다. 스트레스를 유발하는 가족의 일상 하나를 골라 작고 구체적인 아이디어로 조금씩 바꿔보자. '지루한 루틴 vs. 창의적 발상'의 유쾌한 두뇌 싸움을 계속하다 보면 결국 지루한 쪽이 먼저 백기를 들게 돼 있다.

도구 4 맨 처음에 하거나, 맨 나중에 하거나 : 우리가 평소에 어떻게 여행하고, 여가를 보내고, 일상을 설계하느냐는 우리의 사고방식과 반응 패턴을 고스란히 보여줄 뿐 아니라, 그 자체로 우리의 사고를 형성하는 힘이 있다. 다음에 가족 여행을 갈 때는 남들이 다 가는 코스를 그대로 따르지 말고 우리 가족만의 방식으로 단 하나라도 색다른 선택을 해보자. 가이드북이 아닌 여행 일지를 직접 써나가는 일은 유연하고 주체적인 삶을 만들어간다는 증거다.

8장

창의적 루틴 만들기

우리 가족은 4년에 한 번씩 이사를 간다. 우리는 도시를 옮기고, 동네를 바꾸고, 아이들을 전학시키고, 이웃과 분위기까지 싹 바꾼다. 우연히 이사 기간이 맞아떨어진 게 아니라 의도적인 선택이다. 변화에 익숙해지기 위한 훈련이자, 낯선 환경을 받아들이는 연습을 위해서다. 아이들은 물론 우리 부부가 예측 불가능하고 빠르게 움직이는 세상에서 삶의 역동성 자체를 사랑하는 법을 배우기 위한 선택이다. 하지만 대부분의 아이들은 여전히 똑같은 책상에 앉아 있다. 같은 교실, 같은 줄, 같은 친구들 옆자리에서 하루를 보낸다. 늘 걷는 같은 길을 따라 같은 동네 안에서만 살아간다. 세상은 점점 더 빠르게 바뀌고 있는데 아이들의 자리는 아직 그대로다.

우리는 4년 동안 텔아비브의 야르콘 공원 근처에서 살았다. 조용하고 매력적인 골목 안쪽에 위치한 아파트를 임대해 살았는데, 주차난과 복잡한 거리만 빼면 그 시절에 대한 기억은 전반적으로 좋았다. 그럼에도 우리는 이사를 결정했다. 반드시 나라 반대편으로 가야 한다는 식은 아니더라도, 어디든 간에 도시를 옮기고 새로운 사회적 환경에 들어간다는 자체로 도전이기 때문이다. 그리하여 도착한 곳은 헤르츨리야, 그중에서도 '영 헤르츨리야'라는 동네였다. 우리는 항상 집을 임대하는 쪽을 택한다. 덕분에 더 유연하게 움직일 수 있고, 때로는 더 높은 주거 수준을 누리기도 한다. 이번에 이사를 가면서 새로운 가족도 맞이했다. 유기견 보호소에서 데려온 믹스견 조스다. 지금은 조스가 없던 시간이 상상이 안 될 정도다. 새로운 카페, 새로운 이웃, 달라진 분위기, 그리고 무엇보다도 이사할 때만 맡을 수 있는 새로운 것의 냄새가 다시 우리 삶에 스며들었다.

4년에 한 번씩 이사를 간다는 우리 집 방식을 두고, '아이한테 해로운 짓이다, 방임이다, 무책임한 또라이다' 같은 반응을 보이는 이들이 있었다. 이 방식은 이상하리만치 자녀에 대한 방임, 혹은 아동기에 꼭 필요하다고 여겨지는 온기, 안정감, 유대감이라는 신성불가침의 가치를 해치는 행위로 받아들여졌다. 한번은 아내의 친구가 아이 문제로 고민을 털어놨고 아내가 진심으로 조언하자 무심코 이렇게 말했단다. "어차피 넌 맨날 애들 데리고 이사 다니잖아. 그러니까 잘 모르지 않겠어?" 속마음이 튀어나와버린 것이다. 그 친구는 내심 우리의 육아 방식을 그런 시선으로 보고 있었던 것이다. 물론 모두가 같은 반응을 보이는 건 아니지만 꽤 많은 사람들이 우리를 못마땅하게 여긴다. 여기서 분명히 해두고 싶은 게 있다. 이건 어디까지나 아이들과 철저히 상의하고 함께 결정하는 일이다. 이사할 도시와 그 도시를 선택한 이유, 어느 집에 살지, 어떤 동네를 선택할지에 대해 결정할 때 아이들이 적극적으로 참여한다. 아이들은 각 장소에 대해 자신의 의견을 내고 거부권도 있다. 놀라운 건 어떤 순간에는 우리보다 아이들이 더 단단하게 이 변화에 대응한다는 점이다. 도시를 옮기는 일, 특히 새로운 학교에 들어가는 일은 결코 쉬운 도전이 아니다. 그래서 더더욱 세심하게 계획하고 그 상황을 어떻게 마주할지 치밀하게 준비하는 것이 중요하다. 이사는 또 하나의 기회이기도 하다. 이전 동네 친구들과 관계를 어떻게 이어갈 것인지 배우고, 새로운 환경에 어떻게 자연스럽게 녹아들 것인지 익히는 기회다. 또한 움직임 속에서 관계를 유지하고 다시 연결하는 법을 배우는 과정이기도 하다.

호주의 임상 심리학자 크리스틴 맥레오드Christine McLeod 박사는 가족의 주거 이동이 아이에게 미치는 영향에 대한 최근 연구들을 깊이 있게 분석한 바 있다. 그녀 자신도 호주 공군 장교인 남편과 결혼해 남편의 전출에 따라 오랫동안 반복적으로 이사를 해야 했던 경험이 있다. 그녀는 내게 이렇게 말했다. "아이들이 어렸을 때 어떻게 하면 연속성의 감각을 유지해줄 수 있을까 고민했어요. 아기였을 땐 늘 갖고 놀던 장난감을 그대로 챙겨줬고, 10살, 12살쯤 됐을 땐 이사한 집의 아이들 방 벽을 익숙한 색으로 다시 칠해줬죠. 호주에서 미국으로 옮겼을 땐 아이들이 하던 활동들을 최대한 그대로 이어가게 했어요. 사소해 보여도 모든 것에 많은 고민이 들어갔어요." 맥레오드 박사는 이사 가는 일이 아이에게 오히려 긍정적인 경험이 될 수 있다고 믿는다. 그녀가 강조하는 중요한 점은 이사를 하게 된 이유다. 위기 때문인지, 이혼이나 재난과 같은 제약 때문인지, 아니면 선택에 의한 것인지 말이다.

크리스틴 맥레오드 박사는 이렇게 말한다. "연구에 따르면, 가족이 해체되지 않았고 이사에 대한 긍정적인 태도—특히 어머니의 긍정적인 태도—가 있을 경우에는 이사가 꼭 문제가 되진 않아요. 오히려 새로운 것을 시도하고, 새로운 장소를 경험하고, 새로운 사람을 만날 수 있는 기회가 될 수 있죠. 핵심은 아이를 지지하는 가족의 안정감이에요. 가족이 함께 움직일 때 아이들은 일대일로 시간을 보내는 경험을 하게 돼요. 주의를 받고, 시간을 나누고, 즐겁고 유쾌한 경험을 하게 되죠. 사실, 이런 보람 있는 시간이 그렇게 자주 오는 건 아니잖아요. 온 가족이 즐겁게 뭔가를 한다는 것 자체가 모든 걸 바꿔놓을 수도 있어요."[1]

우리 가족이 4년에 한 번씩 계획적으로 이사하는 이유는 진정으로 살아 있는 삶을 유지하기 위한 우리의 창의적 루틴 때문이다. 창의적 루틴이라는 말은 언뜻 모순처럼 들릴 수 있다. 루틴은 반복이고 창의력은 새로움인데 그게 어떻게 공존하냐고? 바로 그 지점이 핵심이다. 창의적 루틴이란 자기 자신을 발전시키고 끊임없이 새롭게 만들기 위해 의도적으로 내재화한 습관이다. 멈춤 없이 나아가기 위한 장치이고, 스스로를 낯선 곳으로 이끌고 더 나아진 방향으로 움직이게 하는 시스템이다. 그 안에는 새로운 정보, 전혀 다른 사고 방식, 익숙하지 않은 관찰법과 삶의 시선이 담겨 있다. 그렇다고 해서 반드시 도시를 옮기고 학교를 바꿔야만 실현되는 건 아니다. 우리의 사고를 흔들어놓고 삶의 방식에 균열을 내는 어떤 습관이든 창의적 루틴이 될 수 있다.

주변 환경에
관심 갖기

익숙해지는 능력은 곧 그 삶을 즐기는 능력을 뜻한다. 그리고 즐거움이 커질수록 우리는 그 루틴을 계속 유지하게 된다. 4년에 한 번이라는 이사는 우리에게 단순한 반복이 아니라 꾸준히 의식적으로 설계하고 있는 하나의 루틴이다. 우리는 새로 이사한 동네에 대해 특별한 지도를 만들었다. 정확히 말하면 위성 사진을 확대 출력한 지도 위에 다음과 같은 6가지 범주를 정해 표시한 것이다.

- ○ 내가 만난 사람들
- ○ 나의 일상 활동
- ○ 동네의 정원과 산책로

- ◌ 여가와 스포츠
- ◌ 이달의 발견
- ◌ 24시(언제든 갈 수 있는 곳들)

우리는 각 범주마다 서로 다른 색의 자석을 지정하고 뭔가를 새롭게 알게 되거나 경험할 때마다 그 자리에 표시한다. 어디까지 가봤고, 어디는 안 가봤는지 우리만의 탐색 기록을 만들어가는 것이다. 아무것도 없는 지도는 새로운 시작을 뜻한다. 새로운 카페, 새로운 마트, 새로운 학교, 새로운 교실, 새로운 채소 가게, 처음 걷는 길, 낯선 이웃들로 지도를 채워나가는 과정은 우리가 그곳에 속해 있다는 감각을 키우는 연습이다. 뿐만 아니라 변화를 두려워하지 않고 움직이는 삶을 즐기는 태도를 기르는 연습이다. 이와 같은 이사는 삶 전체에 '새로움'이라는 분위기를 불어넣는다. 마치 새로고침 버튼을 누른 것처럼 낯설고 신비로운 골목길, 기분 좋은 새 이웃, 그리고 때로는 짜증 나는 새 이웃까지 모든 것이 새로운 감각으로서 삶을 일깨우는 자극이 된다.

이사하고 나서 꼭 겪는 순간이 있다. 바로 새집 주소로 내비게이션 앱의 '집' 단축키를 바꾸는 일이다. 하루를 마치고 차에 올라타면 앱이 묻는다. "집으로 갈까요?" 그때 '또 다른 4년이 시작됐구나' 하고 깨닫는다. 새로운 공간에서 길을 익히고 관계를 맺는 일의 중요성은 아무리 강조해도 지나치지 않다. 그런데 부모가 먼저 몸소 보여주지 않으면 아이들이 그런 능력을 자연스럽게 얻기를 기대하기 어렵다. 그렇다면 왜 우리 스스로 변화에 대응하는 능력을 기르고, 아이들과 함께 그것을 책임 있게 연습하는 삶을 살지 않을까? 왜 그 도전을 피하지 않고 기꺼이 감당해보자는 생각을 하지 않을까? 고백하자면 나 역시 한동안은 이사와 낯선 환경에 적응하는 문제에 확신이 없었다. 정확히 말하면 예전에는 그랬다. 혼자 여행하고, 혼자 비행기를 타고, 혼자 낯선 도시에서 잠드는 일이 늘 힘들었다. 출장길에서 느낀 그런 감정은 말로 설명하기 힘든 막막한 고립감이었다. 하지만 오랜 연습 끝에 상황은 바뀌었다. 지금은 세계 곳곳의 강연과 워크숍을 다니면서 혼자 있는 시간이 더 이상 불안하지 않다. 내 귀에 들려오는 외국어들이 재밌고 길을 헤매는 낯선 순간들도 꼭 불편하지만은 않다. 수많은 긴장과 스트레스를 견디며 반복한 끝에, 나는 마침내 그 여행들을 즐기기 시작했다.

창의적 루틴은 대개 자신의 삶 속 '작은 괴물들'과 마주하려는 시도에서 비롯된다. 내가 주기적인 이사에 무게를 두는 것도 결국 아이들에게 어떤 가치를 전하고 싶어서다. 세상은 크고, 매력적이며, 다양한 방식으로 움직이고 확장될 수 있는 곳이라는 걸 몸소 보여주고 싶었다.

이사는 새로운 언어를 배울 때처럼 연습하고 익숙해지고 숙련되는 과정이 필요하다. 지금 우리가 살아가는 세상에서 이런 기술은 아이들에게도, 우리에게도 필요하다. 핵심은 그걸 어떻게 설계하고 실행하느냐다. 어디로 이사할지 어떻게 정할까? 그 결정에 실제로 누가 참여하고, 어떻게 하면 모든 가족에게 가장 흥미롭고 신나는 경험이 될 수 있을까? 어떻게 하면 별 탈 없이 연착륙할 수 있을까? 예전의 좋은 관계들은 어떻게 유지할 것이며, 새로운 환경에서는 또 어떻게 관계를 새로 만들어갈 수 있을까? 이 모든 질문은 충분한 고민과 설계를 요구한다. 하지만 그것이 잘 맞아떨어질 때 이사는 단순한 물리적 이동이 아니라 삶을 새롭게 여는 하나의 흥분되는 여정이 된다. 우리는 더 이상 '가르치는 부모'가 아니다. 우리는 아이들과 함께 배우고, 새로운 환경에 어떻게 착지하는지 탐색하는 부모가 됐다.

우리는 이사 후 처음 2달 동안 스스로에게 2가지 과제를 부여했다. ① 같은 거리에서 사는 새로운 사람 5명과 인사하기, ② 동네의 거리나 공원 이름이 붙은 인물 2명에 대해 알아보기.(예를 들면, A. D. 고든A. D. Gordon이나 다비드 벤구리온, 그리고 매일 지나가는 야니브 공원의 '야니브'가 누구인지 알아본다.) 새 동네에는 현지 출신으로 복무 중 전사한 군인들의 이름을 딴 공원이 여럿 있다. 첫 검색으로 알게 된 사실은 야니브는 헌병대에서 복무했고 연극과 무술을 배웠다. 사진으로 본 그는 귀여우면서도 카리스마 있었고, 내 아이들이 다니기 시작한 초등학교를 나왔다. 우리는 적어도 그가 누구였는지 알아보는 일쯤은 해야 한다고 생각했다.

그다음 단계는 동네 중심가의 이름이기도 한 다비드 벤구리온을 주제로 한 다큐멘터리 「벤구리온, 에필로그Ben-Gurion, Epilogue」를 보러 가는 일이었다. 작은 영화관에 앉아 있던 몇몇 노인들이 팝콘이 가득 든 커다란 통을 들고 들어온 아이들을 보고 놀란 눈치였다. 영화는 잊혀진 영상 필름과 다른 기록 보관소에 따로 보관돼 있던 벤구리온의 인터뷰―그가 총리직에서 물러난 뒤 스데 보케르로 내려가 살던 시절의 인터뷰―영상을 우연히 찾아내서 편집해 만든 다큐멘터리다. 인터뷰어를 향해 집중된 시선을 보내는 모습, 형식에 얽매이지 않은 사유, 생기 넘치는 눈빛, 유머와 사유의 깊이 등 그의 모든 것이 인상적이었다. 그는 여전히 살아 있는 사상가였고, 우리는 단순히 인물을 알게 된 것이 아니라 그가 남긴 생각의 결을 직접 마주한 거나 다름없었다.

영화 속에서 벤구리온은 말했다. "신에게로 향한다는 건 어떤 것에 대해 깊이 생각하는 것입니다." 그는 철학자들의 사유, 종교인들의 텍스트, 성경과 그 안의 인물들, 역사적 사건과 세계 여러 문화를 익숙하게 오갔다. 그가 익힌 다양한 언어를 통해, 그리고 그 언어들 덕분에 삶을 살아가고 있다는 것이 고스란히 드러났다. 우리는 흑백으로 남은 귀한 기록들, 예를 들어 아인슈타인과의 만남이나 그가 바이올리니스트 예후디 메뉴인에게 물구나무서기 시합을 신청했던 일화 등을 관람했다. 왜 그에게 그런 운동을 권했느냐는 질문에 펠덴크라이즈 메서드로 잘 알려진 모셰 펠덴크라이즈Moshe Feldenkrais 박사는 이렇게 설명했다. "벤구리온은 항상 정신에 의존하고 자신의 몸은 제대로 돌보지 않았어요. 몸에 대해 자랑스럽게 여긴 적도 없었고요. 그래서 저는 그에게 신체 쪽으로 에너지를 돌려보도록 권한 거예요." 영화 속에서 펠덴크라이즈 박사는 이렇게 회상했다. "벤구리온이 물구나무서기를 해낸 순간, 그는 세상에서 제일 행복한 사람이 됐어요." 나는 아이들의 반응을 슬쩍 살폈다. 아이들은 키부츠 스데 보케르에 전화선이 연결되는 장면을 상대적으로 흥미 있게 지켜봤다. 다만 아들은 아직 영화에 대한 판단을 내리지 못한 것 같았고, 딸은 화장실이 급해 보였다. 그럼에도 그날 이후로 우리는 벤구리온 거리를 걷는 방식이 달라졌다. 누가 먼저 시작했는지 기억나지 않지만 우리끼리 작은 놀이를 만들었다. 길을 걷거나 횡단보도를 건널 때 그 순간 우리가 겪고 있는 어떤 문제, 고민, 사건에 대해 '벤구리온이라면 뭐라고 했을까?'를 상상해보는 것이었다. 이 작은 상상은 우리가 새로 이사 온 이 동네와의 정서적 연결고리를 만들어줬다. 그리고 우리의 생각과 연상들이 머무를 수 있는 자리를 마련해줬다.

우리 가족의 현 상황을 요약하자면, 우선 딸은 이전 학교가 지금보다 덜 힘들었고 예전 동네의 절친들이 그립단다. 하지만 동시에 새로운 단짝 친구가 생겼고 매우 특별한 선생님을 만났다고 한다. 어느 날 딸이 친구에게 이렇게 말하는 걸 들었다. "이번 이사를 잘해낸 내가 좀 자랑스러워." 지금 딸아이는 예전보다 훨씬 적극적으로 이전 동네의 친구들과 연락을 이어가고 있고, 그 친구들과 서커스 공연 준비에 온 마음을 쏟고 있다. 아들은 새집의 넓은 공간과 독립적인 분위기가 마음에 든단다. 텔아비브를 떠나 아파트 대신 단독 주택을 임대하면 물리적으로도, 심리적으로도 더 넓은 공간에서 살아갈 수 있다.

지금까지의 이 루틴에서 가장 큰 성과는 이사를 하고 첫해가 끝날 무렵 아이들이 던진 질문이었다. "다음엔 어디로 이사 가?" 모든 게 잘 돌아가고 있을 때에도 지금 말고 또 다른 곳에 또 다른 방식의 삶이 있을 수 있다는 감각은 우리 모두의 사고방식에 상당한 유연함을 불어넣는다. 사실 슬슬 다음을 상상하고 있다. 4년에 한 번 이사 가기는 삶을 아주 조금씩, 의도적으로 바꾸는 방법이다. 어떤 가족은 1년간 세계 여행을 떠나고, 어떤 가족은 자신들만의 일상을 새롭게 설계한다. 방법이야 다르겠지만 삶에 약간의 노력을 들이면 훨씬 더 흥미롭고 즐겁다.

새로운 곳으로 이사하는 경험은 하버드의 심리학자 엘렌 랭어Ellen Langer가 말한 '마음 챙김 상태'로 우리를 이끈다. 그곳에서는 감각이 날카로워지고, 주변에 대해 마치 처음인 듯 호기심 어린 시선을 갖게 된다. 지난 1년간 내가 만난 사람 중 가장 인상 깊었던 인물은 플라잉 타이거 코펜하겐을 만든 덴마크의 전설적인 기업가 레나르트 라요보쉬츠Lennart Lajboschitz였다. 전 세계에 1,000여 개의 매장을 둔 이 잡화 브랜드는 저렴하면서도 품질 좋은 소품과 장난감을 판매하며, 유럽 여행자라면 한 번쯤 꼭 들르는 곳으로 유명하다. 그가 세상을 바라보는 방식은 정말 매혹적이다. 레나르트는 길거리를 걸으며 주변 모든 것을 호기심 있게 관찰한다. 사소한 것 하나까지 눈여겨보고, 모든 정보를 새롭고 신선하게 받아들인다. 이렇게 마음 챙김 상태로 살아가는 사람의 삶은 색과 층위가 훨씬 더 풍부한 한 폭의 그림 같다.

최소의 자원으로
최대의 효과를

또 하나의 창의적 루틴은 4년에 한 번 이사 가기처럼 삶 전체를 흔드는 방식이 아니라 일상 속에 자연스럽게 녹아드는 루틴이다. 나는 이를 '최소의 자원으로 최대의 효과를'이라고 부른다. 말 그대로 최소한의 시간과 자원으로 최대한의 효과를 얻는 방법이다. 이 루틴을 만들게 된 계기는 아이들에게 창의력을 길러주고 싶은데 그럴 시간을 낼 여유가 거의 없다는 고민에서였다.

이는 결코 쉬운 문제가 아니다. 학교에서는 가르쳐주지 않는 중요한 능력들을 부모가 나서서 길러줘야 한다는 것을 잘 알고는 있지만 실제로는 시간도, 정신적 여유도 없다. 그렇다면 질문은 이렇게 바뀐다. "이 상황에서 도대체 어떻게 해야 하지?"

가끔은 오히려 제약 조건을 더 과장해보는 것이 해결의 실마리가 되기도 한다. 나는 강의에서 이런 질문을 던지곤 한다. "한 달에 겨우 8시간밖에 투자할 수 없다면 그 안에서 우리 아이를 더 나은 문제 해결자로 만드는 방법은 무엇일까요?" 놀랍게도 대상이 누구든 간에 거의 비슷한 대답들—코딩이나 사고력 수업 등록하기, 창의력 캠프나 리더십 워크숍 보내기, 아이와 퍼즐 맞추기, 사고력 게임 사주기, 억지로라도 시간 내기, 멘토 찾아주기—이 나온다. 이 모든 제안에는 공통된 전제가 있다. 부모가 더 많은 시간, 돈, 노력을 쏟아야 하고 외부 전문가와 자원을 더 끌어와야 한다는 것이다. 하지만 이는 대부분의 부모에게 현실적으로 불가능하다. 하루하루가 지칠 대로 지친 생존의 루틴이니 말이다. 그리하여 더 적게 투자하고 더 많이 얻는 방법으로 방향을 바꿔보려고 한다. 핵심은 이미 우리 삶 속에 있는 루틴을 살짝 끌어와서 문제 해결에 활용해보자는 것이다. 일단 우리에게 주어진 과제는 한마디로 아이의 문제 해결력을 길러주는 것이다. 가장 효과적인 학습 방법은 누군가의 문제 해결 과정을 관찰하고 따라 배우는 것으로서 말로 설명하는 것보다 훨씬 효과적이다. 그런데 부모인 우리는 매일 문제 해결을 수행하고 있다. 그 과정을 아이들이 지켜보기만 해도 학습은 일어난다. 단, 문제는 있다. 대부분의 문제 해결 과정이 직장에서 이뤄진다는 것이다. 현실적으로 아이들이 문제 해결의 현장을 볼 수 없고, 그렇다고 우리가 집에서 해결 과정을 말로 재현해주기도 애매하다. 그러므로 삶 속에서 아이들이 관찰할 수 있는 문제 해결의 장면을 찾아내야 한다. 그 순간을 조금만 의식적으로 열어주면 투입은 최소, 효과는 최대가 될 수 있다.

한편 가장 명확한 해법은 가끔 아이들을 직장에 데려가는 것이다. 한번 생각해보자. 우리는 언제 아이를 직장에 데려가는가? 보통은 아이가 아픈데 도저히 다른 선택지가 없을 때다. 아침에 아이가 미열이 있으면 약을 먹인 다음, "아파도 학교에 가보는 건 어때?" "진짜 힘들면 전화해" 같은 말로 일단 등교를 시도해본다. 그마저도 실패하고, 열이 안 떨어지고, 할머니도 전화를 안 받는 날엔(요즘 내 어머니는 아침 일찍 거는 전화를 잘 받지 않는다) 최후의 수단을 쓴다. 아픈 아이를 데리고 출근하는 것이다. 창백한 얼굴로 회사에 따라온 아이는 하루 종일 심심해하고, 나는 틈틈이 아이를 즐겁게 해주려고 애쓴다. 리셉션 직원이 잠깐 봐주거나, 다른 방에서 조용히 뭔가를 해보게 한다. 하지만 완전히 다른 방법도 있다. 우리 집은 '출근 체험의 날'을 만들었다. 아이들이 아빠와 출근하는 날을 정하고 달력에 표시해둔다. 그날은 학교 대신 온종일 아빠(또는 엄마)와 직장에서 시간을 보낸다. 아이들은 내가 예상치 못한 상황을 마주하고, 그 자리에서 생각하고, 대처하고, 어떨 땐 멋지게 또 어떨 땐 실수도 하며 문제를 풀어가는 모습을 바로 옆에서 지켜본다. 사람들은 종종 묻곤 한다. "직장 체험의 날은 멋있고 특이한 직업 가진 사람들이나 가능한 거 아니에요?" 하지만 경험상 그건 사실이 아니다. 대부분의 직업이나 환경에서 아이들은 부모에게서 충분한 영감을 얻을 수 있다. 끈기, 성실함, 기지, 문제 해결력, 협업 능력은 직업의 종류와 상관없이 보여줄 수 있는 것들이다. 아내는 법률 자문 일을 한다. 그녀는 직장 체험 프로젝트에 본인이 어떻게 참여할 수 있을지 모르겠다며 이렇게 말한 적이 있다. "나는 하루 종일 컴퓨터 앞에 앉아 있어. 아이들이 흥미로워하지도 않을걸? 엑셀 표랑 세세한 문서들뿐인데." 하지만 정말 그럴까? 중요한 건 흥미로운 직업이 아니다. 일을 어떻게 대하고, 아이와 어떻게 나누느냐다.

아내는 딸의 직장 체험의 날을 위해 일부러 사무실 밖에서 이뤄지는 방문 일정과 미팅을 잡았다. 내가 수년간 "컴퓨터 앞에서 너무 오래 일하지 마"라고 해도 듣지 않던 걸 딸이 단번에 설득해냈다.

그날 이후 아내는 업무를 조율하는 새로운 방식들을 떠올렸다. 그 방식은 기존보다 덜 번거로웠으며, 그렇다고 해서 덜 효과적이지도 않았다. 그녀에게 관찰자가 생긴다는 사실은 자연스럽게 하루 일과를 다르게 구성하도록 만들었고, 결과적으로 아내와 딸은 좋은 시간을 보내게 됐다.

중요한 점은 아이에게 맞는 날을 고르거나, 특정 미팅이나 일정에 대한 배경과 의미를 미리 알려주는 것이다. 딱히 그런 날이 없다는 생각이 들 수도 있지만, 생각을 조금만 달리하면 모든 날이 배움과 공유의 기회가 될 수 있다. 이 체험이 단순한 견학이 아니라 부모와 아이 사이를 한층 더 가까워지게 하는 계기가 될 수 있다는 걸 기억하자.

우리는 매달 8시간을 '아빠 엄마와 함께하는 직장 체험의 날'에 할애해서 하나의 작은 의식으로 만들었다. 이 새로운 루틴은 우리 가족의 삶을 바꿔놨다. 아이들이 내 일, 스트레스, 창의력, 업무 스타일을 이해하게 되면서 우리의 관계가 180도 달라졌다. 아이들은 이제 내가 어떤 상황에서 어떻게 반응하는지, 어떻게 문제를 해결하거나 해결에 실패하는지 한발짝 떨어져서 관찰자 시선으로 바라보게 됐다.

나는 이 체험에 단 2가지만 요구한다.

- 스마트폰 잠시 내려놓기
- 하루 일과가 끝나면 그날에 대한 생각을 간단히 말하거나 적어주기

주의 사항이 있는데, 이때부터 아이들은 부모를 평가하기 시작한다. "오늘은 아빠 말이 좀 헷갈렸어." "그 사람 이름을 기억 못 하더라." "아, 그 농담은 꽤 괜찮았어." 하는 식으로 날카로운 피드백과 유쾌한 농담, 심지어 내가 잊은 디테일까지 기억해서 알려주기도 한다. 이건 단순한 체험이 아니다. 서로가 서로의 세계에 들어가는 방식이고, 서로를 새롭게 알아가는 루틴이다.

나는 아이에게 맛있는 점심과 재미있는 하루를 약속한다. 이 약속은 동시에 나를 움직이게 만든다. 아이에게 흥미로운 하루를 선사하기 위해 나도 색다른 하루를 준비하게 된다. 이렇게 해서 한달에 두 번은 평소와는 다른 경험이 보장된다. 아이들은 내 곁에서 내가 어떻게 말하고, 고민하고, 행동하는지 지켜본다. 그러면서 말로는 전달하기 어려운 미묘한 태도, 판단, 반응들을 자연스럽게 흡수한다. 나는 아이들 앞에서 생각을 소리 내어 말하거나 동료와 상의

한다. 이런 장면을 통해 아이들은 퇴근 후 기진맥진한 모습으로 집에 돌아오는 아빠가 아닌 일터에서 고민하고 해결하는 낯선 아빠의 모습을 보게 된다. 우리는 평소에 아이에게 우리 자신의 아주 일부만 보여준다. 그러나 아이들에게는 문제를 해결해내는 부모의 모습과 그 과정을 옆에서 지켜보며 모델링할 수 있는 기회가 절실하다. '최소의 자원으로 최대의 효과를'이라는 발상은 내가 어차피 하는 일, 즉 출근이라는 행동을 활용해보기로 하면서 시작됐다. 왜냐하면 이것은 교통비도 안 들고, 수업을 예약하거나 조율할 필요가 없고, 별도의 준비 없이 실현 가능한 솔루션이기 때문이다. 어차피 출근은 해야 하니 그 시간에 양질의 학습 기회와 관계의 회복이라는 두 마리 토끼를 잡을 수 있다면 하지 않을 이유가 없다. 이는 단순한 해결책이 얼마나 큰 효과를 낼 수 있는지 보여주는 전형적인 사례다. 우리는 보통 외부 자원(과외, 수업, 체험 등)에 의존하려 하지만, 진짜 중요한 건 일상 속에 숨어 있는 기회들이다. 이는 하루의 흐름을 망가뜨리지 않고, 자연스럽게 아이와의 관계를 가깝게 해주며, 아이에게 배움의 모델을 제공하는 놀랍도록 간단한 방식이다. 인생을 바꾸는 특별한 순간이 아니라, 현재 일상에 기가 막히게 딱 들어맞는 작은 변화야말로 진정한 성공적인 해결책이다.

체크 포인트

- 문제나 과제를 정의하라. 해결하고자 하는 과제가 무엇인지 분명히 인식해야 한다.
- 이미 존재하는 일상 행동이나 루틴을 찾아라. 새로운 시스템을 만들기보다 지금 하고 있는 행동에 의도를 더한다.
- 좋은 해결책은 삶의 자연스러운 흐름과 잘 어우러진다. 억지스럽지 않고, 리듬을 해치지 않는 방식이 오래간다.
- 아이에게 직접 메시지를 주입하려 하지 마라. 직접적인 조언은 잔소리로 받아들여지고 효과가 떨어진다. 대신 우연한 학습을 유도해라. 상황 속에서 아이는 부모의 태도와 방식을 자연스럽게 배운다.

'창의적 루틴'의 예시

1년에 한 번 낯선 문화 속으로 떠난다. 매년 한 번, 도달하기 어려운 외딴 지역으로 혼자 여행을 떠나 현지의 음식, 관습, 전통에 따라 살아본다. 여러 번의 환승이 필요한 외진 곳이며 주변엔 오직 현지인뿐이다. 떠나기 전의 준비 과정부터 설렐 뿐만 아니라, 완전히 다른 문화와의 조우는 늘 깊은 사유와 감정을 불러일으킨다.

2년에 한 번 유럽 도시에서 투어 가이드 자격증을 딴다. 유럽의 한 도시를 정해 그곳에서 투어 가이드 과정을 수강한다. 이 과정에서 해당 도시의 골목 하나하나를 꿰뚫게 되며, 여행을 넘어 생활처럼 도시를 체험하게 된다.

일주일에 한 번 타인이 골라준 영화를 본다. 매주 다른 사람(지인, 직장 동료, 처음 보는 사람 포함)이 추천해주는 영화를 본다. 조건은 그 사람이 직접 보고 강력 추천하는 영화여야 한다는 것이다. 덕분에 평소에 절대 고르지 않을 영화들을 접하고 새로운 관점을 얻는다.

한 달에 한 번, 도쿄의 역을 걷는다. 도쿄에 거주하던 6년 동안 매달 한 번은 무작위로 기차를 타고 1시간을 이동해 내린 역 근처를 탐방했다. 그렇게 찾아간 곳들은 평소 같았으면 절대 가지 않았을 장소로서 새로움을 발견하는 경험이 된다.

여행지에서의 우연한 발견

새로운 곳으로 이사하는 것은 부모에게 운과 행운을 끌어들이고 새로운 사람들을 만나는 멋진 방법이다. 이와 관련해 자주 언급되는 개념이 바로 세렌디피티Serendipity다.

세렌디피티는 원래 찾고자 한 것이 아닌, 뜻밖의 것을 발견하는 능력이나 현상을 말한다. 새로운 경험이나 새로운 사람을 만나고, 자신과는 다른 방식으로 세상을 바라보는 이들과 섞이는 것이다. 『행운을 잡는 8가지 기술』에서 인터넷 기업가 토르 뮐러Thor Muller와 레인 베커Lane Becker는 운을 삶에 끌어들이는 창의적이면서도 계획된 방식을 제안하며, 세렌디피티에 대해 흥미로운 정의를 내린다.

세렌디피티 = 우연 + 창의력

이 정의의 바탕에는 우리는 스스로 삶에서 세렌디피티의 양을 크게 늘릴 수 있고 심지어 우연이라는 요소를 어느 정도 조절할 수 있다는 믿음이 있다. 목표는 애초에 찾고자 했던 것이 아닌, 새로운 의미 있는 뭔가를 우연히 발견하는 데 있으므로 이 우연히 뭔가를 마주칠 가능성을 높이는 것이 핵심이다.

이를 가로막는 가장 큰 장애물은 일상의 반복적인 패턴이다. 우리는 같은 시간에 일어나 아침을 먹고, 직장에 가고, 정해진 회의에 참석하고, 같은 사람들과 이야기하고, 비슷한 시간에 퇴근한다. 밀러와 베커는 이렇게 말한다. "인간은 계획하는 존재다. 우리는 하루 일정, 교육, 경력, 은퇴까지 모든 것을 계획한다. 계획 자체에는 아무 문제가 없다. 우리는 그 분야에 타고났기 때문이다."[2] 이들이 말하는 요지는 간단하다. 뜻밖의 가능성을 알아볼 수 있는 상황을 계획하라는 것이다. 즉, 우연한 경험이 일어날 수 있는 가능성을 조직적으로 늘리고, 의도적으로 예측 불가능한 상황에 자신을 노출시키라는 것이다.

페이스북 CEO 마크 저커버그Mark Zuckerberg는 자신의 소셜 네트워크를 실시간 세렌디피티를 가능하게 하는 도구라고 정의한다.

요즘은 어떤 기업이든 세렌디피티에 자신을 노출시켜야 한다. 그런 경험들이 퍼즐처럼 맞물려 하나의 명확한 사업 전략으로 이어진다는 사실은 시간이 지난 뒤에야 비로소 깨닫게 된다.

이 원칙은 양육이나 자녀교육에도 똑같이 적용된다. 생각해보면 우리 아이에게 찾아온 가장 특별한 기회들은 대부분 우연히 들은 이야기에서 비롯됐다. 결국 부모는 운을 끌어들이기 위해 오히려 철저히 준비해야 한다. 나는 이런 식의 역설적인 정의에 끌린다. 삶은 언제나 서로 다른 힘의 긴장 속에서 움직인다. 서로 충돌하는 것처럼 보이는 개념들이 함께 작용할 때 그 안에서 삶의 복잡성과 진실이 드러난다. 어쩌면 우리 가족에게 행운을 사전에 계획하는 올바른 방식이란, 일정한 주기로 새로운 곳으로 이사하면서 감각을 새롭게 하고 새로운 연결을 만드는 일일지도 모른다.

단골 카페에 얼굴을 아는 사람이 몇이나 될까? 우체국에 줄을 서며, 혹은 카페에서 자리를 기다리며 이유 없이 누군가와 대화를 나눠본 적이 얼마나 있을까? 그냥 그 순간에 특별한 목적 없이 말을 걸어본 적 말이다.

우리가 만나는 가장 흥미로운 인연은 사실 아무런 접점도 없어 보이는 사람과의 우연한 대화에서 시작되기도 한다. 자신의 인간관계나 관심사와 무관한 사람들과의 대화가 바로 '우연'을 불러들이는 하나의 방식이 된다. 사람들은 대개 익숙한 사람들과만 어울리고 정해진 틀 안에서만 살아간다. 그래서 안타깝게도 새로운 인물을 만나는 일은 오로지 영화나 드라마 속에서만 가능한 일이 돼버리곤 한다.

밀러와 베커는 삶에 더 많은 행운을 끌어들이는 데 도움이 되는 여러 가지 기술을 제시하는데, 그중에서도 가장 기본은 '움직이는 것'이다.³ 그들의 말에 따르면 스스로 끊임없이 움직이고, 사물을 움직이게 만들고, 일상의 루틴을 깨고, 새로운 사람과 주기적으로 마주치고, 새로운 생각을 접할 수 있는 방식을 찾는다. 그것은 행운을 계획하는 출발점이 된다.

나는 창의적인 사고를 중시하는 사람으로서 늘 나에게 영감을 주는 평범하지 않은 사람들과 함께하려고 노력한다. 한 달 반에 한 번꼴로 전 세계의 도시 — 주로 유럽 — 에 가서 교육계나 비즈니스계의 비범하고 혁신적인 인물들을 만난다. 떠나기 전에 미리 자료를 찾아보고, 흥미로운 사람들을 찾아내고, 미팅을 요청하고, 또다시 이것저것 조사한다. 어떤 날은 아침에 떠나 같은 날 밤에 돌아오고 가끔은 며칠씩 머무르며, 내 사고방식과 다른 생각, 해결책, 삶의 방식, 관점을 압축해서 경험하는 셈이다. 물론 이메일에 답변이 오지 않는 경우도 많지만, 답을 주는 이들도 충분히 많고 그중 몇몇과는 실제로 만나게 된다.

한번은 교육 연구의 일환으로 일주일간 아들과 핀란드에 다녀온 적이 있다. 비수기이고 현지 기온이 영하 4도 정도라고 들었는데 실제로는 그렇지 않았다. 무려 영하 13.5도였다. 택시 계기판에 찍힌 온도를 보고 믿기지 않아 기사에게 물었다. "이거 섭씨인가요, 화씨인가요?" 그러자 택시 기사는 특유의 억양으로 대답했다. "섭씨입니다." 나와 달리 아들은 눈과 추위에 신이 난 듯했다.

나는 이번 여행을 세렌디피티를 실천할 수 있는 절호의 기회로 삼기로 했다. 우리는 새로운 동네로 이사할 때마다 '새로운 사람 5명

만나기'라는 미션을 정하곤 했는데, 이번에도 마찬가지로 — 단, 이번에는 일정에 포함된 만남이 아닌 — 우연히 5명의 사람을 만나보기로 아들과 약속했다. 내 말을 듣자마자 아들은 이렇게 받아쳤다. "아빠, 만남이라고? 아빠는 5명 절대 못 채울걸." 그때 나는 우리가 꽤 괜찮은 내기를 시작하게 됐다는 걸 직감했다.

첫 번째 사람은 호텔에 묵고 있던 일본인 관광객으로, 도쿄에서 온 언론인이자 디자이너인 히사시다. 그는 호텔 레스토랑에서 우리와 두 테이블 떨어진 데서 아침을 먹고 있었다. 히사시는 헬싱키의 패션 동향을 살펴보러 온 참이었다. 일본, 표현의 자유, 그리고 핀란드에 대해 이런저런 얘기를 나누다 연락처를 교환했고, 나는 바로 그날 이메일을 보냈다. 나답지 않은 행동이었지만, 이후로도 그와 계속 연락을 주고받고 있다. 한번은 도쿄의 한 학교에 관한 흥미로운 연구를 읽다가 이해가 잘 되지 않는 부분이 있어서 히사시에게 물어봤다. '일본 현장 상황에 비춰볼 때 이게 말이 되나?' 하고 메시지를 보냈더니, 그는 곧장 도쿄의 저명한 교육자 2명에게 자문을 구해줬다. 알다시피 현장 정보만큼 귀한 건 없다.

두 번째 사람은 헬싱키에서 가장 큰 서점 옆에 있는 아담한 카페에서 만났다. 서점 앞에 다다르자 아들이 웃으며 말했다. "아빠 꼭 사탕 가게에 들어가는 애 같아." 영어 책이 가득한 서가 사이를 둘러보며 내가 한동안 아들의 시야에서 사라질 거라는 사실을 아들은 잘 알고 있었다. 타국에서 그 나라의 서점을 들러보면 그곳을 좀 더 잘 이해하게 된다. 다만 이 책에서는 이에 대해 길게 언급하지 않으려고 한다. 밖으로 나가기 전에 커피를 마시기 위해 자리에 앉았는데 근처 테이블에 한 젊은 여자가 앉아 있었다. 그녀의 이름은 안나였다. 자연스럽게 대화가 이어지자 아들이 호기심 가득한 눈으로 지켜봤다. 안나는 대기업 회계사로 근처에 거주하며 남편은 기술 기업의 브랜딩을 한다고 했다. 또 아이 둘을 키우고 있다고도 했다. 핀란드 교육에 대해 생생한 이야기를 들을 수 있는 아주 좋은 기회였다. 헬싱키에서의 삶은 어떤지, 성공, 행복, 가족에 대해 어떤 생각을 갖고 있는지 등 다양한 이야기를 나눴다. 무엇보다 기억에 남는 건 안나가 들려준 남편과의 '완전한 평등'에 관한 이야기였다. 부부는 가사, 생계, 육아를 철저하게 함께 감당하고 있단다. 이를 뒷받침하는 연구 결과도 있다. 핀란드는 여성이자 엄마로 살기에 아주 좋은 나라다. 출산 휴가는 최소 1년이고, 직장에서 성평등이 엄격하게 지켜진다. 안나와의 대화에서 깊은 인상을 받은 상태였기에 그날 사전 예약해 방문한 학교 화장실 문에 성별 구분 없이 '남/여'라는 표식이 붙어 있는 게 전혀 놀랍지 않았다. 어린 시절부터 성별 이분법을 피하려는 문화가 자연스럽게 반영된 것이다.

세 번째로 만난 사람은 헬싱키의 얼어붙은 거리들을 달리며 우리를 데려다준 택시 기사였다. 처음부터 다른 택시 기사들과는 느낌이 달랐고, 우리는 자연스럽게 대화를 나누게 됐다. 그는 동료와 공동 창업한 회사에서 72명의 영업·마케팅 직원을 이끄는 CEO였다. 이름은 미로이고, 25살이었다. 핀란드에는 젊은 창업가들이 회사를 운영하는 일이 흔하다. 미로의 회사는 중소기업을 대상으로 영업과 마케팅 서비스를 제공하는 인력을 교육하고 파견하는 일을 한다. 그런데 그런 그가 왜 택시를 몰고 있을까? 그는 주말마다 아버지를 대신해 운전을 하겠다는 약속을 지키고 있는 중이라고 했다. 단순히 훈훈한 사연을 넘어서, 이곳에서는 어떤 일이든 존중받는 문화가 있다는 점에서 인상 깊었다. "아버지가 택시 기사이시거든요." 미로는 자랑스럽게 말했다. "당신의 일을 정말 좋아하시고, 또 정말 잘하세요. 다만 주말까지 택시를 몰기엔 이젠 체력이 안 돼서요." 나는 그의 학창 시절 이야기가 궁금해졌다. 그는 직업 학교에 다녔고, 거기서 실제 삶에 필요한 진짜 도구들을 배웠다고 했다. 택시에서 내린 우리는 다음 일정지인 헬싱키의 한 고등학교를 방문했다. 학교의 넓은 공간 한쪽에 목공, 용접, 전기 기술 작업장이 자리하고 있었고, 수백 개의 도구가 정리된 커다란 캐비닛과 천장이 높은 작업 공간이 이어졌다. 핀란드에서는 16세가 되면 전체 학생의 절반 가까이가 직업 교육 과정을 선택해 명성이 높고 우수한 프로그램을 이수한다. 이스라엘의 '직업 계열 추락'이라는 교육적 트라우마와는 전혀 다른 풍경이었다. 핀란드(그리고 다수의 유럽 국가)에서 직업 교육이 얼마나 중요하게 여겨지는지 우리를 맞이한 교육 관계자들이 설명해줬다. 미로의 개인적인 이야기에서 시작된 이 경험을 통해 핀란드 교육의 또 다른 면을 엿볼 수 있었다.

네 번째로 만난 사람의 이름은 모른다. 꽁꽁 언 호수 한가운데에 의자를 놓고 얼음에 작은 구멍을 내 낚시를 하던 남자였다. 우리는 미팅 장소로 가는 길에 우연히 그를 봤는데, 그는 돌아오는 길에도 여전히 같은 자리에 있었다. 아들이 고집을 부렸다. "아빠, 지금 가서 말 걸어야 돼. 빨리." 나는 아들을 따라 얼음 위로 조심스럽게 발을 내디뎠다. 얼음이 언제 깨질지 몰라 긴장해 몸이 잔뜩 굳어 있었다. 처음 몇 분은 아드레날린 때문에 추위도 느껴지지 않았다. 낚시꾼은 아주 자연스럽게 휴대폰 통화를 이어가며 나에게 작은 낚싯대를 건넸다. 그렇게 우리 셋은 헬싱키의 얼어붙은 호수 한가운데서 한참을 서 있었다. 고작 3분 남짓이었지만 그 상황이 너무 비현실적으로 느껴졌다. 당황한 내 표정을 본 아들이 웃음을 터뜨렸다. 그런데 갑자기 매서운 추위가 밀려왔고 나는 입술조차 제대로 움직이지 않을 만큼 얼어붙었다. 이름이라도 물어보려 했지만 그럴 틈도 없이 머릿속에는 단 한 가지 생각뿐이었다. '지금 당장 실내로 들어가지 않으면 나는 진짜로 얼어붙는다.' 나는 아들에게 손짓으로 신호를 보내고는 뒤도 돌아보지 않고 전력 질주했다. 간신히 도로를 건너 근처 사무실에 뛰어들어 난방기 앞에 섰다. 영하 15도에서도 끄떡없는 아들이 나를 안으며 살아 있는지 확인하듯 말했다. "아빠, 다섯 번째 친구는 그냥 넘어가도 돼." 그리하여 마지막 친구는 좀 다른 방식으로 만나기로 했다. 우리는 다섯 번째 사람을 길에서 만나는 모든 사람들 — 현지 직원, 승무원, 택시 기사, 호텔에 묵는 부부, 거리의 관광객 등 — 로 하는 데 합의했다. 그저 두세 마디를 건네는 게 다였지만, 그 속에는 거리나 동네 분위기, 어둠과 추위를 이겨내는 법, 물가 같은 흥미로운 정보가 담겨 있었다. 일정에 따라 만나는 사람들과 하는 대화와 우연히 길에서 만나는 사람들과 하는 대화는 전혀 다르다. 나는 아들에게 색다른 경험을 하게 해주고 싶었다. 낯선 사람에게 말을 걸고, 다른 시선과 생각을 들어보고, 그 도시를 나만의 방식으로 알아가는 '호기심의 힘'을 길러주고 싶었다. 처음 낯선 도시에 도착했을 때는 그곳이 마치 얇은 얼음막으로 덮여 있는 듯한 느낌이 든다. 여행 가이드북에 소개된 명소들만 눈에 들어온다. 그러나 이 작은 내기 덕분에 우리는 그 얼음막을 조금이나마 깨뜨릴 수 있었던 것 같다.

나는 많은 가족들과 이야기를 나누며, 그들 역시 여행을 하나의 '창의적 루틴'으로 만들고 있다는 사실을 알게 됐다. 어떤 가족은 여름 방학이 시작되는 첫날부터 개학 전날까지 한 번도 가본 적 없는 나라를 캠핑카로 여행을 한단다. 함께 긴 시간을 보내는 경험은 가족을 더 가깝게 만들고, 각자에게도 오래 기억에 남는다. 낯선 나라로의 여행은 누구에게나 창의적 루틴이 될 수 있다. 내가 추천하는 방법은 단순하다. 여행 책자를 펼쳐서 '꼭 가봐야 할 명소 20곳'을 찾은 다음 거기에는 절대 가지 않겠다고 스스로에게 약속하는 것이다. 오직 당신만의 방식으로 여행지를 발견하고 탐험한다.

우리는 다음 여름에 아이스크림 트럭을 하나 빌려 이스라엘 전역을 여행하기로 했다. 에어컨이 나오는 트럭을 타고 일종의 국토 종단을 하는 것이다. 여행 구간마다 한 번도 간 적 없는 장소를 최소 한 곳 이상 방문하고 아이스크림을 나눠줄 예정이다. 요즘 우리는 이 여행에 대해 직접 운전을 할지, 아이스크림을 어떻게 조달할지 같은 아주 중요한 고민에 빠져 있다. 이쯤에서 던져볼 만한 질문 2가지가 있다.

- 일상의 루틴에 '움직임'을 도입하고 있는가? 마지막으로 완전히 새로운 환경으로 옮겨본 게 언제였는가? 변화에 적응하는 건 중요하다. 언제, 어떤 방식이 자신에게 맞을지 스스로 결정해야 한다.
- '창의적 루틴'이 있는가? 새로운 것을 이해하고 배우고 경험하기 위해 의도적으로 유지하는 루틴이 있는가?

가능하다면 '회사에서의 하루 보여주기' 루틴을 시도해보자. 집에서는 벽을 허물고 열린 공간을 만들기 위해 애쓰면서도, 정작 부모와 자녀의 삶 사이에는 단단한 벽을 남겨두곤 한다. 우리가 어떤 방식으로 업무 문제를 해결하고 일에 임하는지 아이들이 자연스럽게 접할 수 있는 기회를 자주 만들자. 이는 아이들뿐만 아니라 우리에게도 필요하다. 이 루틴을 유지하다 보면 한 달에 적어도 하루쯤은 부모 스스로도 흥미롭다고 느낄 만한 날을 만들어야 할 이유가 생긴다.

9장

호기심을
교육 과정으로

나는 언젠가 모든 고등학생들이 성별 불문하고 새로운 핵심 과목을 배우게 되길 꿈꾼다. 그 과목의 이름은 '개인적 호기심'이다. 해당 수업에서 학생들은 자신이 무엇에 흥미를 느끼는지, 무엇이 자신을 설레게 하는지 탐색하고 그 관심을 어떻게 배움과 연결시킬 수 있을지 찾아나간다.

내가 상상하는 이 과목은 필수 학습 단원으로 구성된다. 이를테면 새로운 사람을 만나는 법, 멘토를 찾고 연결하는 법, 일상의 풍경을 새롭게 관찰하는 법, 우연한 만남을 기회로 만드는 법, 온라인에서 영감을 주는 인물을 찾아 팔로우하는 법, 연결과 협업을 만들어가는 법 등이다.

나는 언젠가 평가, 피드백, 시험이라는 제도 전체가 이런 개인적 호기심을 중심으로 작동하길 바란다. 다른 과목처럼 이 과목에서도 학생들은 '나는 꾸준히, 창의적으로 자신을 풍요롭게 만들고 있는가?'라는 질문에 합격해야 한다.

학생들은 가끔 즉흥적인 시험도 치른다. 예컨대 시험관과 길을 걸으며 자신이 얼마나 주변을 잘 관찰할 줄 알고, 디테일에 주목하며, 일상의 작은 차이에서 흥미를 찾아내는지 보여주는 식이다.

이 과목에서는 모든 학생이 따뜻한 시선과 세심한 관심 속에서 관찰력과 감수성, 주변과의 정서적 연결 능력을 평가받는다. 나는 이 수업이 스즈키 신이치의 정신을 담아내길 바란다. 그는 이렇게 말했다. "태어날 때부터 재미없는 사람은 없다. 다만, 평범하게 길러질 뿐이다."[1] 학교는 여전히 수십 년 전 방식에서 벗어나지 못하고 있다. 그 이유는 늘 책임감이라는 말로 포장된다. '아이들은 실험 대상이 아니다, 뭔가를 바꾸기 전에 충분히 검토하고 천천히 진행해야 한다'라는 식이다. 그러나 현실 세계는 다르다. 학교는 거의 변하지 않는데 학교 밖은 빠르게 달라지고 있다.

나는 조심스러운 태도가 진정한 책임감의 표현이라고 보지 않는다. 오히려 변화를 회피하는 무책임한 자세 아닐까? 시대와 동떨어진 교육 방식은 보수적이고 통제 위주의 양육 방식으로 이어진다. 그 결과 아이들은 급변하는 세상 속에서 살아가야 하지만, 주변 어른들은 과제, 규칙, 지시만 들먹이며 아이 스스로 탐색하고 창의적으로 생각하고 문제를 해결하는 힘을 키워주지 못한다. 우리가 부모로서 할 수 있는 일은 분명하다. 먼저 가정에서부터 변화를 시작하고 그 변화가 일상 너머로 자연스럽게 확산되도록 만드는 일이다.

부모라면 누구나 같은 마음을 갖게 된다. 아이들이 자신이 진심으로 좋아하는 걸 스스로 발견하고, 스스로를 소중히 여기면서 세상 속으로 나아가길 바란다. 그 안에서 주저하지 않고 자기 길을 만들어가며, 필요할 땐 용기를 내고, 무엇보다 삶을 기쁘게 살아가길 바란다.

지금의 학교 시스템이 이 모든 것을 제공하지 못한다는 사실을 우리는 이미 깊이 체감하고 있다. 국제 경제 협력 개발 기구OECD 보고서 역시 경고한다. 교육은 점점 더 뚜렷해지는 개인주의의 흐름에 반드시 적응해야 한다. 더 많은 나라들이 개인의 고유성과 자율성을 중시하는 방향으로 나아가고 있는데, 교육 시스템은 여전히 똑같은 커리큘럼을 고수하고 있다.[2] 놀라운 사실은, 세계 교육 정책에 막대한 영향을 미치는 국제 학업 성취도 평가가 전 세계 72개국의 청소년들을 대상으로 수학, 과학, 읽기 능력을 비교하면서도 모든 학생에게 똑같은 시험지를 나눠준다는 점이다. 교실이 너무 좁고 아이들이 빽빽하게 들어앉아 있다는 환경 문제는 오래전부터 지적돼왔다. 하지만 수천만 명의 아이들이 하나의 거대한 가상 교실에 모여 똑같은 교과서와 워크북으로 똑같은 내용을 배우고 있다는 현실은 간과했다. 인류 역사상 이렇게 다양한 국적의 아이들이 동일한 시험을 치르며, 전 세계 또래 사이에서 자신의 위치를 따져야 했던 적은 없었다. 학교 벽에는 '모든 아이는 특별하다'는 문구가 붙어 있지만 현실에서는 모든 아이가 통계 분포 그래프의 한 점으로 수렴되고 있다. 지금의 교육 시스템은 아이들의 호기심을 지운다. 날개를 펼 수 있는 아이는 극히 일부에 불과하다. 우리는 아이들을 시간이 멈춘 학교에 맡긴 뒤, 스스로는 끊임없이 변화를 요구받는 직장으로 향한다. 이 괴리감이 낯설게 느껴지는 건 당연하고 실제로도 응당 낯설어야 한다. 때로는 부모의 역할을 대신해줄 사람조차 없다. 그사이에 우리는 소중한 시간을 놓치고 있다는 불안감에 휩싸인다. 우리가 다 알 수는 없다. 모른다는 사실이 불편하고 무력하게 느껴질 수도 있다. 하지만 그럼에도 우리는 뭔가를 해야 하고, 할 수 있는 일이 분명히 있다.

부모인 우리의 역할은 아이들이 보다 유연하게 사고하고, 새로운 경험에 열려 있고, 변화무쌍한 현실 속에서도 편안함을 느끼고, 다양한 사람들과 잘 어울리고, 낯선 환경에 과감히 뛰어들어 처음부터 배울 줄 아는 사람이 되도록 돕는 것이다. 그리고 우리 역시 기존의 규칙 중심 양육 방식에서 벗어나 순간에 맞춰 아이 곁에 서는 법을 배워야 한다. 모든 책임을 학교에 떠넘기는 태도도 이제는 멈춰야 한다.

'옳음'의 반대편에 서는 일을 두려워하지 마라. 많은 경우 그 옳음은 실상 전혀 옳지 않다. 비교, 수치, 연구, 경고가 쏟아지는 혼란 속에서 자신의 판단에 믿음을 가지자. 지금까지도, 그리고 앞으로도 부모의 직관은 자녀에게 가장 큰 자산이 돼줄 것이다.

UC 버클리의 역사학 교수 폴라 패스Paula Fass는 오늘날 부모의 불안에 대해 다음과 같이 말했다. "부모는 죄책감을 느끼고, 두려워하고, 자녀에게 최선을 다하고 있는지 늘 극심한 불안을 느낍니다. 우리는 아이가 주변 또래와 경쟁하는 시대를 넘어서 세계 전체와 경쟁하는 시대를 만들었습니다. 부모는 자기가 할 수 있는 모든 걸 하지 않으면 아이가 뒤처질 거라는 압박을 느끼고, 자녀의 미래 성공에 대해 스스로 책임을 져야 한다고 생각합니다."[3]

지금 부모가 직면한 과제는 아이마다 다르게 '맞춤형'으로 설계된 창의적 양육 방식을 만드는 것이다.

『정원사 부모와 목수 부모』에서 앨리슨 고프닉Alison Gopnik 교수는 부모에게 '목수'가 되는 것을 멈추라고 조언한다. 아이를 조각하듯 특정한 모습의 어른으로 만들려 하기보다, 저마다 다른 식물이 스스로 자랄 수 있도록 환경을 가꾸는 '정원사'가 돼야 한다는 것이다. 아이가 어떻게 자랄지는 부모가 통제할 수 없지만 건강하게 자랄 수 있는 공간을 마련해주는 일은 부모의 몫이다. 고프닉 교수는 '양육은 숙련돼야 할 기술이나 과업이 아니라 그저 부모로 존재하는 것'이라고 말한다.[4] 여기에 한 가지를 더 보태고 싶다. 양육은 아이만 자라게 하는 일이 아니다. 우리 자신도 그 안에서 함께 자라날 수 있다. 부모가 된다는 것은 우리가 어린 시절에 온전히 해결하지 못했던 문제들—혹은 여전히 해결하고 있는 과제들—과 다시 마주하는 기회이기도 하다. 예컨대 독립적으로 생각하기, 남의 시선 덜 의식하기, 감정적으로 연결되기, 진심으로 즐기고 기뻐하기, 내가 하는 일 사랑하기, 스스로도 몰랐던 모습 발견하기, 용기 내어 새로운 사람과 세계 알아가기 같은 것들 말이다. 부모로서의 여정은 그 도전들을 다시 꺼내어 이번에는 아이와 함께 다른 방식으로 마주해보는 시간이 될 수 있다.

양육은 우리에게도 특별한 여정이다. 창의적 양육이 말하는 핵심도 바로 그 점이다. 창의적 양육은 아이 곁에 서 있는 관찰자이자 이미 전성기를 지난 어른이 아니라, 양육이라는 경험을 통해 자신을 다시 만들어가는 어른의 모습을 그린다. 그렇다면 우리 삶에서 가장 중요하고도 큰 영향을 미치는 건 무엇일까?

이는 하버드 대학교에서 80년(!) 넘게 진행 중인 종단 연구의 네 번째 책임자인 로버트 월딩거Robert Waldinger 교수와의 전화 통화에서 내가 직접 던진 질문이다. 이 연구는 1938년 하버드대 2학년 학생들의 건강 상태를 추적하며 시작됐고, 현재까지도 진행 중이다. 응답자 중 20여 명이 생존해 있으며 다들 90대 중반에 접어들었다.

월딩거 교수는 "행복과 삶의 질을 좌우하는 3가지 요소가 있습니다. 어린 시절의 따뜻한 관계, 좋은 결혼, 평생 이어지는 우정이죠"라고 말했다. "그걸 알아내는 데 75년이나 걸린 거예요?" 내가 농담조로 묻자 그가 덧붙여 설명했다. "80대가 된 사람들도 여전히 어린 시절의 관계에서 영향을 받습니다. 어린 시절에 따뜻한 관계를 맺었는가 하는 점은 80대가 된 뒤에도 자신이 안정감을 느끼는지 아닌지를 거의 확실하게 예측해주죠. 꼭 어린 시절이 아니어도 괜찮습니다. 인생의 어느 시점에서든 따뜻하고 안정적인 관계를 맺은 어른이 한 명이라도 있다면 정신적 회복 탄력성이 크게 높아져요.

누군가는 우리를 믿어줘야 합니다." 그는 연구 참가자들 중 많은 이들이 어린 시절 만난 멘토와의 관계에 대해 이야기했다고 전했다. 그 만남이 인생을 바꿔놨다는 것이다. 또한 좋은 결혼은 삶에서 결정적인 요소라고 강조했다. 그런데 '좋은 결혼'이 뭘까? 월딩거 교수는 이렇게 정의했다. "서로 잘 싸울 수 있는 사람, 그리고 싸우고 나서도 관계가 충분히 단단하다고 느낄 수 있는 사람과 함께하는 관계입니다. 우리는 그런 관계를 '황금 관계'라고 부릅니다. 이런 관계는 우리를 더 건강하고 행복하게 만들어줍니다."

결혼 외에 친구 관계 역시 우리의 삶과 정신적·신체적 건강에 지대한 영향을 끼친다. 따뜻하고 역동적인 관계는 일종의 보호막 역할을 한다.

월딩거 교수는 말했다. "우리는 누가 노년에도 행복하고 활기찬 삶을 사는지 알고 싶었습니다. 그 결과를 예측해준 건 콜레스테롤 수치가 아니라 친구나 배우자와의 관계의 질이었어요. 50세 때 인간관계에 가장 만족해하던 사람들이 80세 때 가장 건강했습니다." 흥미롭지 않은가? 이 장기 연구는 교육이 삶에 얼마나 큰 영향을 미치는지도 밝혀냈다. 연구에 참여했던 보스턴의 저소득 지역 청년 집단은 다른 참가자들보다 평균 기대 수명이 10년 짧았다. 하지만 그중에서도 대학 진학을 선택한 몇몇 사람들은 더 오래 살았다. 교육이 삶과 죽음에까지 영향을 준다는 사실을 보여주는 대목이다.

"길게 보면 건강한 삶과 오래된 삶을 좌우하는 건 졸업장이 아니라 공부 자체입니다. 자기 자신을 잘 돌보면 인지 기능이 더 좋아집니다. 고등 교육을 받은 사람일수록 더 오래 삽니다." 80년에 걸친 연구 결과가 말해주는 가장 중요한 건 뭘까? 더 나은 삶과 더 큰 행복으로 이끄는 건 따뜻한 어린 시절, 다툼도 견딜 수 있는 안정된 결혼 생활, 가까운 친구들, 그리고 좋은 교육이다.[5] 부모가 평소 느끼고 믿어온 감각이나 생각이 연구 결과로도 뒷받침된 것이다. 우리가 부모가 되는 순간부터 이러한 여정은 시작된다. 아이에게 따뜻한 유년기를 마련해주고, 사람들과의 관계를 소중히 여기게 하고, 평생 곁을 지킬 친구들을 만나게 해주고, 무엇보다 제대로 된 교육을 받게 하는 일 말이다. 이스라엘의 부모들은 이 과업을 해내기 위해 많은 시간과 에너지를 쏟아붓는다. 안타깝게도 이 과정에서 부부 관계가 희생되는 경우도 많다. 우리는 가족들이 삶의 가치에 맞게 정말 필요한 곳에 에너지를 쓰고 있는지 늘 점검해야 한다. 가족으로서도, 부부로서도 마찬가지다. 마무리는 영향력 있는 육아 전문가 벤저민 스포크 Benjamin Spock 박사의 말로 대신해도 좋겠다. 1946년에 출간된 『아기와 육아에 대한 상식 The Common Sense Book of Baby and Child Care』은 지금까지 5천만 부 이상 팔렸고 전 세계 30개 이상의 언어로 번역됐다. 역사상 가장 많이 읽힌 육아서가 강조한 것은 바로 '부모 자신'이었다.

- ○ 이웃의 말을 너무 심각하게 받아들이지 않는다.
- ○ 전문가의 말에 너무 주눅 들지 않는다.
- ○ 편한 마음으로 자신의 본능을 믿는다.

- 아이에게 주는 자연스러운 사랑과 돌봄이 기저귀를 얼마나 단단히 채우는지, 이유식을 언제 시작하는지보다 백 배는 더 중요하다.
- 자신을 믿고 편안한 마음으로 아이를 돌볼 때 가장 좋은 부모가 된다. 완벽하려고 애쓰는 것보다 조금 서툴러도 편안한 마음을 갖는 게 훨씬 낫다.[6]

한 가지를 더 덧붙이고 싶다. 부모는 자신의 내면과 자연스러운 직관에 귀 기울이면서도, 가능한 한 창의적이고 개성 있게 부모로서 행동하고 반응해야 한다. 우리는 책을 읽고 최신 정보를 받아들이며 끊임없이 탐구하는 한편, 스스로를 되돌아보고 배우며 성장해야 한다. 무엇보다 양육의 자리에서는 우리만의 재능과 본모습을 진실되게 표현해야 한다. 또 바쁜 일상에 휘둘려 스스로와 멀어지지 말아야 한다. 주변의 수많은 조언가들이 우리와 아이들 사이를 가로막게 내버려둬서도 안 된다. 부모의 역할은 알아서 답을 찾아야 하는 도전이다. 우리는 이 여정을 스스로 선택했으며, 그 과정에서 깊은 의미를 발견한다. 바로 이것이 창의적 양육으로 나아가는 길이다.

참고 문헌

1장 새로운 세상, 달라진 부모의 역할

1   Levy, F., & Murnane, R. J. (2004). *The New Division of Labor: How Computers Are Creating the Next Job Market*. Princeton, NJ: Princeton University Press. The title's scholarly premise was based on technological progress as of 2004; the ability to process drivers' patterns and data was considered impossible since it combines, among other things, visual information on traffic light signals, visual and aural information on the trajectories of children, dogs, and other cars, and aural information on unseen vehicles (including sirens).

2   Frey, C. B., & Osborne, M. A. (2017). The Future of Employment: How Susceptible are Jobs to Computerisation? *Technological Forecasting and Social Change, 114,* 254-280.
    Frey, C. B., Osborne, M. A., & Holmes, C. (2016). *Technology at Work v2.0: The Future Is Not What It Used to Be*. Oxford Martin School and Citi GPS. Oxford: University of Oxford. http://www.oxfordmartin.ox.ac.uk/publications/view/2092.
    Leading research institutions in Israel warn against dramatic changes in the labor market. The Taub Center for Social Policy Studies in Israel estimates that 39% of jobs in Israel are at risk of computerization in the next ten to twenty years. The National Economic Council reported that one in three workers in Israel today are at high or medium risk with reference to their workplace. Professions requiring interpersonal contact and communication, and high creative mental abilities, are much safer.
    Madhala-Brik, S. (2015). Occupations at Risk: Computerization Trends in the Israeli Labor Market. *State of the Nation Report*. Taub Center for Social Policy Studies in Israel.
    Conversation with Shavit Madhala-Brik, a researcher at the Taub Center and the author of the above report (31 August 2016).
    Conversation with Yuval Admon and Nir Brill of the National Economic Council, Prime Minister's Office (13 September 2016).

3   Ford, M. (2015). *Rise of the Robots: Technology and the Threat of a Jobless Future*. New York: Basic Books.

4   Verifi, for example, is a computer program that can search and process thousands of bank customer names in just a few hours. It takes a trained junior lawyer an average of twelve minutes to search a single customer name. The place of those who knew how to creatively organize material is always assured, while all the others graduated and began working in a profession whose standing has been dramatically undermined. Law schools are scrambling to keep up with the times.

5   Kaplan, J. (2015). *Humans Need Not Apply: A Guide to Wealth and Work in the Age of Artificial Intelligence*. New Haven, CT: Yale University Press.
6   Levin, H. (2000). The National Library, in *What Does The Bird Care: Songs, Sketches, and Satires*. Tel Aviv: Siman Kriah, Hakibbutz Hameuchad.
7   Microsoft and the Future Laboratory (2016). *Future-Proof Yourself: Tomorrow's Jobs Report*. https://enterprise.blob.core.windows.net/whitepapers/futureproof_tomorrows_jobs.pdf
8   Friedman, T. L. (2012). Average Is Over. *The New York Times*. 24 Jan 2012. https://www.nytimes.com/2012/01/25/opinion/friedman-average-is-over.html
9   Conversation with YouTuber Shachar Soikis (14 August 2018).
10 Interviews I conducted with Dan TDM, one of the world's most successful YouTubers, at Insomnia Gaming Festival in Birmingham, UK, and with leading YouTubers in Israel, such as Shachar Soikis, Moran Tarasov, Raz Sapani, and the CEO of the leading agency in Israel for YouTubers, Yaniv Waizman.
11 Conversation with YouTuber Moran Tarasov (19 August 2018).
12 Arnold, K. D. (1995). *Lives of Promise: What Becomes of High School Valedictorians: A Fourteen-Year Study of Achievement and Life Choices*. San Francisco, CA: Jossey-Bass.
13 Conversation with Karen Arnold (10 January 2018).
14 Lillard, A. S. (2016). *Montessori: The Science Behind the Genius*. New York, NY: Oxford University Press.
    http://ageofmontessori.org/the-ten-secrets-of-montessori-4-sensitive-periods/
15 Montessori identified sensitive periods of development from birth to age seven:
    Movement: Children are born with limited control of movement, but gain rapidly in areas of both gross and fine motor control. As they learn to use their bodies, children are also developing cognitive abilities. When they are about one year old, children focus on learning to walk.
    Math Patterns: Babies come into this world naturally hardwired to learn mathematics.
    Emotional Control: Babies learn about relationships, communication, and emotional control from the moment they are born.
    Need for Order: Very young children (six months to three years) have an innate psychological need for order. They are particularly sensitive when things are not in their proper place, and insist on things being done in a certain way. Many of their tantrums are actually the result of the child's sense of order being disrupted.
    Interest in Small Objects: Children between one and four years of age experience an intense sensitive period for small objects. This interest ultimately leads to the development of fine motor control and the pincer grasp – fundamentals for writing and many other important skills. Children are no longer attracted to impressive objects or bright colors, but to small objects. It is as though what interests them now is the unseen, or what's on the edge of consciousness.
    Vocabulary: Children come into this world hardwired for learning language. This inborn tendency makes the acquisition of language especially easy for children under six years of age.

Special Epoch for Sensation: Children learn more easily and effectively through hands-on, physical sensation than by just watching or listening to a lesson.
Letter Shapes and Sounds: Between the ages of two and a half and five years, children become highly sensitive and begin to show an interest in shapes and sounds of letters, and are drawn to activities associated with this.
Music: Around age three, children experience a sensitive period of learning rhythm, pitch, melody, and more.
Writing and Reading: Early literacy development is about the preparation of the child's mind. Young children are open to the right information at the right time. Learning to read is a natural continuous progression if the child receives materials and lesson plans suited to them (in the Montessori Method, children choose from appropriate materials based on their own interest and readiness).

16 Conversation with Etta Kralovec (14 September 2017).

2장 무조건적인 부모의 죄책감

1   Conversation with Lenore Skenazy, May 2018.
    Skenazy, L. (2009). *Free-Range Kids, Giving Our Children the Freedom We Had Without Going Nuts with Worry*. John Wiley & Sons; Skenazy, L. (2008). Why I Let My 9-Year-Old Ride the Subway Alone. *New York Sun*.
2   Bort, J., Pflock, A., & Renner, D. (2005). *Mommy Guilt: Learn to Worry Less, Focus on What Matters Most, and Raise Happier Kids*. AMACOM Division of American Management Association.
3   *Netmums Survey 2015*. https://www.bbc.com/news/education-12192050
4   Warner, J. (2006). *Perfect Madness: Motherhood in the Age of Anxiety*. Penguin.
5   Parker, K., & Wang, W. (2013). *Modern Parenthood: Roles of Moms and Dads Converge as They Balance Work and Family*. Pew Research Center.
6   Meers, S., & Strober, J. (2013). *Getting to 50/50: How Working Parents Can Have It All*. Cleis Press, p. 43.
7   Gravois, J. (2007). You're Not Fooling Anyone. *The Chronicle of Higher Education, 54*(11), A1. https://www.chronicle.com/article/Youre-Not-Fooling-Anyone/28069
8   Lafayette, L. (1995). *Why Don't You Have Kids? Living a Full Life Without Parenthood*. Kensington Publishing Corp.
9   Donath, O. (2010). Pro-Natalism and its 'Cracks': Narratives of Reproduction and Childfree Lifestyles in Israel. *Israeli Sociology, 11*(2), 417-439.
10 Galinsky, E. (1999). *Ask the Children: What America's Children Really Think About Working Parents*. William Morrow and Co.
11 Warner, J. (2006). *Perfect Madness*.
12 Warner notes that the years in which Bowlby's influential books were published (1969-1980), almost completely overlap the years during which the number of mothers in the American workforce approached critical mass. According to her, attachment theory threatened mothers

who intended to go out to work, and prevented them from pursuing a career. Warner is liable to sound as though she's promoting a conspiracy theory. While it's hard for me to subscribe to claims of an organized plot, she definitely makes a disturbing argument.

Incidentally, John Bowlby wasn't alone. An array of psychologists amplified the debate on the danger of infants being abandoned by their mothers. Renowned Austrian-American psychoanalyst René Spitz, who was primarily active in the 1940s and 50s, made significant contributions to the understanding that children cannot be separated from their parents during hospitalization (up until the mid-twentieth century, hospitalized children weren't accompanied by their parents, at times for several weeks at a time). On the path to this important conclusion, Spitz conducted a spine-chilling study that investigated orphans – whose physical needs were all taken care of, e.g., food and drink, and constant supervision, but who didn't have a regular caregiving figure, and the results were horrific: The children became depressed and sickly, and developed motor retardation. Over time, the children increasingly deteriorated, they stopped moving or displaying any interest in their surroundings, and some even died. Most of the orphans who made it to their third birthday had difficulty walking, talking, and even sitting and standing. Only those who were reunited with their mothers, months after being institutionalized, literally came back to life, and were saved. The case of the orphanage highlighted that the mother's regular presence is literally a matter of life and death.

Shor, J. (1985). Review of René A. Spitz: Dialogues from Infancy – Selected Papers [Review of the book *René A. Spitz: Dialogues from Infancy – Selected Papers*, by R. N. Emde, Ed.]. *Psychoanalytic Psychology, 2*(2), 181-187.

13 Mario Mikulincer stresses that although Bowlby was somewhat dramatic regarding the importance of the first years of life, he wasn't as resolute as he's been interpreted to be: "Bowlby called the schema that have become fixed in us, and which drive us in the world, 'working models,' which, as the name indicates, are 'working' and not static. We have expectations and working models, but they can be changed."

14 Winnicott, D. W. (1962). Ego Integration and Child Development. In D. W. Winnicott, (Ed.), *The Maturational Processes and the Facilitating Environment: Studies in the Theory of Emotional Development* (pp. 56-63). Karnac Books.

15 Conversation with Yeela Wertheim, May 2018.

16 McKenna, J. (2018). *Here's Why Sweden is the Best Country to be a Parent.* World Economic Forum. https://www.weforum.org/agenda/2018/01/this-is-why-sweden-is-one-of-the-best-countries-in-the-world-to-be-a-parent/

17 Himmelstrand, J. (2015). Made in Finland: Childcare Help for All Families. *eReview.* https://www.imfcanada.org/archive/1115/made-finland-childcare-help-all-families

18 Not only male psychologists, but also many women, joined the pressure exerted on young mothers to stay at home with their children. One of the best known is American therapist Jean Liedloff, who coined the "continuum concept" that gained considerable popularity in Israel. Raising infants in accordance with this method is meant to ensure their physical, mental, and emotional development from birth until they're able to move away from their

mother of their own volition. The method is a direct continuation of the way children have naturally been raised since the dawn of history. In other words: Careerwomen, don't argue with history, stay in the cave, let the men go out to hunt. According to the research at least, the mental consequences of staying at home are liable to be dangerous. An extensive and comprehensive Gallup Poll survey, in which 60,000 American women between the ages of 18 and 64 were interviewed, found that stay-at-home mothers experience more depression, sadness, and anger than working mothers.

Mendes, E., Saad, L., & McGeeney, K. (2012). Stay-At-Home Moms Report More Depression, Sadness, Anger. *The Gallup Poll.* http://news.gallup.com/poll/154685/Stay-Home-Moms-Report-Depression-Sadness-Anger.aspx.

Indeed, more and more mothers nowadays work up to a month before giving birth, and go back to work after three months.

Maternity Leave and Employment Patterns of First-Time Mothers: 1961-2008. Household Economic Studies, US Department of Commerce, Economics and Statistics Administration, US Census Bureau.

Han, W. J., Ruhm, C. J., Waldfogel, J., & Washbrook, E. (2008). The Timing of Mothers' Employment after Childbirth. *Monthly Labor Review, 131*(6), 15.

Fertility of American Women: 2010, http://www.census.gov/hhes/fertility/data/cps/2010.html America's Families and Living Arrangements, Table SHP1. http://www.census.gov/population/www/socdemo/hh-fam.html.

The option to stay at home rather than go back to work is not recommended for anyone who hasn't truly and freely chosen to do so. The picture continues to become complicated: Studies show that the higher the women's level of education, the stronger the perception of self-fulfillment as a combination of motherhood and career.

19 NICHD Early Child Care Research Network. (2006). Child Care Effect Sizes for the NICHD Study of Early Child Care and Youth Development. *American Psychologist, 61*(2), 99-116. Over the years, the researchers at the National Institute of Child Health and Human Development (NICHD) observed the children in their different life environments, and examined aspects such as language abilities, behavior, and cognitive abilities, while also characterizing the caregiving figures in their life, e.g., parents and teachers, who were evaluated according to the quality of their interaction with the children.

20 An examination of 1,000 journals kept by mothers who participated in the study reveals that on weekdays, stay-at-home mothers spent an hour more with their children than working mothers, but the latter closed the gap almost completely during the weekend.

21 Meers, S., & Strober, J. (2013). *Getting to 50/50: How Working Parents Can Have It All.*
Another study examined the amount of time parents spend with their children between the ages of three and eleven in relation to the children's academic achievements, behavior, and wellbeing. The study proves that the time parents spend with their children has a negligible effect, compared to the quality of that time and their joint activities. The amount of parental time can have a negative effect only when the parents are stressed, guilty, and anxious, especially mothers who are stressed due to their efforts to maneuver between work and

children.
Conversation with Prof. Melissa Milkie, June 2018.
Milkie, M. A., Nomaguchi, K. M., & Denny, K. E. (2015). Does the Amount of Time Mothers Spend with Children or Adolescents Matter? *Journal of Marriage and Family, 77*(2), 355-372.

22 Hart, B., & Risley, T. (1995). *Meaningful Differences in the Everyday Experience of Young American Children.* Paul H Brookes Publishing.

23 Twenge, J. M., & Park, H. (2017). The Decline in Adult Activities Among US Adolescents, 1976-2016. *Child Development, 90*(2), 638-654.

24 *Monitoring the Future Survey*: High School and Youth Trends. National Institute on Drug Abuse, 2017. https://www.drugabuse.gov/publications/drugfacts/monitoring-future-survey-high-school-youth-trends

25 Child Trends Databank. (2015). *Teen Homicide, Suicide and Firearm Deaths.* https://www.childtrends.org/?indicators=teen-homicide-suicide-and-firearm-deaths

26 Ibid.

27 Conversation with Dr. Suzy Ben Baruch, June 2018. "In 2004, we opened 44,000 criminal cases, in contrast with 23,000 cases last year. A significant decrease over fourteen years."

28 Child Trends Databank. (2015). *Volunteering.* https://www.childtrends.org/?indicators=volunteering/
Dahaf Institute and JDF (2010). *Volunteering Patterns among Adolescents.* A survey of 1,500 adolescents conducted in Israel in 2010 by the Dahaf Institute and JDC found that 47% of the participants volunteer. This is an increase of 13% in volunteering since 2005. Girls volunteer more than boys, 52% and 41%, respectively.

29 Kohn, A. (2014). *The Myth of the Spoiled Child: Challenging the Conventional Wisdom about Children and Parenting.* DaCapo Lifelong Books.

30 Shapiro, E. (2013). What's the Matter With Kids Today? *Huffington Post.* https://www.huffingtonpost.com/evan-shapiro/whats-the-matter-with-kid_1_b_2157862.html

31 Harris, J. R. (1995). Where is the Child's Environment? A Group Socialization Theory of Development. *Psychological Review, 102*(3), 458.

32 Meldrum, R., Kavish, N., & Boutwell, B. (2018). *On the Longitudinal Association between Peer and Adolescent Intelligence: Can Our Friends Make Us Smarter?* http://doi.org/10.17605/OSF.IO/TVJ9Z

33 Conversation with Dr. Hanni Man-Shalvi, a psychoanalyst specializing in treating individuals, couples, and families.

34 Using this fascinating form of analysis, we can delve deep, and understand that family, by its very nature, brings feelings of victimhood/aggression to the surface. Our child is becoming a big, independent person, which means we're getting older and weaker. We feel guilty for feeling jealous or angry towards them for pushing us out of the game of the young and the beautiful, but we can't feel like that towards our children. Once again, we're faced with a choice: Victim or aggressor. We choose to sacrifice, praise, commend, use our savings. The truth in life, Hanni explains, is that each of us is both victim and aggressor. *In From Ultrasound to Army: The Unconscious Trajectories of Masculinity in Israel,* she articulately

describes how Israeli society is driven by unconscious guilt that's constantly bubbling under the surface: The fact that we're raising our children for the army.

Man-Shalvi, H. (2016). *From Ultrasound to Army: The Unconscious Trajectories of Masculinity in Israel.* Karnac Books.

The connection between good parenting and guilt recurs in different studies and contexts. One fascinating study found, for example, that it's actually among parents who tend towards more guilt feelings that work is likely to encroach to a lesser degree on their quality time with their children. It turns out that the sense of guilt emerging from the cultural imperative to be "good parents" causes parents to safeguard their time and energy for their interaction with their children.

Cho, E., & Allen, T. D. (2012). Relationship between Work Interference with Family and Parent-Child Interactive Behavior: Can Guilt Help? *Journal of Vocational Behavior, 80*(2), 276-287.

35 Michalko, M. (2010). *Thinkertoys: A Handbook of Creative Thinking Techniques.* Ten Speed Press.

36 Kenrick, D. T., Griskevicius, V., Neuberg, S. L., & Schaller, M. (2010). Renovating the Pyramid of Needs: Contemporary Extensions Built Upon Ancient Foundations. *Perspectives on Psychological Science, 5*(3), 292-314.

3장 아이의 성장을 가로막는 숙제

1 Kralovec, E., & Buell, J. (2001). *The End of Homework: How Homework Disrupts Families, Overburdens Children, and Limits Learning.* Beacon Press.

2 Baker, D., & LeTendre, G. K. (2005). *National Differences, Global Similarities: World Culture and the Future of Schooling.* Stanford University Press.

3 A study conducted in 2007 by the Center for Public Education in the United States found that in elementary school homework is counterproductive, while in junior high and high school it may contribute to very small improvement. The effects of homework perpetuate social gaps: Not every child has a family environment that can support and help them in their schooling.

Kralovec, E. (2007). New Thinking about Homework. *ENCOUNTER. Education for Meaning and Social Justice, 20*(4), 3-7.

4 Cooper, H., Robinson, J. C., & Patall, E. A. (2006). Does Homework Improve Academic Achievement? A Synthesis of Research, 1987-2003. *Review of Educational Research, 76*(1), 1-62.

Cooper, H. (2006). The Battle over Homework: Common Ground for Administrators, Teachers, and Parents. Corwin Press.

5 Kohn, A. (2007). *The Homework Myth: Why Our Kids Get Too Much of a Bad Thing.* Da Capo Lifelong Books.

6 Email correspondence with Alfie Kohn, January 2018.

7 Hattie, J. (2008). *Visible Learning: A Synthesis of Over 800 Meta-Analyses Relating to*

Achievement (1st Ed). Routledge.
8   In Visible Learning, John Hattie mentions the study conducted by Trautwein, U., Köller, O., Schmitz, B., & Baumert, J. (2002). Do Homework Assignments Enhance Achievement? A Multilevel Analysis in 7th-Grade Mathematics. *Contemporary Educational Psychology, 27*(1), 26-50.
9   Conversation with Prof. Eliezer Yariv, September 2017.
10 Conversation with Dr. Heidi Maier, December 2017.
11 Conversation with Dr. Guy Roth, February 2018.
12 Gottfried, A. E., Fleming, J. S., & Gottfried, A. W. (1998). Role of Cognitively Stimulating Home Environment in Children's Academic Intrinsic Motivation: A Longitudinal Study. *Child Development, 69*(5), 1448-1460.
13 Gottfried, A. E., Marcoulides, G. A., Gottfried, A. W., & Oliver, P. H. (2009). A Latent Curve Model of Parental Motivational Practices and Developmental Decline in Math and Science Academic Intrinsic Motivation. *Journal of Educational Psychology, 101*(3), 729.
14 Gottfried, A. W., Schlackman, J., Gottfried, A. E., & Boutin-Martinez, A. S. (2015). Parental Provision of Early Literacy Environment as Related to Reading and Educational Outcomes across the Academic Lifespan. *Parenting, 15*(1), 24-38.
15 Gottfried, A. E., Johnson Preston, K. S., Gottfried, A. W., Oliver, P. H., Delany, D. E., & Ibrahim, S. M. (2016). Pathways from Parental Stimulation of Children's Curiosity to High School Science Course Accomplishments and Science Career Interest and Skill. *International Journal of Science Education, 38*(12), 1972-1995. doi:10.1080/09500693.2016.1220690
16 Gottfried, A. E. (1983). Intrinsic Motivation in Young Children. *Young Children, 39*(1) 64-73.
17 Gottfried, A. E., Fleming, J. S., & Gottfried, A. W. (1994). Role of Parental Motivational Practices in Children's Academic Intrinsic Motivation and Achievement. *Journal of Educational Psychology, 86*(1), 104.
18 Cooper, H. (2006). The Battle over Homework.
19 Conversation with Etta Kralovec, September 2017.
20 Patall, E. A., Cooper, H., & Robinson, J. C. (2008). The Effects of Choice on Intrinsic Motivation and Related Outcomes: A Meta-Analysis of Research Findings. *Psychological Bulletin, 134*(2), 270
21 Cerasoli, C. P., Nicklin, J. M., & Ford, M. T. (2014). Intrinsic Motivation and Extrinsic Incentives Jointly Predict Performance: A 40-Year Meta-Analysis. Psychological Bulletin, 140(4), 980-1008. http://dx.doi.org/10.1037/a0035661
    Hall, S. (2017). What Motivates Us and Why. *Psychology Today*. https://www.psychologytoday.com/blog/evidence-based-living/201704/what-motivates-us-and-why
22 Deci, E. L., Vallerand, R. J., Pelletier, L. G., & Ryan, R. M. (1991). Motivation and Education: The Self-Determination Perspective. *Educational Psychologist, 26*(3-4), 325-346.
23 Assor, A. (2005). Promoting Intrinsic Motivation for Learning in Schools. Eureka, 20.
24 Conversation with Prof. Avi Assor, January 2018.

4장 텔레비전은 기회의 창

1. Palmer, P. (1986). *The Lively Audience: A Study of Children Around the TV Set.* Allen & Unwin.
2. Christakis, D. A., Zimmerman, F. J., DiGiuseppe, D. L., & McCarty, C. A. (2004). Early Television Exposure and Subsequent Attentional Problems in Children. *Pediatrics,113*(4).
3. One-year-old children watched television for an average of 2.2 hours a day; three-year-olds watched for an average of 3.6 hours a day. Ten percent of the children in the sample had attentional problems at age seven. Correlation was found between the amount of television exposure and attentional disorders, controlling for other variables that were tested (demographic and socioeconomic variables, as well as variables associated with emotional support and the child's cognitive stimulation – Table on p. 712). An increase of one standard deviation in television viewing at age one (=2.91 hours a day) was associated with a 28% increase in the likelihood of suffering from an attentional disorder at age seven. This finding remains stable over time (similar results were obtained for three-year-old children). The two measures are based on reports provided by the children's mothers.
4. Comstock, G., & Scharrer, E. (2007). *Media and the American Child.* Burlington, MA: Elsevier. Comstock and Scharrer note that this means that every additional hour of exposure to television increases the likelihood of attentional disorders by about 9%. However, they're referring to more than 2.2 hours a day, and it's important to keep in mind that the average exposure to television is less than one hour.
5. Dr. Natalie Weder, a child and adolescent psychiatrist at the Child Mind Institute clarifies that "there is no evidence whatsoever that TV or video games cause ADHD." https://childmind.org/article/do-video-games-cause-adhd/
6. Conversation with Dr. Iris Manor, October 2010.
7. Collingwood, J. (2010). The Genetics of ADHD. *PsychCentral.* Retrieved on 7 January 2014 from: http://psychcentral.com/lib/the-genetics-of-adhd/0003789.
   According to estimates, more than 1,800 articles have been published on the role of genes in the development of ADHD. A review of dozens of studies examining the effects of genes on ADHD found a genetic influence of between 60% and 90%.
   Gizer, I. R., Ficks, C., & Waldman, I. D. (2009). Candidate Gene Studies of ADHD: A Meta-Analytic Review. *Human Genetics, 126*(1), 51-90.
   Another comprehensive review found a genetic cause in 76% of cases.
   Faraone, S. V., Perlis, R. H., Doyle, A. E., Smoller, J. W., Goralnick, J. J., Holmgren, M. A., & Sklar, P. (2005). Molecular Genetics of Attention-Deficit/Hyperactivity Disorder. *Biological Psychiatry, 57*(11), 1313-1323.
8. Miller, C. J., Marks, D. J., Miller, S. R., Berwid, O. G., Kera, E. C., Santra, A., & Halperin, J. M. (2006). Brief Report: Television Viewing and Risk for Attention Problems in Preschool Children. *Journal of Pediatric Psychology, 32*(4), 448-452. "We believe," write Miller et al., "that it is unlikely that television viewing has a formidable role in the emergence of ADHD."
   Another study found that the mother's academic achievements or the family's income had

a much stronger effect than exposure to television. No statistical correlation was found between exposure to television at age one and symptoms of ADHD at age seven.

Foster, M., & Watkins, S. (2010). The Value of Reanalysis: TV Viewing and Attention Problems. *Child Development, 81*(1), 368-75.

Stevens, T., Barnard-Brak, L., & To, Y. (2009). Television Viewing and Symptoms of Inattention and Hyperactivity Across Time: The Importance of Research Questions. *Journal of Early Intervention, 31*(3), 215-226. Tara Stevens et al. observed almost 3,000 children aged four to ten, and found no correlation between gradual increase in television viewing time and an increase in ADHD symptoms. The statistical model they used is difficult to understand. Since the statistician I work with suffers from ADHD himself, it was no easy task to fully understand the model. Ultimately, the principle is quite simple: The researchers arrived at a model of television viewing in relation to development of ADHD symptoms, and then analyzed the correlation between them. On the one hand, viewing hours initially increase sharply during early childhood, and then more moderately from age four to age ten. On the other hand, ADHD symptoms peak between the ages of six and eight, and then become more moderate. An examination of one against the other reveals that there's no significant correlation between television viewing and ADHD over time. An increase in viewing hours didn't produce a similar increase in ADHD symptoms.

According to Christakis et al., it should have looked something like this: ADHD symptoms are reduced after a decrease in viewing time during the preceding period. However, viewing time is not reduced.

Obel, C., Henriksen, T. B., Dalsgaard, S., Linnet, K. M., Skajaa, E., Thomsen, P. H., & Olsen, J. (2004). Does Children's Watching of Television Cause Attention Problems? Retesting the Hypothesis in a Danish Cohort. *Pediatrics, 114*(5), 1372-1373. This Danish study discovered no correlation between up to two hours of television viewing a day and ADHD symptoms. The children in the sample, who watched television for more than 1.5 hours at age three and a half, exhibited more symptoms of behaviors associated with ADHD at this early age.

From the research, we know that regardless of age group, children diagnosed with ADHD spend more time (according to their parents' reports) watching television. It's interesting to note that from the outset, children with ADHD have 1.5 more televisions in their rooms.

Acevedo-Polakovich, I. D., Lorch, E. P., & Milich, R. (2005). TV or Not TV: Questions and Answers Regarding Television and ADHD. *The ADHD Report: Special Issue-Focus on Assessment, 13*(6), 6-11.

9   Banerjee, T. D., Middleton, F., & Faraone, S. V. (2007). Environmental Risk Factors for Attention Deficit Hyperactivity Disorder. *Acta Paediatrica, 96*(9), 1269-1274.

10 AVG Digital Diaries (2011). *AVG Study Shows Young Kids Learn Tech Skills Before Life Skills.* http://prwire.com.au/print/avg-study-shows-young-kids-learn-tech-skills-before-life-skills

11 Gardner, H. (1982). *Art, Mind and Brain: A Cognitive Approach to Creativity.* Basic Books.
    Gardner, H. (1983). *Frames of Mind: The Theory of Multiple Intelligences.* Basic Books.

12 Kleinfeld, J. S. (1973). Intellectual Strengths in Culturally Different Groups: An Eskimo Illustration. *Review of Educational Research 43*(3), 341-359.

Taylor, L., & Skanes, G. (1976). Cognitive Abilities in Inuit and White Children from Similar Environments. *Canadian Journal of Behavioural Science/Revue Canadienne des Sciences du Comportement, 8*(1),1-8.
13 Johnson, S. (2006). *Everything Bad is Good for You: How Today's Popular Culture is Actually Making Us Smarter.* Penguin
14 Postman, N. (1992) *Technopoly: The Surrender of Culture to Technology.* Knopf.
15 Rosengren, K. E., & Windahl, S. (1989). *Media Matter: TV Use in Childhood and Adolescence (Communication and Information Science).* Ablex Publishing.
16 Cummings, J. N., & McCain, T. A. (1982). Television Games Preschool Children Play: Patterns, Themes and Uses. *Journal of Broadcasting, 26*(4), 783-800.
17 Greenfield, P. (2009). Technology and Informal Education: What is Taught, What is Learned. *Science, 323,* 69-71.
18 Abelman, R. (1993). *Some Children Under Some Conditions: TV and the High Potential Kid.* Diane Publishing Co.
Abelman, R. (1987). Child Giftedness and Its Role in The Parental Mediation of Television Viewing. *Roeper Review, 9*(4), 217-246.
Abelman, R. (2001). Parents' Use of Content-Based TV Advisories. *Parenting, Science and Practice, 1*(3), 237-265.
Abelman examined 364 gifted children and 386 non-gifted children in the fourth grade. As stated, numerous studies have emphasized that television viewing, and using media in general, has a potentially positive effect on children's creativity.
Bromley, H. (2004). Localizing Pokemon through Narrative Play. In J. Tobin, (Ed.), *Pikachu's Global Adventure* (pp. 211-225). Duke University Press.
Anderson, D. R., Huston, A. C., Schmitt, K. L., Linebarger D. L., & Wright. C. (2001). Early Childhood Television Viewing and Adolescent Behavior: The Recontact Study. *Monographs of the Society for Research in Child Development, 66*(1).
Rubenstein, D. J. (2000). Stimulating Children's Creativity and Curiosity: Does Content and Medium Matter? *The Journal of Creative Behavior, 34,* 1-17. doi:10.1002/j.2162-6057.2000.tb01199.x
Davies, M. M. (1989). *Television is Good for Your Kids.* Hilary Shipman Ltd.
Bryant, J., & Williams, M. (1987). *Impact of "Allegra's Window" and "Gullah Gullah Island" on Children's Flexible Thinking.* Paper presented at the biennial meeting of the Society for Research in Child Development. Washington, DC.
Cummings, J. N., & McCain, T. A. (1982). Television Games Preschool Children Play: Patterns, Themes and Uses. *Journal of Broadcasting, 26,* 783-800.
19 Cantor, J., Sparks, G. G., & Hoffner, C. (1988). Calming Children's Television Fears: Mr. Rogers vs. The Incredible Hulk. *Journal of Broadcasting & Electronic Media, 32*(3), 271-288.
20 Wilson, B. J., Hoffner, C., & Cantor, J. (1987). Children's Perceptions of the Effectiveness of Techniques to Reduce Fear from Mass Media. *Journal of Applied Developmental Psychology, 8*(1), 39-52; Wilson et al. divide coping with fear into two types of strategies: (1) Noncognitive strategies that don't contain verbal information. They can be physical (holding onto a toy or

blanket, getting something to eat or drink). A strategy that has proved effective is gradual, nonthreatening exposure to frightening images (worms and snakes); (2) Cognitive strategies containing verbal information designed to shed different light on the frightening object (tell yourself it's not real). Younger children find it difficult to deal with verbal explanations like "it's not real." This can be improved through visual demonstrations of verbal explanations.

21 Cantor, J., Wilson, B. J., & Hoffner, C. (1986). Emotional Responses to a Televised Nuclear Holocaust Film. *Communication Research, 13*, 257-277.

22 Valkenburg, P. (2004). Children's Responses to the Screen, A Media Psychological Approach. Routledge.

Cantor, J. (2002). Fright Reactions to Mass Media. In J. Bryant, & D. Zillmann (Eds.), *Media Effects: Advances in Theory and Research* (pp. 287-306). Lawrence Erlbaum.

Joanne Cantor lists the same fears, but believes in more limited age categories: She combines 0 to 6-8 into one group, then 6-8 to 11 into another, and finally children aged 12 and over (from a conversation with Joanne Cantor, July 2018).

23 Hodge, B., & Tripp, D. (1986). *Children and Television: A Semiotic Approach.* Polity Press.

24 One of the most prominent proponents of violence in art was Bruno Bettelheim, who argued for the unique emotional significance of sinister fairy tales for children. These tales, which include issues such as abandonment, death, and injury, enable children to cope with their fears symbolically and from a distance. This, according to Bettelheim, facilitates mental growth, and enables children to be better prepared for the future.

So, how does *Little Red Riding Hood*, for example, help a child to feel a sense of relief and confidence? Bruno Bettelheim provides a fascinating psychological analysis. Think for a moment, what's more frightening for a child – a story about a wolf devouring Grandmother and then taking her place, or that moment when their own kindly grandmother humiliates them for wetting their pants, thus undermining them and their self-worth? There are moments when a kindly grandmother suddenly "turns on" the child, and becomes a kind of "man-eating monster"; she suddenly transforms from someone who showers the child with affection and gifts into a humiliating monster. The child sees their grandmother as two separate entities, one affectionate, the other menacing – or, in other words: A grandma and a wolf. The transformation of Grandma into the Wolf in the fairy tale gives the child a temporary sense of relief, allowing them to contend with their own grandmother's split personality in real life. It's alright – any minute now the Wolf will vanish, and the kindly Grandmother will return.

25 Rich, M. (2007). Is Television Healthy? The Medical Perspective. In N. Pecora, J. P. Murray, & E. A. Wartella (Eds.), *Children and Television: Fifty Years of Research* (pp.109-147). Lawrence Erlbaum.

26 Buckingham, D. (2000). *After the Death of Childhood: Growing Up in the Age of Electronic Media.* Polity Press.

27 According to Abelman, young gifted children tend to watch more television than their peers. Thus, for example, gifted children aged four or five watch television for an average of 3.5 to 4 hours a day – two or three hours more a week than non-gifted children. At this stage in their

life, gifted children also watch more television than their peers who suffer from behavioral or attentional problems. However, in the period between elementary school and high school, gifted children's television consumption decreases significantly – gifted schoolchildren watch television for about two hours less than their non-gifted peers.

28 Flavell, J., Flavell, E., Green, F., & Korfmacher, J. (1990). Do Young Children Think of Television Images as Pictures or Real Objects? *Journal of Broadcasting & Electronic Media, 34*(4), 399-419.

29 Morison, P., & Gardner, H. (1978). Dragons and Dinosaurs: The Child's Capacity to Differentiate Fantasy from Reality. *Child Development, 49*(3), 642-648. doi:10.2307/1128231.
The ability to distinguish between reality and fantasy can have an important effect on how children perceive and interpret their everyday experiences. The study sought to examine the correlation between a child's age and their ability to employ categories of "real" versus "fantasy" accurately and spontaneously. The results show regular improvement with age in the use of fantasy classifications and explanations, but in the majority of cases, kindergarten children were also able to distinguish between "real" and "pretend" figures. Kindergarten children made an average of six erroneous classifications, second graders made 2.65, fourth graders 1.85, and sixth graders made an average of 0.55 erroneous classifications. Most of the errors were made in classifications of "pretend" figures as "real," and not the other way round; three "real" figures that children tended to classify as "pretend" were "knight," "Indian," and "dinosaur."

30 It's also important to note that children don't always have concrete knowledge that enables them to make the distinction between reality and fantasy: In many cases this knowledge is based on social norms that children learn from others. Young children possibly automatically assume that every character is real, and the "not real" category is created later and gradually.

31 Van Evra, J. (2004). *Television and Child Development, Third Edition.* Taylor & Francis.

5장 양육의 '게임' 체인저

1 Eichenbaum, A. E., Bavelier, D., & Green, C. S. (2014). Video Games: Play that Can Do Serious Good. *American Journal of Play, 7,* 50-72.

2 Green, C. S., & Bavelier, D. (2012). Learning, Attentional Control, and Action Video Games. *Current Biology, 22*(6), R197-R206.

3 Trick, L. M., Jaspers-Fayer, F., & Sethi, N. (2005). Multiple-Object Tracking in Children: The "Catch the Spies" Task. *Cognitive Development, 20*(3), 373-387.

4 Franceschini, S., Gori, S., Ruffino, M., Viola, S., Molteni, M., & Facoetti, A. (2013). Action Video Games make Dyslexic Children Read Better. *Current Biology, 23*(6), 462-466.

5 Chiappe, D., Conger, M., Liao, J., Caldwell, J. L., & Vu, K.-P. L. (2013). Improving Multi-Tasking Ability through Action Videogames. *Applied Ergonomics, 44,* 278-284.

6 Anderson, A. F., Bavelier, D., & Green, C. S. (2010). Speed-Accuracy Tradeoffs in Cognitive Tasks in Action Game Players. *Journal of Vision, 10*(7), 748-748.
Colzato, L. S., van den Wildenberg, W. P., & Hommel, B. (2014). Cognitive Control and

the COMT Val 158 Met Polymorphism: Genetic Modulation of Videogame Training and Transfer to Task-Switching Efficiency. *Psychological Research, 78*(5), 670-678.

7   McKinley, R. A., McIntire, L. K., & Funke, M. A. (2011). Operator Selection for Unmanned Aerial Systems: Comparing Video Game Players and Pilots. Aviation, Space, and Environmental Medicine, 82(6), 635-642.

8   Rosser, J. C., Lynch, P. J., Cuddihy, L., Gentile, D. A., Klonsky, J., & Merrell, R. (2007). The Impact of Video Games on Training Surgeons in the 21st Century. *Archives of Surgery, 142*(2), 181-186.

9   Bejjanki, V. R., Zhang, R., Li, R., Pouget, A., Green, C. S., Lu, Z. L., & Bavelier, D. (2014). Action Video Game Play Facilitates the Development of Better Perceptual Templates. *Proceedings of the National Academy of Sciences, 111*(47), 16961-16966.

10 Many researchers concur that gamers develop extraordinary collaboration skills. A complex game mandates a special kind of collaboration based on coordination and synchronization between all participants, and joint creation of an original product. Three scientific studies were published in 2009 by a team of researchers from eight universities in the United States, Japan, Singapore, and Malaysia, that examined the correlation between time spent playing video games requiring "helpful behavior" and the desire gamers show to help others in their everyday life. The researchers worked with more than 3,000 young gamers, and in each of their three studies they came to the same conclusion: Young people who spend more time playing games in which they are obliged to help one another, are highly likely to help friends, family, neighbors, and even strangers in their real life!

Gentile, D. A., Anderson, C. A., Yukawa, S., Ihori, N., Saleem, M., Ming, L. K., Shibuya, A., Liau, A. K., Khoo, A., Bushman, B. J., Huesmann, L. R., & Sakamoto, A. (2009). The Effects of Prosocial Video Games on Prosocial Behaviors: International Evidence from Correlational, Longitudinal, and Experimental Studies. *Personality and Social Psychology Bulletin, 35*(6), 752-763).

The intriguing question, of course, pertains to the effect on reality. To what degree does playing video games shape our behavior. In a study conducted by Greitemeyer and Osswald, the researchers performed a series of experiments to examine their hypothesis that playing prosocial video games can increase "helpful behavior." The conclusion was, once again, that participants in their twenties who played prosocial video games are more likely to help: They were more likely to help an experimenter who "accidentally" dropped a cup full of pencils onto the floor, as well as in a much more dramatic situation where an experimenter's "ex-boyfriend" came into the room and harassed her.

Greitemeyer, T., & Osswald, S. (2010). Effects of Prosocial Video Games on Prosocial Behavior. *Journal of Personality and Social Psychology, 98*(2), 211.

11 Posso, A. (2016). Internet Usage and Educational Outcomes Among 15-Year-Old Australian Students. *International Journal of Communication, 10*, 26.

12 Conversation with Prof. Alberto Posso, March 2018.

13 Prensky, M. (2006). *Don't Bother Me, Mom, I'm Learning!: How Computer and Video Games are Preparing Your Kids for 21st Century Success and How You Can Help!* St. Paul, MN:

Paragon House.
14 Johnson, S. (2006). *Everything Bad is Good for You: How Today's Popular Culture is Actually Making Us Smarter*. Penguin.
15 The survey was random, as required, and sought to examine whether the respondents grew up with video games, as well as their current standing in the business world. In the early 2000s, there was a limited range of games, such as Atari, Arcade, or roleplaying games, and it is precisely for this reason that the researchers had a rare opportunity to examine differences between players and non-players (nowadays most children play video games in one form or another).
16 Conversation with John Beck, 28 February 2018.
17 Beck, J. C., & Wade, M. (2006). *The Kids are Alright: How the Gamer Generation is Changing the Workplace*. Harvard Business Press.
18 Johnson, S. (2006). *Everything Bad is Good for You*.
19 Juul, J. (2013). *The Art of Failure: An Essay on the Pain of Playing Video Games*. MIT Press.
20 Gee, J. P. (2014). *What Video Games Have to Teach Us about Learning and Literacy*. Macmillan.
21 This description resembles an aesthetic experience that is devoid of self-interest, or as Diane Collinson defines it, a unique, addictive experience that expands the soul and brings joy, but that is not its stated goal.
Collinson, D. (2008). Aesthetic Experience. In O. Hanfling (Ed.), *Philosophical Aesthetics: An Introduction*. Wiley-Blackwell.
22 Csíkszentmiháyli, M. (1975). *Beyond Boredom and Anxiety: Experiencing Flow in Work and Play*. San Francisco: Jossey-Bass Publishers.
23 Ibid.
24 Delisle, R. (1997). *How to Use Problem-Based Learning in the Classroom*. ASCD. http://www.ascd.org/publications/books/197166/chapters/What_Is_Problem-Based_Learning¢.aspx
25 Richard Arum, a Professor of Education and Sociology at New York University, conducted a longitudinal study on Quest to Learn and other technology-based methods in order to examine their efficacy. He is prepared to cautiously state that the students display abilities for collaboration, critical thinking, and specializing in twenty-first century skills, such as systems or design thinking. Promising practices have been developed at these schools, and students have achieved better educational results in attitude towards school, developing skills such as consistency, grit, and, to a great extent, in tasks requiring complex thinking and problem solving. There are definitely elements that they have introduced and look very promising for experiences and learning. At the same time, Prof. Arum emphasizes that schools are complex sites with a range of different practices and pressures, and it is a difficult picture to decipher (from an interview with Prof. Arum, 28.02.2018).
26 Based on *Reality is Broken* by Jane McGonigal, the school's official website (https://www.q2l.org), the article by Mary Talbot, "A Quest For A Different Learning Model: Playing Games In School" published in *The Huffington Post* (January 2015), and a series of interviews with Prof. Katie Salen and Rebecca Rufo-Tepper from Institute of Play, and co-founders of the

school, Prof. Richard Arum who conducted research on its graduates, teachers Kate Litman and Chris Schilling, and Yael Ezer.

27 Mac, A. (2012). How To SuperBetter Your Life With Epic Wins The Way Jane McGonigal Does. *FastCompany.* 27.03.12. https://www.fastcompany.com/1826188/how-superbetter-your-life-epic-wins-way-jane-mcgonigal-does
Joiner, W. (2011). Super Girl. *Elle.* 22.06.2011. https://www.elle.com/culture/tech/a11688/jane-mcgonigal-game-designer/
Heller, N. (2015). High Score. *The New Yorker.* 14.09.2015. https://www.newyorker.com/magazine/2015/09/14/high-score

28 From a conversation with Rebecca Rufo-Tepper, Co-Executive Director at Institute of Play (16 March 2018).

6장 헬리콥터 대디와 타이거 맘

1 Hoeve, M., Dubas, J. S., Eichelsheim, V. I., Van Der Laan, P. H., Smeenk, W., & Gerris, J. R. (2009). The Relationship Between Parenting and Delinquency: A Meta-Analysis. *Journal of Abnormal Child Psychology, 37*(6), 749-775.
Bahr, S. J., & Hoffmann, J. P. (2010). Parenting Style, Religiosity, Peers, and Adolescent Heavy Drinking. *Journal of Studies on Alcohol and Drugs, 71*(4), 539-543.
Lamborn, S. D., Mounts, N. S., Steinberg, L., & Dornbusch, S. M. (1991). Patterns of Competence and Adjustment Among Adolescents from Authoritative, Authoritarian, Indulgent, and Neglectful Families. *Child Development, 62*(5), 1049-1065.
Shedler, J., & Block, J. (1990). Adolescent Drug Use and Psychological Health: A Longitudinal Inquiry. *American Psychologist, 45*(5), 612.

2 Lim, S., & Smith, J. (2008). The Structural Relationships of Parenting Style, Creative Personality, and Loneliness. *Creativity Research Journal, 20*(4), 412-419.

3 Hoeve et al. (2009). The Relationship between Parenting and Delinquency.

4 Hunt, J. C. (2013). *Associations Between Different Parenting Styles and Child Behavior.* PsyD Dissertation, Philadelphia College of Osteopathic Medicine.

5 Dearing, E., McCartney, K., & Taylor, B. A. (2006). Within-Child Associations Between Family Income and Externalizing and Internalizing Problems. *Developmental Psychology, 42*(2), 237-252. http://dx.doi.org/10.1037/0012-1649.42.2.237

6 This parenting style is widespread in Asia (Pong, Hao, & Gardner, 2005). Among Caucasian American children it is associated with anxiety, while in African American children it is associated with assertiveness (Baumrind, 1972).
Pong, S. L., Hao, L., & Gardner, E. (2005). The Roles of Parenting Styles and Social Capital in the School Performance of Immigrant Asian and Hispanic Adolescents. *Social Science Quarterly, 86*(4), 928-950
Baumrind, D. (1972). An Exploratory Study of Socialization Effects on Black Children: Some Black-White Comparisons. *Child Development,* 261-267.

7 Hill, N. E. (1995). The Relationship Between Family Environment and Parenting Style: A

Preliminary Study of African American Families. *Journal of Black Psychology, 21*(4), 408-423.

Deslandes, R. (2000). *Direction of Influence Between Parenting Style and Parental Involvement in Schooling Practices, and Students' Autonomy: A Short-Term Longitudinal Design.* Paper presented at the 10th Annual International Roundtable on School, Family, and Community Partnerships, New Orleans, Louisiana, 24-28 April 2000.

Williams, L. R., Degnan, K. A., Perez-Edgar, K. E., Henderson, H. A., Rubin, K. H., Pine, D. S., Steinberg, L., & Fox, N. A. (2009). Impact of Behavioral Inhibition and Parenting Style on Internalizing and Externalizing Problems from Early Childhood through Adolescence. *Journal of Abnormal Child Psychology, 37*(8), 1063-1075.

8   Maccoby, E. E. (1992). The Role of Parents in the Socialization of Children: An Historical Overview. *Developmental Psychology, 28*(6), 1006.

9   Lamborn, S. D., Mounts, N. S., Steinberg, L., & Dornbusch, S. M. (1991). Patterns of Competence and Adjustment Among Adolescents from Authoritative, Authoritarian, Indulgent, and Neglectful Families. *Child Development, 62*(5), 1049-1065.

Turner, E. A., Chandler, M., & Heffer, R. W. (2009). The Influence of Parenting Styles, Achievement Motivation, and Self-Efficacy on Academic Performance in College Students. *Journal of College Student Development, 50*(3), 337-346.

10   Hill, N. E. (1995). The Relationship Between Family Environment and Parenting Style.

11   The term was coined in 1990 by psychologist Foster Cline and educational counselor Jim Fay in their book Parenting with Love and Logic. Children of such parents are liable to develop a deficiency in their ability to be independent, emotionally resilient, or resourceful.

Cline, F., & Fay, J. (2014). *Parenting with Love and Logic: Teaching Children Responsibility.* Tyndale House.

12   The term originates in the book *You Are Not Special* by former teacher David McCullough, in which he urges parents to take their foot off the gas.

McCullough, D. (2014). *You Are Not Special and Other Encouragements.* Ecco Press.

13   Conversations with Dr. Chen Nardi (20 March 2018), and Dr. Rivka Nardi (25 March 2018), who have authored numerous interesting books. Start with: Nardi, R., & Nardi, C. (2006). *Being a Dolphin.* Modan Publishing.

Another Israeli parenting model worth exploring is "Ayeka Soulful Parenting," which is detailed in a thought-provoking book by Etan Lwow and Hila Elkayam titled Resetting the Parental Compass. The model was conceived in response to self-sacrificing parents, and the change in perception shifts focus and attention to parents. The metaphor underlying the method is a lighthouse, and, according to Lwow, "The lighthouse is there for the ships, it exists for their sake. It has no meaning on its own. But the paradox is that it illuminates itself, and not the waves. It is of benefit to the ships because it is illuminating itself and defining itself – not them."

Lwow, E., & Elkayam, H. (2017). *Resetting the Parental Compass: The Ayeka Model for Raising Psychologically Healthy and Functioning Children.* Modan Publishing.

14   I highly recommend reading at least one of Prof. Haim Omer's books, which simply and clearly explain his original ideas on optimal parenting. Start with: Omer, H. (2011). *The New*

Authority: Family, School, and Community. Cambridge University Press.

15   Druckerman, P. (2014). *Bringing Up Bébé: One American Mother Discovers the Wisdom of French Parenting.* Penguin.

16   From an interview given by Jack Ma to Charlie Rose: https://www.youtube.com/watch?v=rUwmakdaye4

17   From an interview given by Jack Ma to Charlie Rose: https://www.youtube.com/watch?v=rUwmakdaye4

18   Zhao, Y. (2009). *Catching Up or Leading the Way: American Education in the Age of Globalization.* ASCD.

19   Ibid.

20   Freud, S. (1962). *Civilization and Its Discontents.* WW Norton.

21   He originally sought to identify the mental processes that enable certain people to delay gratifications, while others succumb to them.
Shoda, Y., Mischel, W., & Peake, P. K. (1990). Predicting Adolescent Cognitive and Self-Regulatory Competencies from Preschool Delay of Gratification: Identifying Diagnostic Conditions. *Developmental Psychology, 26*(6), 978-986.
Mischel, W., Shoda, Y., Peake, P. K. (1988). The Nature of Adolescent Competencies Predicted by Preschool Delay of Gratification. *Journal of Personality and Social Psychology, 54*(4), 687-696.
Mischel, W., Shoda, Y., Rodriguez, M. L. (1989). Delay of Gratification in Children. Science, 244(4907), 933-938.

22   Lehrer, J. (2009). Don't! The Secret of Self-Control. *The New Yorker* (18 May 2009).

23   The correlation between the length of time a child delayed gratification and their score in the verbal component of the SATs was 0.42, and 0.57 for the mathematical component. Remember: This refers to a gap of twelve years between tests.

24   Questions have been raised regarding the reliability of Mischel's study, such as the fact that all the participants were children of academics from Stanford (not exactly a representative sample), and the annoying little fact that their average IQ was 199, a standard deviation of 1.25 above average (quite high). However, this is still an impressive document, extending over several years, and proves the importance of emotional regulation.
Two studies conducted more recently shed new and fascinating light on the subject:
John Protzko from the University of California surveyed fifty years of the "marshmallow test" research (from the 1960s to the present decade), and found, quite surprisingly, that children today are better at delaying gratification than in previous generations. In other words, children's ability to resist temptation and delay gratification has grown over the decades.
Protzko, J. (2020). Kids These Days! Increasing Delay of Gratification Ability Over the Past 50 Years in Children. *Intelligence, 80,* 101451.
A New York University study questions the results of the original marshmallow experiment, and found that the factor that most influenced the ability to delay gratification (wait for the marshmallow) was the child's socioeconomic background, not willpower. It is this background that ultimately leads to the child's success later in life.

25 Watts, T. W., Duncan, G. J., & Quan, H. (2018). Revisiting the Marshmallow Test: A Conceptual Replication Investigating Links Between Early Delay of Gratification and Later Outcomes. *Psychological Science, 29*(7), 1159-1177.

We need but mention Roy Baumeister, who speaks of human willpower and our ability to nurture it, or Angela Duckworth, who formulated and studies one of today's most desired traits, namely grit, and offers suggestions on how to foster it, and, of course, bestselling author Malcolm Gladwell, who introduced us to the "10,000-hour theory," which describes how many hours of practice are required in order to succeed.

Conversation with Anders Ericsson, 23 May 2017.

Gladwell, M. (2008). *Outliers: The Story of Success*. Hachette UK.

Baumeister, R. F., & Tierney, J. (2012). *Willpower: Rediscovering the Greatest Human Strength*. Penguin.

Duckworth, A. (2016). *Grit: The Power of Passion and Perseverance*. New York, NY: Scribner.

26 Galinsky, E. (1999). *Ask the Children: What America's Children Really Think about Working Parents*. William Morrow.
27 Dweck, C. S. (2006). *Mindset: The New Psychology of Success*. Random House.
28 Dacey, J. S. (1989). Discriminating Characteristics of the Families of Highly Creative Adolescents. *The Journal of Creative Behavior, 23*(4), 263-271.
29 Conversation with Prof. John Dacey, 12 May 2018.

7장 창의적 양육을 위한 4가지 도구

1 Richards, R. (2011). Everyday Creativity. In M. A. Runco, & S. R. Pritzker (Eds.), *Encyclopedia of Creativity (Second Edition)* (pp. 468-475). Academic Press.
2 Flora, C. (2009). Everyday Creativity. *Psychology Today* (November 2009). https://www.psychologytoday.com/us/articles/200911/everyday-creativity.
3 Ibid.

8장 창의적 루틴 만들기

1 Conversation with Dr. Christine McLeod, July 2018.
2 Muller, T., & Becker, L. (2012). *Get Lucky: How to Put Planned Serendipity to Work for You and Your Business*. John Wiley & Sons.
3 Ibid.

9장 호기심을 교육 과정으로

1 Suzuki, S., & Nagata, M. L. (2014). *Ability Development from Age Zero*. Alfred Music.
2 Paludan, J. P. (2006). Personalised Learning 2025. *Personalising Education, OECD/CERI*. https://www.oecd.org/site/schoolingfortomorrowknowledgebase/themes/demand/personalisedlearning2025.htm

3   Conversation with Paula Fass, May 2018.
4   Reynolds, K. (2016). Abandon Parenting, and Just be a Parent. *The Atlantic* (23 September 2016). https://www.theatlantic.com/family/archive/2016/09/abandon-parenting-and-just-be-a-parent/501236/.
    Gopnik, A. (2016). *The Gardener and the Carpenter: What the New Science of Child Development Tells Us about the Relationship between Parents and Children.* Macmillan.
5   Conversation with Prof. Robert Waldinger, May 2017.
6   Spock, B., & Rothenberg, M. (1945). *Dr. Spock's Baby and Child Care.* Pocket Books.

AI 시대, 양육의 재발견

1판 1쇄 인쇄 2025년 9월 4일
1판 1쇄 발행 2025년 9월 24일

지은이 에얄 도론
옮긴이 이은경

발행인 양원석　**편집장** 차선화
디자인 최자윤, 김미선　**교정교열** 강경양
영업마케팅 윤송, 김지현, 최현윤, 백승원, 유민경
해외저작권 임이안, 이은지, 안효주

펴낸 곳 ㈜알에이치코리아
주소 서울시 금천구 가산디지털2로 53, 20층 (가산동, 한라시그마밸리)
편집문의 02-6443-8861　　**도서문의** 02-6443-8800
홈페이지 http://rhk.co.kr
등록 2004년 1월 15일 제2-3726호

ISBN 978-89-255-7328-1 (03590)

※ 이 책은 ㈜알에이치코리아가 저작권자와의 계약에 따라 발행한 것이므로
　본사의 서면 허락 없이는 어떠한 형태나 수단으로도 이 책의 내용을 이용하지 못합니다.
※ 잘못된 책은 구입하신 서점에서 바꾸어 드립니다.
※ 책값은 뒤표지에 있습니다.